Elsa Sahal

Camille Morineau
Mara Hoberman

Ouvrage publié avec le soutien à l'édition du
Centre national des arts plastiques

NORMA
ÉDITIONS

Cet ouvrage a été publié à l'occasion de l'exposition « Femminus ceramicus », présentée du 9 janvier au 6 mars 2016 à la chapelle du Genêteil, Le Carré, Scène nationale-centre d'art contemporain du pays de Château-Gontier.
Il a reçu le soutien du Carré, Scène nationale-centre d'art contemporain du pays de Château-Gontier, de la Fondation d'entreprise Ricard, et de la galerie Papillon.

This book has been published in conjunction with the "Femminus Ceramicus" exhibition, on view from 9 January to 6 March 2016 in the chapel of the Genêteil, Le Carré, Scène nationale-centre d'art contemporain du pays de Château-Gontier.
It has benefited from the support of Le Carré, Scène nationale-centre d'art contemporain du pays de Château-Gontier from the Fondation d'entreprise Ricard, and from the galerie Papillon.

Première de couverture/ Front cover
Cat Mallow, 2015.
Céramique émaillée, 35 x 32 x 27 cm.
Glazed ceramic, 13 ¾ x 12 ⅝ x 10 ⅝ in.

Quatrième de couverture/ Back cover
Fontaine, 2012, FIAC hors les murs, jardin des Tuileries, Paris, 2012.
Céramique émaillée, système hydraulique, 204 x 57 x 42 cm.
Glazed ceramic, hydraulic system, 80 ¼ x 22 ½ x 16 ½ in.

Coordination éditoriale/ Editorial coordination
Matthieu Flory

Traduction anglaise/ English translation
Gammon Sharpley

Traduction française (texte de Mara Hoberman)
French translation (text by Mara Hoberman)
Jean-Yves Cotté

Révision française/ French editing
Lorraine Ouvrieu

Révision anglaise/ English editing
Babel Editing

Direction artistique, mise en pages/graphic design
Marc Touitou

ISBN 978-2-1-9155-4281-3

149 rue de Rennes, 75006 Paris France
www.editions-norma.com

Table of contents /Sommaire

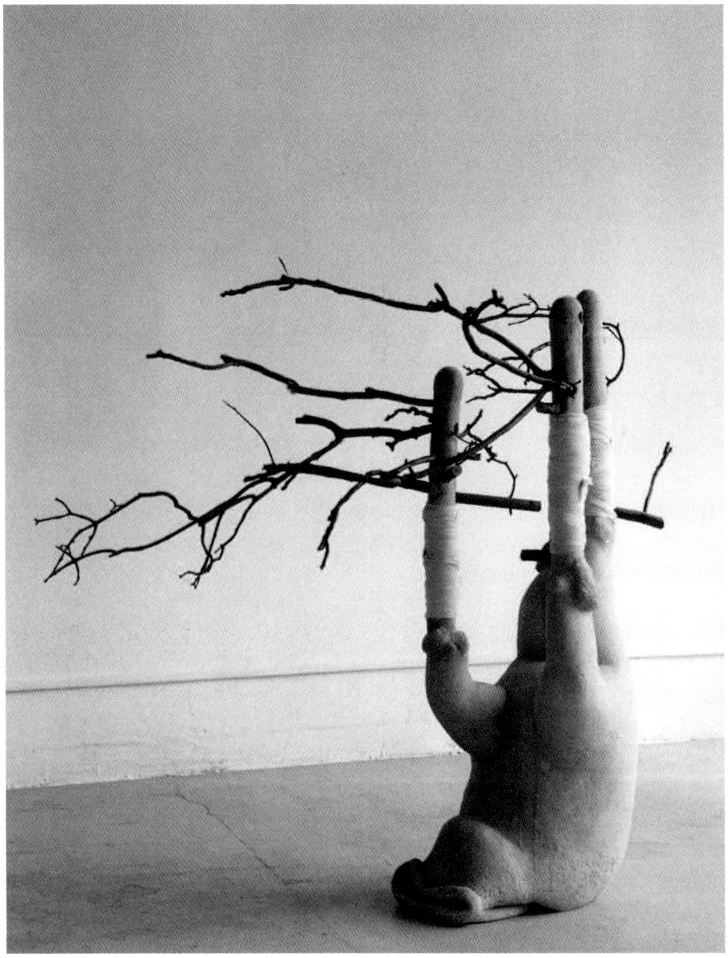

L'Ami de l'ange, 2003.
Céramique émaillée et branches, 128 x 45 x 30 cm. Collection particulière, Paris.
Glazed ceramic and branches, 50 ⅖ x 17 ⅔ x 11 ⅘ in. Private collection, Paris.

Antiheroic

Antihéroïque

Camille Morineau

Conservatrice du patrimoine,
directrice d'AWARE (Archives of Women Artists, Research and Exhibitions)
National Heritage Curator,
director of AWARE z(Archives of Women Artists, Research and Exhibitions)

Sculpture, 21st century technique

In the exhibition "Ceramix, from Rodin to Schütte," a presentation of the first history of the use of ceramics in 20th and 21st century sculpture, Elsa Sahal was one of the eight artists granted a monographic gallery. This spotlight on her work was justified by its diversity, its radicality, the blending of humor and criticism, the intelligence of her relationship with the history of art, but also her precocious and determined way of distancing herself from it and of charting a new path. If some still find it difficult to see the importance of Elsa Sahal's work, this is because it is first of all part of a revival of the medium of sculpture that is perhaps more visible elsewhere than in France, a country marked by a rich history of painting that was almost immediately covered over by the history of its denial – a denial which began with the notion of the *objet trouvé* by the surrealists. The three-dimensional object imposes itself anew, struggling, step by step, accompanied by color, against the dual preeminence of the image. Photographic and digital, immobile and animated, relying in both cases on the formidable blue light of the screen, the image flickers and reigned until only yesterday. Meanwhile, little by little, a historical technique, an ancient tradition, is reasserting itself, gradually retaking the territory of works that are conceptual, textual, critical, dematerialized, or luminous.

This return to form and to its development in space, along with a renewed interest in what are called traditional techniques and materials – whether of working with wood, textiles, stone, bronze, or glass – is

La sculpture, technique du XXIe siècle

Dans l'exposition « Ceramix, de Rodin à Schütte », qui présente une première histoire de l'utilisation de la céramique dans la sculpture du XXe et du XXIe siècle, Elsa Sahal est l'une des huit artistes qui bénéficient d'une salle monographique. La diversité de son travail, sa radicalité, le mélange d'humour et de critique, l'intelligence de son rapport avec l'histoire de l'art mais aussi sa manière précoce et décidée de s'en éloigner et d'y tracer un nouveau chemin justifient cette mise en valeur. Si l'importance du travail d'Elsa Sahal reste encore pour certains difficile à voir, c'est parce qu'il relève d'abord d'un renouveau de la sculpture qui est peut-être moins visible en France qu'ailleurs, dans un pays tant marqué par une histoire dense de la peinture, aussitôt recouverte par l'histoire de son déni – qui débute avec la notion d'objet trouvé chez les surréalistes. La forme tridimensionnelle s'impose de nouveau, luttant pas à pas, en compagnie de la couleur, contre la double prééminence de l'image. Photographique et digitale, immobile et animée, s'appuyant dans les deux cas sur la redoutable lumière bleue de l'écran, l'image clignote et régnait jusqu'à hier. En face se réinstalle peu à peu une technique historique, une tradition millénaire, reprend pied à pied le territoire de l'œuvre conceptuelle, textuelle, critique, dématérialisée, lumineuse.

Ce retour à la forme et à son développement dans l'espace, accompagné d'un renouveau des techniques et matériaux dits traditionnels, qu'il s'agisse de bois, de textile, de pierre, de bronze ou de verre, est l'une des caractéristiques fortes de la fin du XXe et début du

one of the strongest trends of the late 20th and early 21st centuries. The genealogy Sahal reveals in her pantheon of influences is a good example of this. Rachel Harrison, Cosima von Bonin, Anita Molinero, and Isa Genzken are only a few of the names involved in this new, uninhibited sculpture, which navigates between figuration and abstraction, hard and soft materials, public art and performance, the history of which is still to be written and in which women should occupy a key place. It is not obvious today, but rather a wish and a project to be supported: art historians are working on it, alongside artists like Sahal whose work and statements point overtly in this direction.

Another characteristic of Sahal's work is her almost exclusive use of ceramics, a material long denigrated by art schools, forgotten by historians, and sidelined by critics; this could become a criterion of visibility in an attentive art world. By choosing to focus on this technique, Sahal in fact is part of a very recent contemporary history, where a new generation of ceramicist-sculptors has begun asserting its presence in studios as well as museums and art fairs. Once again placing terra cotta – baked earth – at the heart of the practice, they use it to experiment with color, handwork, space, the relationship with the body, and the relationship with the world. The diversity of production resulting from this unique technique, ceramics, confirms that today it has become as diverse, dynamic, and international as painting. Minimal and spatial in Katinka Bock's work, figurative and poetic in that of Klara Kristalova, both gendered and critical in Grayson Perry's, and political and sensitive with the work of Johan Creten, the medium of ceramics, like painting, has become a visual universe with its own laws, places, and history.

The reasons behind her choice of materials are often evoked in the critical texts devoted to her work; they deal with the domain of technique as much as content, the historical as much as the political. "Earth, according to the artist, is a highly versatile material, which can be made into something abject, just as much as something sublime and an object of delight. A material that bridges the gap." "I adopted earth right away because it is a 'domestic,' non-authoritarian material," she adds.

The cyclical time of a work, the trivial and the sacred

As is often the case in the work of major artists, everything is there from the start; the same themes keep coming back, yet approached in a different way. In this unfolding experience, which the artist herself describes as more organic than chronological, more spiral than cyclical, the metaphor of vegetation is omnipresent. In fact, she describes the temporal curve in the development of her work as a "spontaneous and intuitive grafting." *L'Ami de l'ange* for example establishes a

XXIe siècle. La généalogie qu'Elsa Sahal propose dans son panthéon d'images en est un bon exemple : Rachel Harrison, Cosima von Bonin, Anita Molinero, Isa Genzken, pour ne citer que quelques noms d'une nouvelle sculpture, décomplexée – naviguant entre figuration et abstraction, matériaux mous et durs, art public et performance –, dont l'histoire reste à écrire et où les femmes devraient tenir une place essentielle. Ce n'est pas une évidence aujourd'hui, mais un vœu et un projet à soutenir ; des historiens et historiennes d'art y travaillent, aux côtés d'artistes comme Sahal dont les œuvres et les déclarations vont ouvertement dans ce sens.

Une autre caractéristique du travail de Sahal, son utilisation presque exclusive de la céramique, un matériau longtemps décrié par les écoles d'art, oublié par les historiens, tenu à l'écart par les critiques, pourrait devenir un critère de visibilité dans un monde de l'art attentif. En choisissant de se consacrer à cette technique, Sahal s'inscrit en effet dans une histoire très récente contemporaine, où s'affirme désormais, aussi bien dans l'atelier que dans les musées et les foires, une génération de sculpteurs céramistes. Remettant au centre la pratique de la terre cuite, ils s'en servent pour interroger différemment la couleur, le travail de la main, l'espace et le rapport au corps, le rapport au monde. La diversité du résultat que recouvre cette unique technique, la céramique, montre qu'elle est aujourd'hui aussi variée, dynamique, internationale que la peinture. Minimale et spatiale chez Katinka Bock, figurative et poétique chez Klara Kristalova, à la fois genrée et critique chez Grayson Perry, politique et sensitive chez Johan Creten, la céramique est devenue un univers visuel qui a ses propres lois, ses lieux, son histoire, comme la peinture.

Les raisons de son choix du matériau ont souvent été évoquées dans les textes critiques qui lui ont été consacrés ; elles relèvent aussi bien de la technique que du contenu, de l'historique que du politique. « La terre, selon l'artiste, est un matériau très versatile, qui peut aller du côté de l'abject, comme du sublime et de la délectation. Un matériau qui fait le grand écart. » Elle poursuit : « J'ai adopté la terre tout de suite parce que c'est un matériau "domestique", non autoritaire. »

Le temps cyclique d'une œuvre, le trivial et le sacré

Comme dans beaucoup des travaux de grands artistes, tout est là dès le départ ; les mêmes thèmes reviennent avec constance, mais abordés différemment. Dans ce déroulé que l'artiste décrit elle-même comme plutôt organique que chronologique, plutôt spiralique que cyclique, la métaphore végétale est omniprésente. Elle décrit d'ailleurs la courbe temporelle du développement de ses œuvres comme un « bouturage spontané et intuitif ». *L'Ami de l'ange* par exemple instaure un dialogue récurrent entre vertical et horizontal, la branche-

recurring dialog between vertical and horizontal, the arm-branch in a reference to the body, referring in turn to the body-tree, which in turn refers to a body-landscape, all of which she has unceasingly employed to this day.

Different points of view on the history of 20th-century sculpture nourish Elsa Sahal's work, whether it is about the flip side of this history, eschewed by the contemporary art world – the heroism of the figure, the political impact of the monument – or of its place – the questioning power of the human figure, and the impossibility of this after the Shoah, where sculpture has found itself severed from the possibility of imagining humanity whole and at peace.

In this exploration of the difficulty of imagining the body, Elsa Sahal cites the significant influence of her professor at the École des beaux-arts, Georges Jeanclos, and his empathic sculpture. He too was working mainly with ceramics, the material which his student would eventually adopt. Her professor taught her how to model clay by plaques, based on a block of clay that she then stretched. This clay plaque, its softness dependent on its humidity, has given rise to multiple metaphors: corporeal, gestural, and technical. Thus, in *Arlequin* (2009), the motifs imprinted on the plaque make it fragile and give the fold a specific form: the motif models the form.

Another significant aspect of Elsa's work is humor, sometimes wry and sometimes sunny, which she inherited from her next professor, Erik Dietman. Although he once referred to himself as a "*sculptor classicus*," he would abuse the principles of sculpture just as she does, while always respecting the essence of his materials. As a ceramicist, Dietman's practice is the opposite of that of Jeanclos: in the *Compotes humaines* series, taking the block of clay, he retains its initial form but extrapolates the functions as well as the styles of the history of art, all revisited in the light of the 20th century: postmodern, disillusioned, and tired even of tragedy. Sahal brings this critical humor to bear on "modern" themes such as the harlequin, the acrobat, Gilles, and historical figures of nomadism and of the artist. They have as their physiological counterpart the figure of the foot, another image of travel, which appears rather frequently in her work.

The dialog between masculine and feminine, and her decidedly feminist position, provides another key to reading her work in a way which draws out the profound connection between her subjects, the detail of her forms, her artistic discourse, and her positioning within a "feminine" history of art in which women figures take priority. "Art history is written without women. But Dorothea Tanning and Louise Bourgeois have produced works which bear witness to a perception of women by women. They showed the way."

Finally, as a conclusion to this spiral story, painting is at least as present as sculpture in her personal interpretation of the history of forms. Sahal amuses herself

bras renvoyant au corps-arbre, et ce dernier à un corps-paysage, qui ne cessera pas jusqu'aujourd'hui.

Différents points de vue sur l'histoire de la sculpture du XXe siècle nourrissent le travail d'Elsa Sahal ; qu'il s'agisse de l'envers de cette histoire, refusée par l'art contemporain – l'héroïsme de la figure, l'impact politique du monument –, ou de son endroit – la force d'interrogation du corps figuré, puis son impossibilité après la Shoah, où la sculpture se retrouve amputée de la possibilité de figurer une humanité entière, apaisée.

Dans cette exploration de la difficulté de figurer, Elsa Sahal cite l'influence importante de son professeur à l'École des beaux-arts, Georges Jeanclos, et de sa sculpture empathique ; celui-ci travaillait aussi en priorité la céramique, le matériau que choisira son élève. Elle apprend de son professeur le travail de la terre modelée par plaques, à partir d'un pain de terre qu'elle étire. Cette plaque, plus ou moins molle selon son degré d'humidité, donne lieu à de multiples métaphores : corporelles, gestuelles, techniques. Ainsi, dans *Arlequin* (2009), les motifs imprimés sur la plaque la fragilisent et opèrent une forme spécifique aux plis : le motif travaille la forme.

Autre contenu fort du travail d'Elsa, un humour tantôt grinçant tantôt solaire, qu'elle hérite de son professeur suivant, Erik Dietman. Celui qui se disait « *sculptor classicus* » malmène comme elle le fait les principes de la sculpture, tout en respectant l'essence de ses matériaux. La pratique de céramiste de Dietman est à l'opposé de celle de Jeanclos : du pain de terre, il garde la forme primaire et en décline les fonctions ainsi que les styles de l'histoire de l'art dans la série *Compotes humaines*, mais revisités à l'aune d'une fin du XXe siècle postmoderne et désabusée, fatiguée même du tragique. C'est avec cet humour critique que Sahal travaille aussi des thèmes « modernes » comme l'arlequin, l'acrobate, le Gilles, figures historiques du nomadisme et de l'artiste. Ils ont pour pendant physiologique la figure du pied, autre image du voyage, qui apparaît presque aussi régulièrement dans son travail.

Une autre clé de lecture organise en profondeur à la fois ses sujets, le détail des formes, son discours sur l'art, ainsi que son positionnement dans une histoire de l'art « au féminin », où les femmes figurent en priorité : le dialogue entre masculin-féminin et une position résolument féministe. « L'histoire de l'art s'est écrite sans les femmes. Mais Dorothea Tanning ou Louise Bourgeois ont proposé des œuvres qui témoignent d'une perception des femmes par les femmes. Elles ont montré la voie. »

Enfin et pour conclure cette histoire spiralique, la peinture est au moins aussi présente que la sculpture dans sa lecture personnelle de l'histoire des formes. Sahal s'amuse notamment avec l'histoire des grands genres : le nu, le paysage, l'autoportrait sont convoqués sans cesse. Maternités et vanités ne sont jamais loin des *pietàs*, qui elles-mêmes renvoient à des crucifixions, dont on reconnaît sans peine la composition, lorsque leur titre

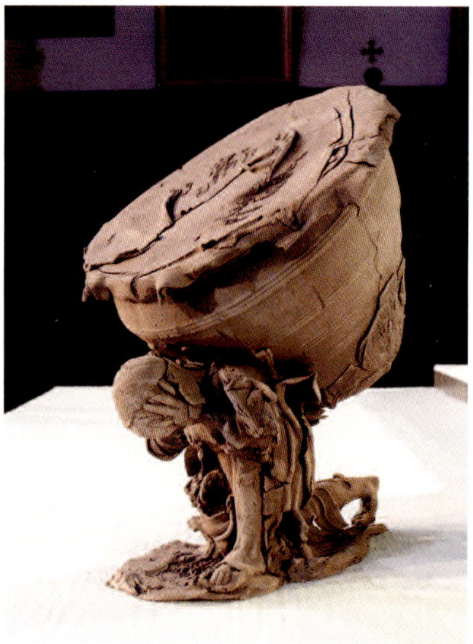

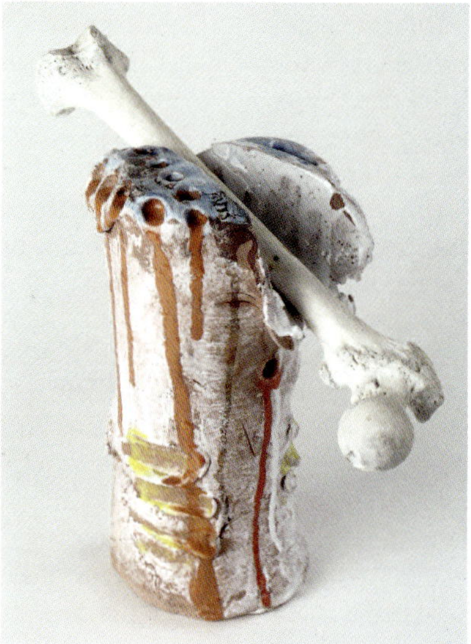

Georges Jeanclos, **Le Tambour**, 1994.
Terre cuite, 45 x 35 x 32 cm.
Collection particulière, Paris.
Terracotta, 17 ⁵⁄₇ x 13 ⁷⁄₈ x 12 ³⁄₅ in.
Private collection.

Erik Dietman, **Compotes humaines**, 1993-1994.
Céramique et os, 41 x 20 x 46 cm.
Musée d'Art moderne et contemporain
de Saint-Étienne Métropole.
Ceramic and bones, 16 ¹⁄₇ x 11 ³⁄₇ x 18 ¹⁄₈ in.
Musée d'Art moderne et contemporain
de Saint-Étienne Métropole.

notably by revisiting the history of the major genres: the nude, the landscape, and the self-portrait are constantly summoned up in her work. Her mother and child pieces and her vanities are never far from her *pietàs*, which themselves refer back to crucifixions, whose composition is easily recognized even when their titles do not clearly betray them. *Le Bon Larron* (The Good Thief, 2005), *Snakes and Ladders* (2008), and the *Autels* (Altars, 2012) attest to this recurring theme and show the extent to which the spiritual, as much as the trivial, nourishes the content of Elsa Sahal's oeuvre; and she refers back to Philip Guston, whom she admires precisely for his "courage to embark on an interior odyssey despite the anxiety that was ravaging him."

The fallen body, the tree and its landscape, the female portrait

Though Elsa Sahal insists upon the notions of the cycle and the spiral, one can distinguish a story in three phases which emerges from her work, and which one can also find set out in this book.

In the early phase, she places the verticality of the tree in dialog with the horizontality of the dismembered, scattered body. From *L'Ami de l'ange* (The Friend of the Angel, 2003) to *Arbre dont les racines sont restées à l'étage inférieur* (2007), the tree became sexual/sexed, even transgender: the penis blends with the opening of the matrix. The idea of taking "cuttings" from trees becomes a way of returning to the outline of the figure, without really giving it a face, without it being a representation. Germaine Richier was the first to express the link between body and vegetation, and Sahal pushes this even further with clay, which she embraces as her main material for its plasticity and its weight of meaning: "Clay is already the body."

ne les dénonce pas clairement. *Le Bon Larron* (2005), *Snakes and Ladders* (2008) et la série *Autels* (2012) témoignent de la récurrence de ce thème et montrent à quel point le spirituel nourrit, autant que le trivial, le contenu de l'œuvre d'Elsa Sahal ; renvoyant à Philip Guston dont elle admire précisément « le courage de s'embarquer dans une odyssée intérieure malgré l'anxiété qui l'anime ».

Le corps et sa chute, l'arbre et son paysage, le portrait au féminin

Si Elsa Sahal insiste sur les notions de cycle et de spirale, on peut dégager une histoire en trois temps émergeant de son œuvre, que l'on retrouve dans ce livre.

Dans un premier temps elle fait dialoguer la verticalité de l'arbre avec l'horizontalité d'un corps morcelé, éparpillé. De *L'Ami de l'ange* (2003) à *Arbre dont les racines sont restées à l'étage inférieur* (2007), l'arbre est devenu sexuel/sexué, voire transgenre : le pénis se mélange à l'ouverture de la matrice. L'arbre « bouturage » est une manière de reprendre le fil de la figure, sans faire tout à fait de visage, sans être dans la représentation. Germaine Richier avait opéré ce lien corps-végétal, que Sahal pousse plus loin avec la terre qu'elle embrasse donc comme matériau principal, pour sa plasticité, sa charge d'évocation : « La terre c'est déjà du corps. »

Sa réflexion sur la figure est totalement nouvelle : plutôt que d'être hiératique, s'élevant à la verticale, celle d'Elsa Sahal se répand. Le titre *Nu glissant* (2003) établit la complexité des œuvres de ses premières années : le corps littéralement « tombé » est symbole de la chute des utopies, véhicule d'une histoire de l'art à repenser.

Pendant ces quelques premières années, l'art de Sahal est le lieu d'une exploration intense, vibrante de la forme. Ce langage/lynchage des formes est, comme elle le décrit, un « quiz de l'histoire de l'art qui en constate les impasses,

Her reflection on the figure is totally new. Rather than being hieratic, rising up vertically, those of Elsa Sahal spread out. The title *Nu glissant* (Sliding Nude, 2003) harks back to the complexity of her early years: the literally "fallen" body is a symbol of the fall of utopias, a vehicle for an art history in need of a rethink.

During her early years, Sahal's art was the locus of an intense and vibrant exploration of form. This language/lynching of forms, as she describes it, is a "history of art quiz offering an overview of its dead ends and pitfalls." It was about "taking up work on sculpture after the end of utopias." Rodin and the expressionism of the body, Picasso and the deconstruction of the figure, Matisse and his large nudes, the Futurists and motion, all accompany her more or less directly into a total deconstruction of "the idea" of the body. This ends in its taking the form of a sort of landscape, either on the ground or on plinths-tables: dismembered, scattered, soft, transgender; neither disfigured nor decapitated but simply headless, it retains only its skin, a pink enamel, a coral color, evoking an oozing body whose shiny surface borders on kitsch.

In a later stage, this metonymic body developed into something more personal. She concluded her early period with a masterful black piece, *Autoportrait en forme de grotte* (Self-portrait in the Form of a Grotto, 2005-2006) which, through its fragments, became a sort of family or genealogy.

The artist, then pregnant with her first child, began her crucial work on a woman's relationship with her body: there is a fragile quality depicted as hidden within these anthropomorphic landscapes. The color black? "Gestation is not necessarily pink," she adds with a smile. To counter the candy-colored, distorted image of the happy, problem-free pregnancy, she proposes one of her earliest figurative pieces which is a representation of the reality of maternity: its terror and, at the same time, its power, the extreme fragility and the rage to create, indeed to fight against this imposed tranquility; the necessity precisely of talking about this essential moment. This was the beginning of one of her most passionate chapters.

After 2006 there finally appears a female character with legs open and sex exposed, which launched a series of complex variations on the female body. The complexity and the power of this exploration of the female figure is part of the lineage of Annette Messager, Louise Bourgeois, Kiki Smith, and Cindy Sherman. In this personal mythology, one finds "mordant" and dark self-portraits, mother and child pieces in the form of blood-red demonic landscapes, heads of Medusas, *pietàs*, females or women proudly exhibiting their vulva, breasts like cannonballs; all attributes of powerful women, sometimes desirable and sometimes desiring, who will "invert" one of the most powerful paradigms of modernity – the one of history made by men about men and which systematically forgets women.

les écueils ». Il s'agit de « reprendre un travail de sculpture après la fin des utopies ». Rodin et l'expressionnisme du corps, Picasso et la déconstruction de la figure, Matisse et ses grands nus, les futuristes et le mouvement… l'accompagnent plus ou moins directement dans une large déconstruction de « l'idée » de corps. Celui-ci finit par prendre la forme d'une sorte de paysage, soit au sol soit sur des tables-socles : morcelé, éparpillé, ramolli, transexué ; ni défiguré ni décapité mais simplement sans tête, il ne garde que sa peau, un émail rose, couleur corail, qui évoque le suintement corporel, et dont la brillance le situe à la limite du kitsch.

Ce corps métonymique deviendra ensuite, dans un second temps, plus personnel. Cette première période se conclut en effet par une magistrale œuvre noire, *Autoportrait en forme de grotte* (2005-2006) qui, à travers ses fragments, devient une sorte de famille ou de généalogie.

L'artiste, enceinte de son premier enfant, commence le travail essentiel du rapport féminin à son propre corps : dans ces paysages anthropomorphiques se dessine, cachée à l'intérieur, une fragilité. La couleur noire ? « La gestation n'est pas forcément rose », ajoute-t-elle en souriant. Contre l'image acidulée, caricaturale de la grossesse heureuse et sans histoire, elle propose l'une des premières figurations de ce qu'est, en réalité, la maternité : la terreur et la puissance à la fois, l'extrême fragilité et la rage de créer, de s'opposer justement à la tranquillité qu'on lui impose ; nécessité de parler précisément de ce moment essentiel. C'est l'un des chapitres les plus passionnants de son travail qui s'ouvre.

Dès 2006 apparaît enfin un personnage féminin jambes ouvertes, sexe exposé qui lance une variation complexe sur le corps féminin. La complexité et la force de cette exploration de la figure féminine s'inscrivent dans la lignée des œuvres d'Annette Messager, Louise Bourgeois, Kiki Smith ou encore Cindy Sherman. Dans cette mythologie personnelle, on trouve des autoportraits « mordants » et noirs, des maternités rouge sang en forme de paysage démoniaque, des Méduse chevelues, des *pietàs*, des pisseuses ou des femmes exhibant fièrement leur vulve, des seins comme des boulets de canon ; autant d'attributs de femmes puissantes, tantôt désirées tantôt désirantes, qui vont « inverser » l'un des paradigmes les plus puissants de la modernité ; celui d'une histoire faite par les hommes, sur les hommes et qui oublie systématiquement les femmes.

De l'homme qui tombe à la femme qui pisse (le vert, le rose et le noir)

Pour Elsa Sahal, l'histoire de la sculpture est « l'expression d'une grosse virilité et d'un rapport de pouvoir ». Elle représente ce paradigme du masculin avec humour comme une forme amollie, qu'une femme sculpteur redresse et cuit, sans réussir tout à fait à la mettre debout. Par contre, c'est avec assurance et délec-

From the falling man to the urinating woman (the green, the pink, and the black)

For Elsa Sahal, the history of sculpture is "the expression of an expansive virility and a relationship to power." She represents this paradigm of the masculine humorously, as a softened form which a woman sculptor rectifies and cooks, without ever really managing to make stand upright. However, it is with assurance and delight that she uprights and monumentalizes the feminine: the large piddling child (*Fontaine*) which in 2012 she installed in a public space on the occasion of the FIAC, is in her words a manifesto. *La Pisseuse*, object of an aging Picasso's desire, has become the subject for a young woman artist and she turns it into a heroic character: "Young girls, you can urinate standing up like the men," she tells the young women of her time. From the painting to the public space, from the object of masculine desire to the manifestation of feminine power, from the modern grotesque to the contemporary laugh, and from the first vulva exhibited in 2006 to *Fontaine*, one perceives the completely singular questionning of gender in Sahal's work. And not content merely to interrogate, she has worked unceasingly to construct a feminine gaze on gender, sex, and desire. In this way she effects a profound renewal of a history of forms that had only been constructed from the point of view of male artists: of the desiring and devouring gaze of an omnipresent male, by way of the first surrealist sexual explorations, followed by the "war between the sexes" declared by feminisms, up to our century when, with the establishment of the concept of equality, the feminine gaze now can devour the masculine just as the latter had the former; the feminine can now be powerful, even devastating.

In Sahal's work, the masculine is a pathetic past, the feminine a troubled future, but she places the woman at the center of our present: her body turns the public space into a heroic one, makes the masculine body bend, and plays with her/their desires.

For it is a question of desire, of the sexual dance, and of seduction when the artist displays the feminine and the masculine, the penis and the vulva. The exploration of the masculine coincides with Elsa Sahal's time at the Manufacture de Sèvres, in 2007: thus in the series of *Randonneurs*, her melancholic landscapes with phallic excrescences (*Rebords*, *Précipices*, 2007) possess in common an exploration of the complexity and the sophistication of stoneware, which is typical of the Manufacture.

The vaguely erect green monoliths – some bending, some leaning – welcome little white figures that fall or bend as well, neither pathetic nor heroic. These rather cute drop-like figures are not placed in the midst of the penis-landscape; instead they push them, timidly, or by falling.

tation qu'elle verticalise et monumentalise le féminin : la grande pisseuse (*Fontaine*) qu'elle installe, en 2012 dans l'espace public, à l'occasion du parcours de la FIAC, est selon elle un manifeste. *La Pisseuse*, objet de désir de Picasso vieillissant, est devenue le sujet d'une jeune artiste femme qui en fait un personnage héroïque : « Les filles, vous pouvez pisser debout comme les hommes », dit-elle aux filles de son temps. Du tableau à l'espace public, de l'objet de désir masculin à la manifestation d'un pouvoir féminin, du grotesque moderne au rire contemporain, et de la première vulve exposée de 2006 à *Fontaine*, on lit l'interrogation tout à fait singulière du genre dans le travail de Sahal. Non contente de l'interroger, elle n'a de cesse de construire un regard féminin sur le genre, le sexe et le désir. Elle renouvelle ainsi profondément une histoire des formes qui n'avait été construite jusque-là que du point de vue des artistes hommes : du regard désirant et dévorant d'un masculin omniprésent, en passant par les premières explorations sexuelles surréalistes suivies de la « guerre des sexes » lancée par les féminismes, jusqu'à notre siècle où, l'égalité s'installant, le regard féminin peut à son tour dévorer le masculin comme le féminin ; être puissant, voire dévastateur.

Dans l'œuvre de Sahal, le masculin est un passé pathétique, le féminin un futur inquiet, mais elle installe la femme au centre de notre présent : son corps héroïse l'espace public, fait plier le corps masculin, joue avec son/leurs désirs.

Car c'est de désir, de danse sexuelle, de séduction qu'il est question lorsque l'artiste met en scène le féminin et le masculin, le pénis et la vulve. L'exploration du masculin coïncide avec le passage d'Elsa Sahal à la Manufacture de Sèvres, en 2007 : aussi sa série *Randonneurs*, ses paysages mélancoliques aux excroissances phalliques (*Rebords*, *Précipices*, 2007) ont en commun l'exploration de la complexité et de la sophistication du grès, typique de la Manufacture.

Les monolithes verts vaguement érigés, tantôt se plient tantôt se penchent, accueillant des petites figures blanches qui tombent ou se courbent elles aussi, ni pathétiques ni héroïques. Ces figures-gouttes un peu mignonnes ne sont pas non plus installées au centre du paysage-pénis ; elles en poussent, timidement, ou en tombent.

Moquant de Rodin la marche héroïque moderne du génie (le *Balzac drapé*) ou de la victime (*Bourgeois de Calais*), ainsi que la poussée en avant utopique et mécanique de la modernité (*Le Cheval majeur* de Duchamp-Villon ou les machines futuristes), tout autant que l'homme qui marche des existentialistes (Giacometti) et la pensée philosophique qui va avec, la « randonnée » des figures suivantes évoque le tourisme, le loisir sans but, la balade sans intérêt. Ici l'homme se penche, se perd, s'ennuie. Il bande mou.

Les *Randonneurs* (2007-2008) se promènent donc, portés par des pieds ronds qui filent la métaphore d'un

Making fun of Rodin's heroic modern march of the genius (the *Balzac drapé*) or of the victim (*Bourgeois de Calais*), the forward utopian and mechanical push of modernity (*Le Cheval majeur* de Duchamp-Villon and the Futurists' machines), as much as the "man who walks" of the existentialists (Giacometti) and the philosophy that goes with it, the "walk" of the following figures evokes tourism, leisure without purpose, and strolling without interest. Here, the man leans over, loses himself, becomes bored. He has a soft boner.

Thus, the *Randonneurs* (Hikers, 2007-2008) are out for a walk, carried by round feet, conveying the metaphor of a walking penis equipped with testicular wheels. Just as a man of today has the right neither to rise up nor to fall, the monument cannot be destroyed: it is simply subject to doubt, softened by the intrusion of harder forms. In turn, it too is literally penetrated by a force that dominates it. The *Monument déprimé* (Depressed Monument, 2008) and *Monument dépressif* (Depressive Monument, 2008) complete the description of this lost territory of 20th-century virility, when the promise of another form of "masculinity" began to emerge. It is not that easy being a man in the 21st century, it seems, but not impossible either, by the looks of these dynamic but no longer heroic men, seen from the point of view of women who are both powerful and benevolent.

The kisses, a formidable feminine

Kisses, embraces, and hugs are recurring figures that seem to serve as conclusions to the major cycles as much as they herald the new ones. Like *Arbre dont les racines sont restées à l'étage inférieur* (The Tree Whose Roots Remained on the Floor Below, 2007), *Sans titre* (Untitled, 2010-2012) seems to be pivotal. Thus she concludes a series of large black figures born from her time spent at Alfred University in the United States in 2009, where she was a visiting professor, and which result from her having learned how to make thrown forms and from her beginning work on a larger scale. Here, Sahal has returned to working with the black *Autoportraits*, using a simplified vocabulary of large geometric forms. Balls form buttocks/testicles/breasts; tubes can be read as thighs, noses, penises, or the breeches of canons. Hair extensions – human hair, pubic hair, manes? – cause the observer to become lost and blur even further the frontiers between the genders. "In this impossibility of the visage and of the figure, hair is an ellipse: for eluding the face."

In *Cul/Jambes* (Butt/Legs, 2009) and *Acrobate* (2012), the features of this new vocabulary of the body with which she juggles become more precise, all the more so as the trip to the United States reminded her of the nomadic life of the world of the circus celebrated by the modernist masters. Parts of bodies in a balancing act come together: the resulting lopsided figure is "possible, but not definitive," the artist remarks. No more than its

pénis ambulant équipé de roues testiculaires. Pas plus que l'homme n'a le droit aujourd'hui de s'ériger ni de tomber, le monument ne peut être détruit : il est juste traversé par le doute, ramolli par l'intrusion de formes plus dures que lui. Il est littéralement pénétré, à son tour, par une force qui le domine. *Monument déprimé* et *Monument dépressif* (2008) achèvent de décrire ce territoire perdu de la virilité du XXe siècle, où la promesse d'une autre forme de « masculinité » pointe. Pas si facile d'être un homme au XXIe siècle, semble-t-il, mais pas impossible non plus, à regarder ces hommes dynamiques mais plus héroïques, dans le regard de femmes à la fois puissantes et bienveillantes.

Les baisers, un féminin formidable

Les baisers, étreintes et embrassades sont des figures récurrentes qui semblent aussi bien conclure les grands cycles qu'en annoncer de nouveaux. Comme *Arbre dont les racines sont restées à l'étage inférieur* (2007), *Sans titre* (2010-2012) semble être une charnière. Elle conclut une série de grandes figures noires nées de son passage par l'Alfred University aux États-Unis en 2009, où elle a été professeur invitée, et qui résultent de son apprentissage des formes tournées et de son passage à une échelle supérieure. Sahal y renoue avec le noir des *Autoportraits*, avec un vocabulaire simplifié de grandes formes géométriques. Les boules figurent des fesses/testicules/seins ; les tubes peuvent être lus comme des cuisses, des nez, des pénis ou la culasse de canons. Des extensions de poils – cheveux, poils pubiens, crinières ? – achèvent d'égarer le regardeur et de brouiller encore la frontière des genres. « Dans cette impossibilité du visage et de la figure, les cheveux sont une ellipse : pour sauter le visage. »

Dans *Cul / Jambes* (2009) et *Acrobate* (2012) se précisent les éléments de ce nouveau vocabulaire du corps, avec lequel elle jongle, d'autant plus que son voyage aux États-Unis lui rappelle le nomadisme de l'univers du cirque célébré par les maîtres modernes. Des morceaux de corps en équilibre se rejoignent : la figure bancale qui en résulte est « possible, mais pas définitive » précise l'artiste. Pas plus que son genre (féminin/masculin), le corps en tant qu'unité ne peut être affirmé avec autorité...

Depuis 2012, Sahal continue à explorer les directions de ses premières années. Aussi retrouve-t-on, mais à plus grande échelle, les pieds de ses débuts dans sa série *Pieds* (2014). Les « corps glissant » et « corps-paysages » des premières années deviennent en 2010 de grands nus couchés sur des tables, puis des corps suspendus en 2013, enfin des corps dansant et accrochés en 2015 sur des piliers de fer de *lap dancer*. Allonger, suspendre, accrocher, Sahal explore et prend tous les risques.

Depuis deux ans, ses grands thèmes – les références à la sculpture moderne, le corps morcelé et étendu sous forme de paysage, la volonté de renouveler le traitement sculptural du genre et notamment du féminin – trouvent,

gender (feminine / masculine), the unity of the body cannot be authoritatively affirmed...

Since 2012, Sahal has continued to explore the directions of her early years. Thus, yet on an even grander scale, one finds the feet of her early work in the *Pieds* series (Big Feet, 2014). In 2010, the "sliding bodies" and "landscape-bodies" of the early years become large nudes reclining on tables, then suspended bodies in 2013, and finally in 2015 dancing bodies hanging from the iron poles of *lap dancer*. Reclining, suspended, hanging, Sahal explores and takes all the risks.

For the last two years, her major themes – references to modern sculpture, the dismembered and stretched-out body in the form of landscapes, the will to renew the sculptural treatment of gender and notably the feminine – find a new visual power in this systematic exploration of the figuration of the female body.

Given their size and form, her large, big-haired bodies placed on tables are in a rather overt dialog with the series of large women in bronze (1998-2006) by Thomas Schütte. A form of "thumbing one's nose from one sculptor to another," according to the artist, but also a genuine opposition: if Schütte's women repeat in bronze the ceramic forms either hammered, broken, or simply modeled *from the exterior*, Sahal does not seek to "represent a body from the exterior but to speak of a sensation of the body *from the inside*, a mood of the body." Where Schütte's woman is tragic and vibrates in the desiring or frustrated gaze of a man, with hers Sahal establishes a playful relationship with the female body, something "on the order of desire, dreams, amusement, with this body that thinks of itself differently." Another nose-thumbing from one sculptor to another, *Nu couché (rousse)* (Lying Nude (Redhead), 2014) could conclude this magnificent cycle. Placed on a table, a "sex-wall" in homage to Brancusi is less a kiss than a "portcullis, a muscle that can open or close, facing a listless, stretched out body." Does he evoke abandonment, boredom? In both cases nothing is decided; verticality and horizontality, tension and abandonment, decision and waiting are no longer divided between feminine and masculine, but can be claimed by a masculinized feminine that has found a new form: a feminine that has become literally formidable.

All excerpts are drawn from interviews between Elsa Sahal and the author in 2015 and 2016.

dans cette exploration systématique de la figuration du corps féminin, une nouvelle force plastique.

Ses grands corps chevelus posés sur des tables dialoguent assez ouvertement, par leur taille et leur forme, avec la série des grandes femmes en bronze (1998-2006) de Thomas Schütte. « Pied de nez de sculpteur à sculpteur », selon l'artiste, mais aussi véritable opposition : si les femmes de Schütte reprennent en bronze des formes en céramique tantôt martelées, tantôt brisées, tantôt simplement modelées *de l'extérieur*, celles de Sahal ne cherchent pas à « représenter un corps de l'extérieur mais dire une sensation du corps *de l'intérieur*, un état d'âme du corps ». Là où la femme de Schütte est tragique et vibre dans le regard désirant ou frustré d'un homme, celle de Sahal institue un rapport ludique au corps féminin, quelque chose de l'« ordre du désir, du rêve, de l'amusement, à ce corps qui se pense différemment ». Autre pied de nez de sculpteur à sculpteur, *Nu couché (rousse)* (2014) pourrait conclure ce cycle magnifique. Sur une table, une « muraille-sexe » hommage à Brancusi est moins un baiser qu'une « herse, un muscle qui peut se fermer ou s'ouvrir, face auquel un corps alangui s'étale ». Évoque-t-il l'abandon, l'ennui ? Dans les deux cas, rien n'est décidé ; la verticalité et l'horizontalité, la tension et l'abandon, la décision et l'attente ne se distribuent plus entre féminin et masculin, mais peuvent être revendiqués par un féminin masculinisé qui a trouvé une nouvelle forme : un féminin devenu littéralement formidable.

Toutes les citations proviennent d'interviews entre Elsa Sahal et l'auteur, 2015-2016.

Arlequin n° 2, 2009.
Détail, céramique, 87 x 44 x 46 cm.
Detail, glazed ceramic, 34 ¼ x 17 5⁄16 x 18 ⅛ in.

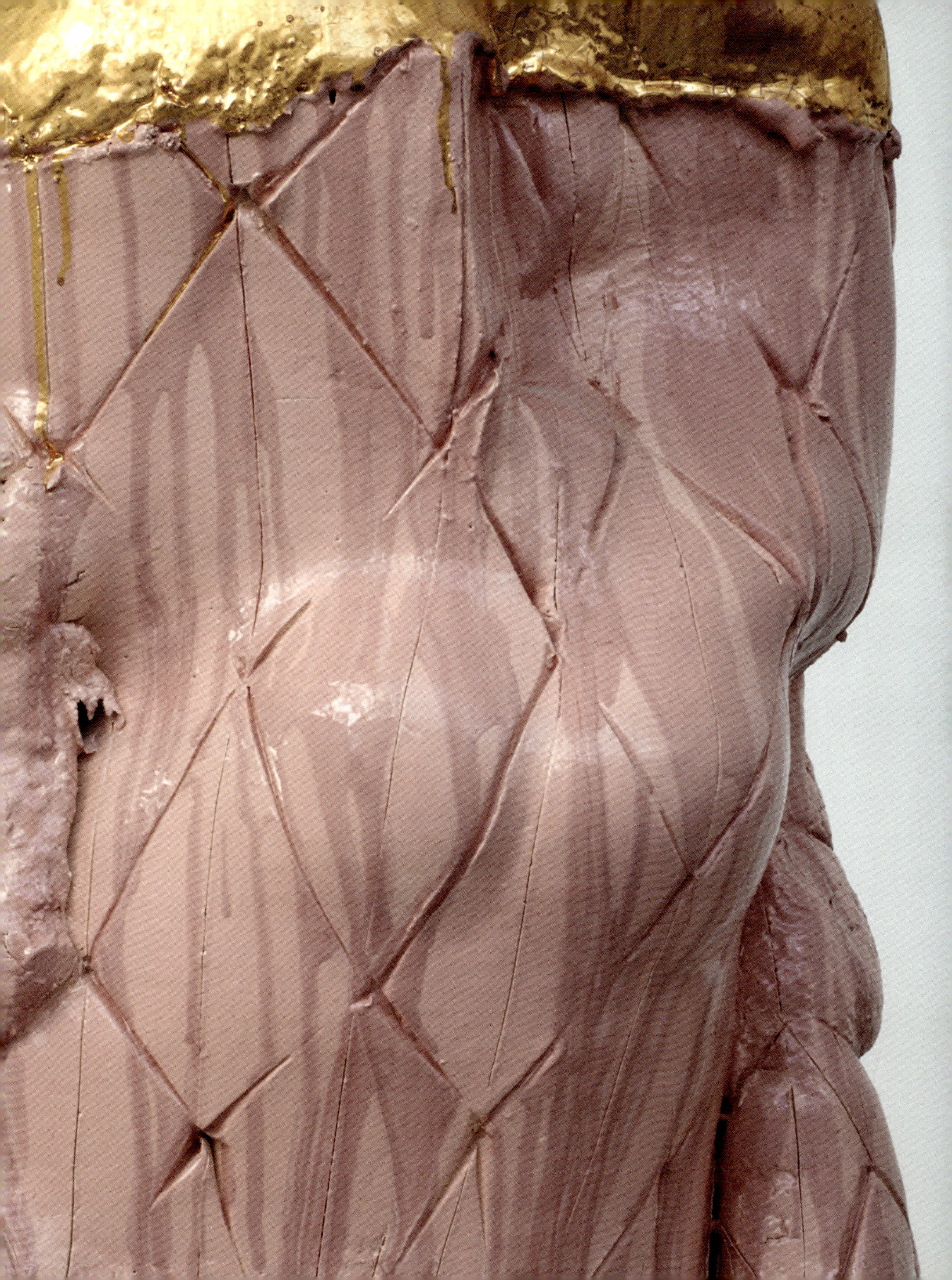

"These stones [...] at once begin to lose their hardness and their rigidity; slowly they soften; once softened, they begin to take on shapes. Then presently, when they'd increased in size and grown more merciful in character, they bore a certain incomplete resemblance to the human form, much like these images created by a sculptor when he begins roughly modeling his marble figures."

Ovid, *Metamorphoses*, W.W. Norton & Co, New York, 2005, Book I.
Quoted by Valérie Da Costa in *Elsa Sahal*, Les Éditions Particules / Fondation d'entreprise Ricard, Paris, 2008.

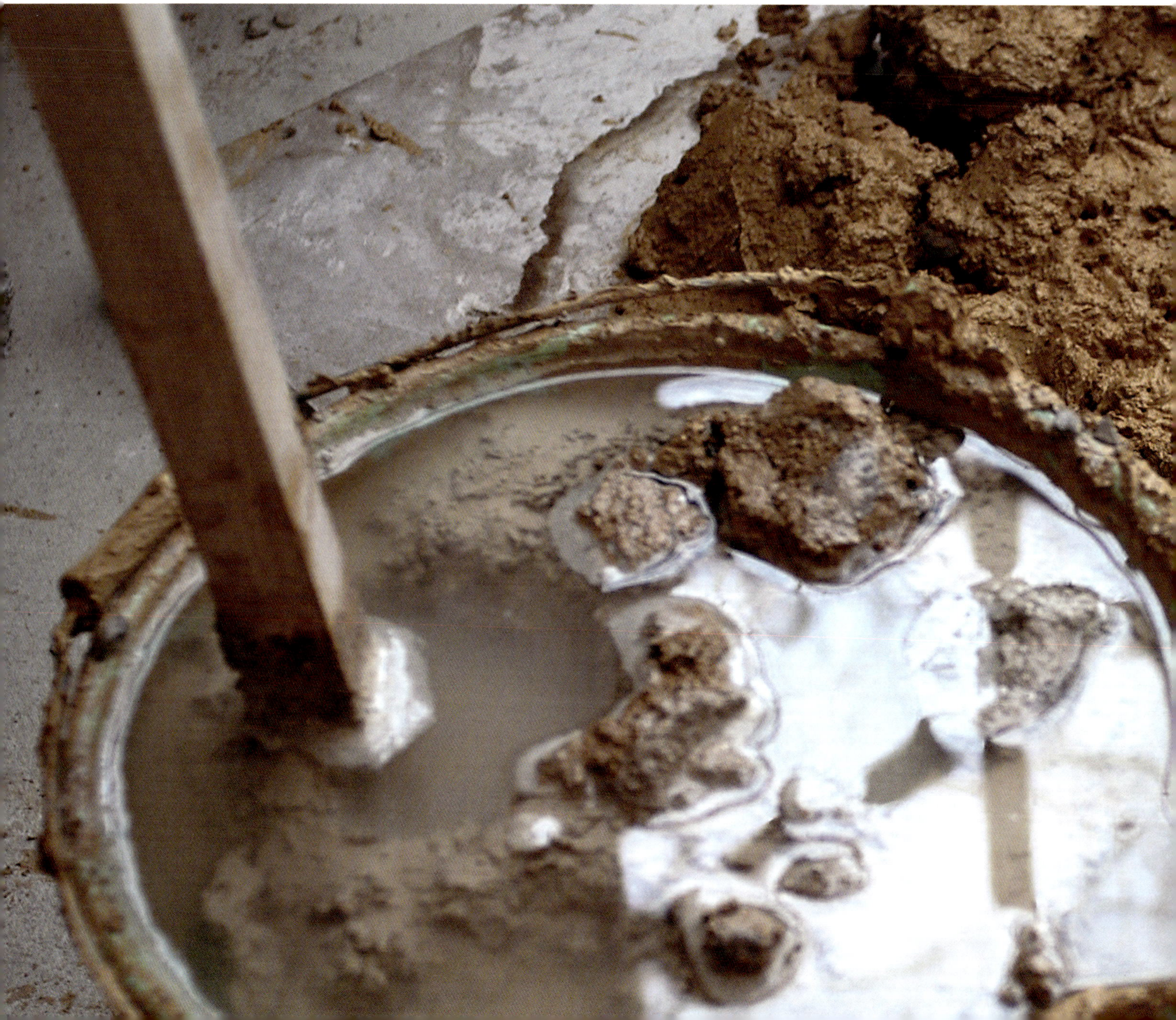

« Les pierres [...] commencèrent à perdre leur inflexible dureté, à s'amollir peu à peu et, une fois amollies, à prendre forme. Bientôt, quand elles eurent grandi et qu'elles eurent reçu en partage une nature plus douce, on put voir apparaître, bien qu'encore vague, comme une forme humaine, comparable aux ébauches taillées dans le marbre et toute semblable aux statues encore inachevées et brutes. »

Ovide, *Les Métamorphoses,* Garnier-Flammarion, Paris, 1966, Livre I.
Cité par Valérie Da Costa dans *Elsa Sahal,* Les Éditions Particules / Fondation d'entreprise Ricard, Paris, 2008.

metamorphoses
métamorphoses

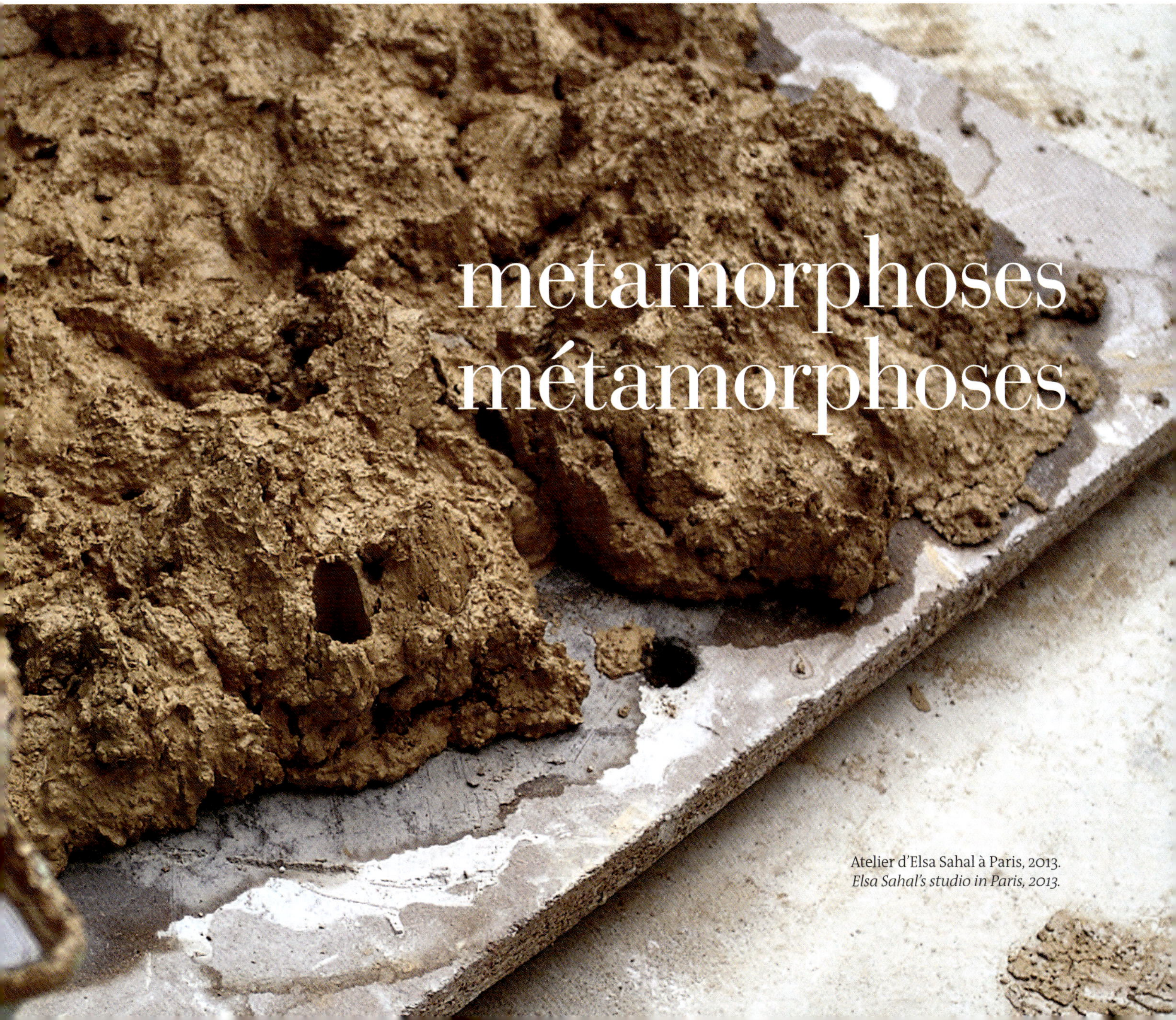

Atelier d'Elsa Sahal à Paris, 2013.
Elsa Sahal's studio in Paris, 2013.

FLEUE, 2002.
Céramique émaillée, 62 x 40 x 43 cm.
Glazed ceramic, 24 ⅖ x 15 ¾ x 17 in.

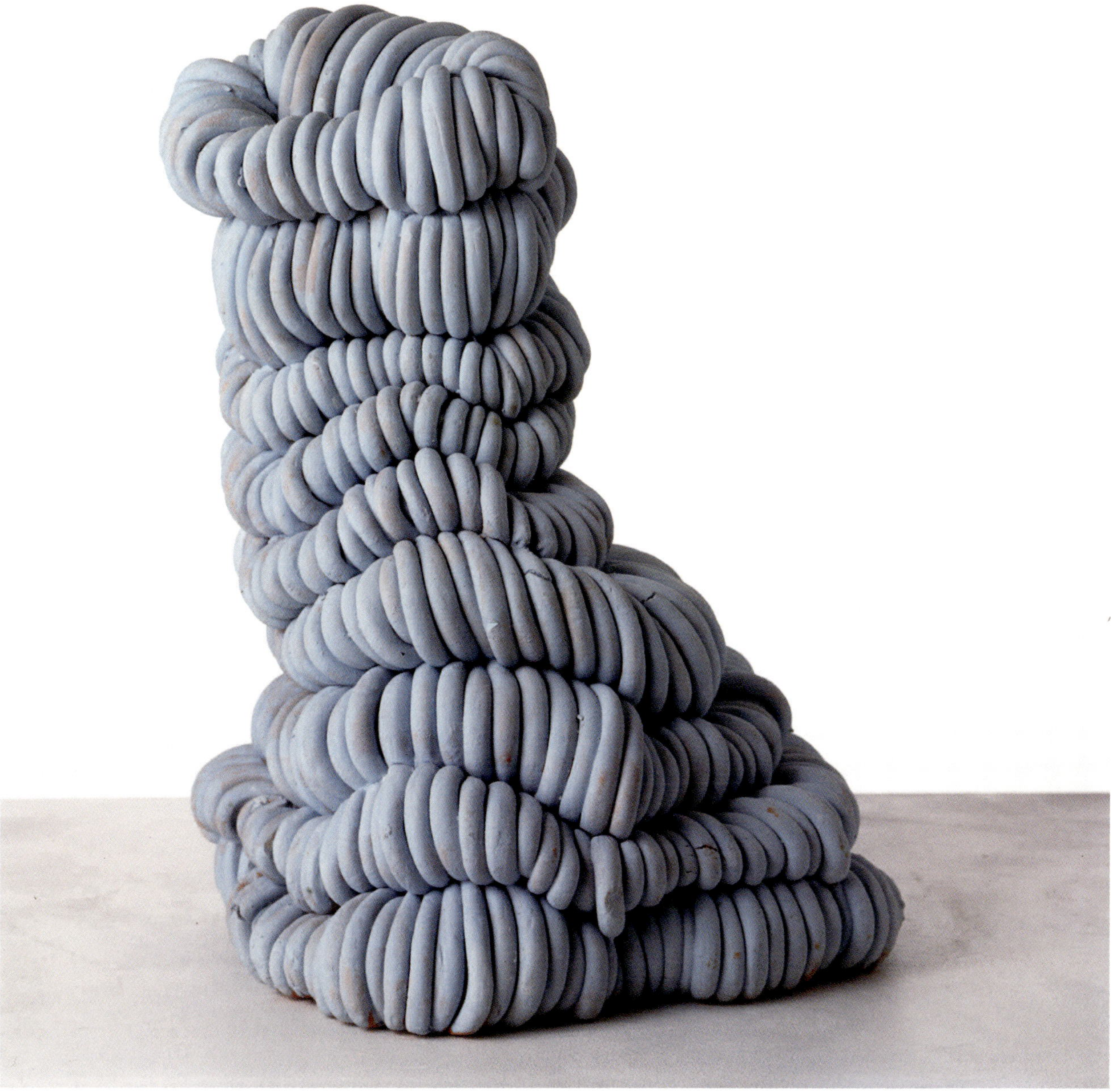

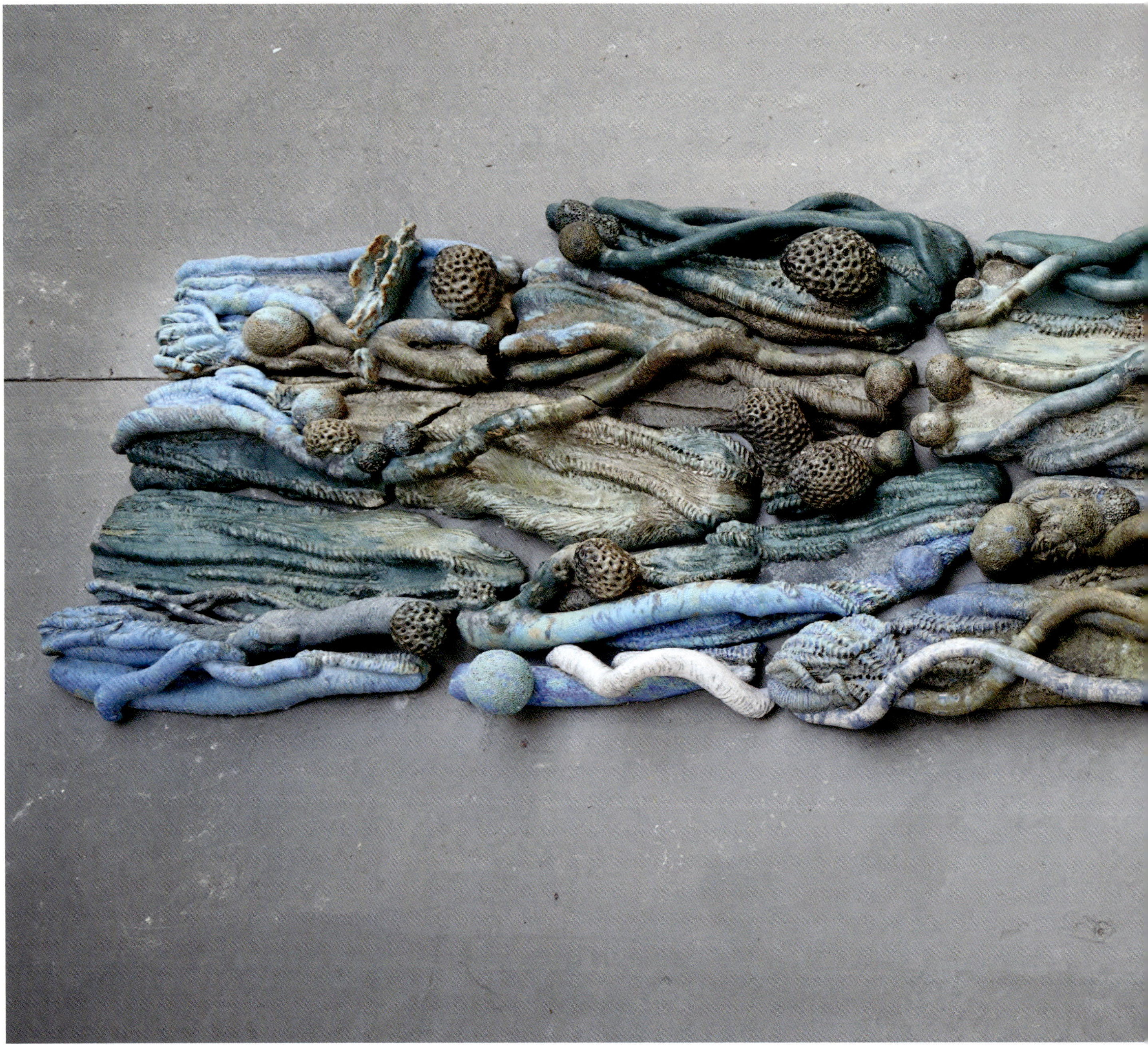

Eaux, 2013.
Céramique émaillée, 290 x 90 x 20 cm.
Glazed ceramic, 114 ⅙ x 35 3/7 x 7 ⅞ in.

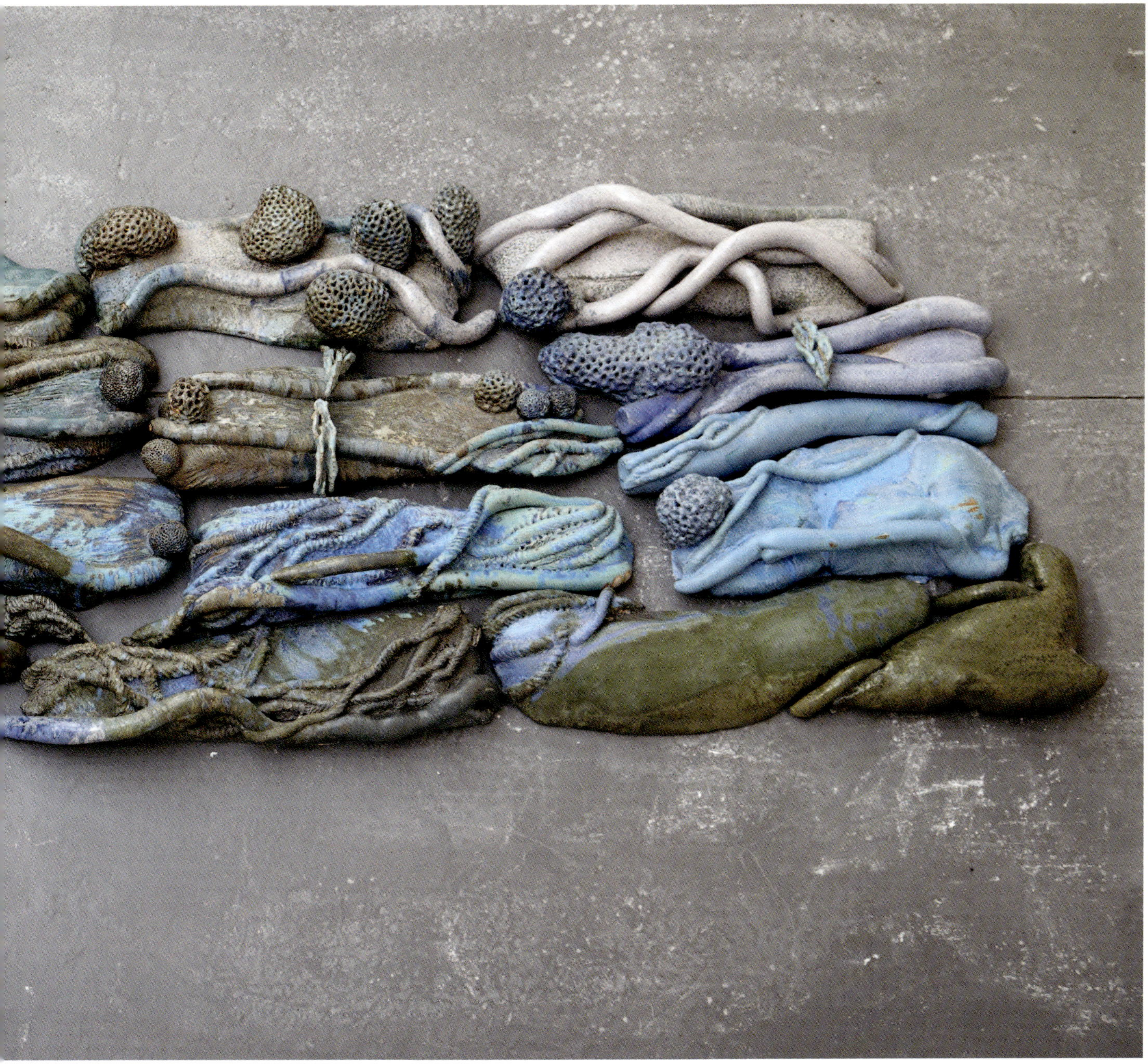

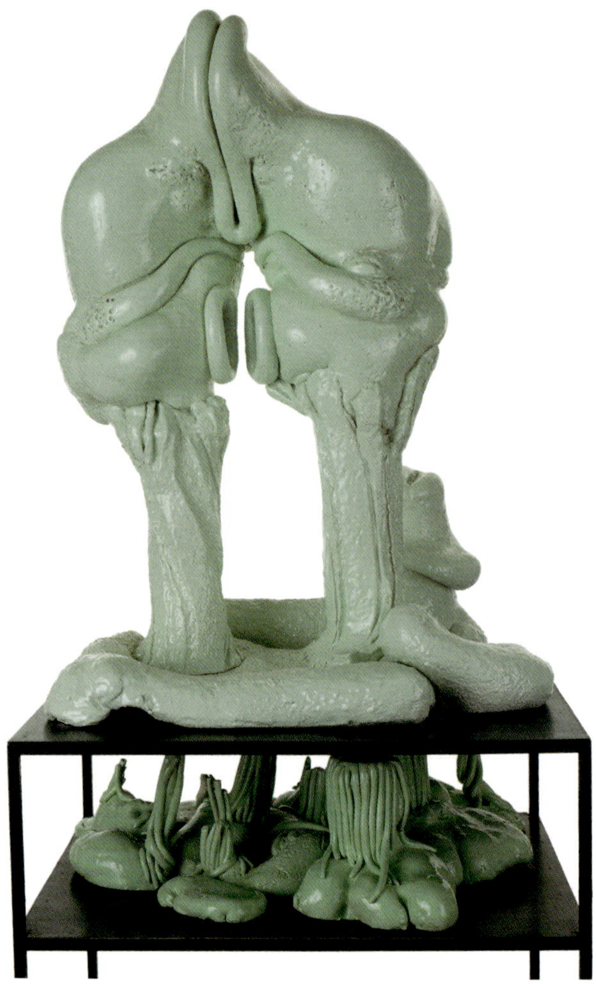

Arbre dont les racines sont restées à l'étage inférieur, 2007.
Céramique émaillée (11 éléments) sur socle en métal, 75 x 48 x 50 cm. Collection Emmanuel Hervé, Paris.
Glazed ceramic (11 pieces) on metal base, 29 ½ x 18 ⅝ x 19 ⅔ in. Emmanuel Hervé collection, Paris.

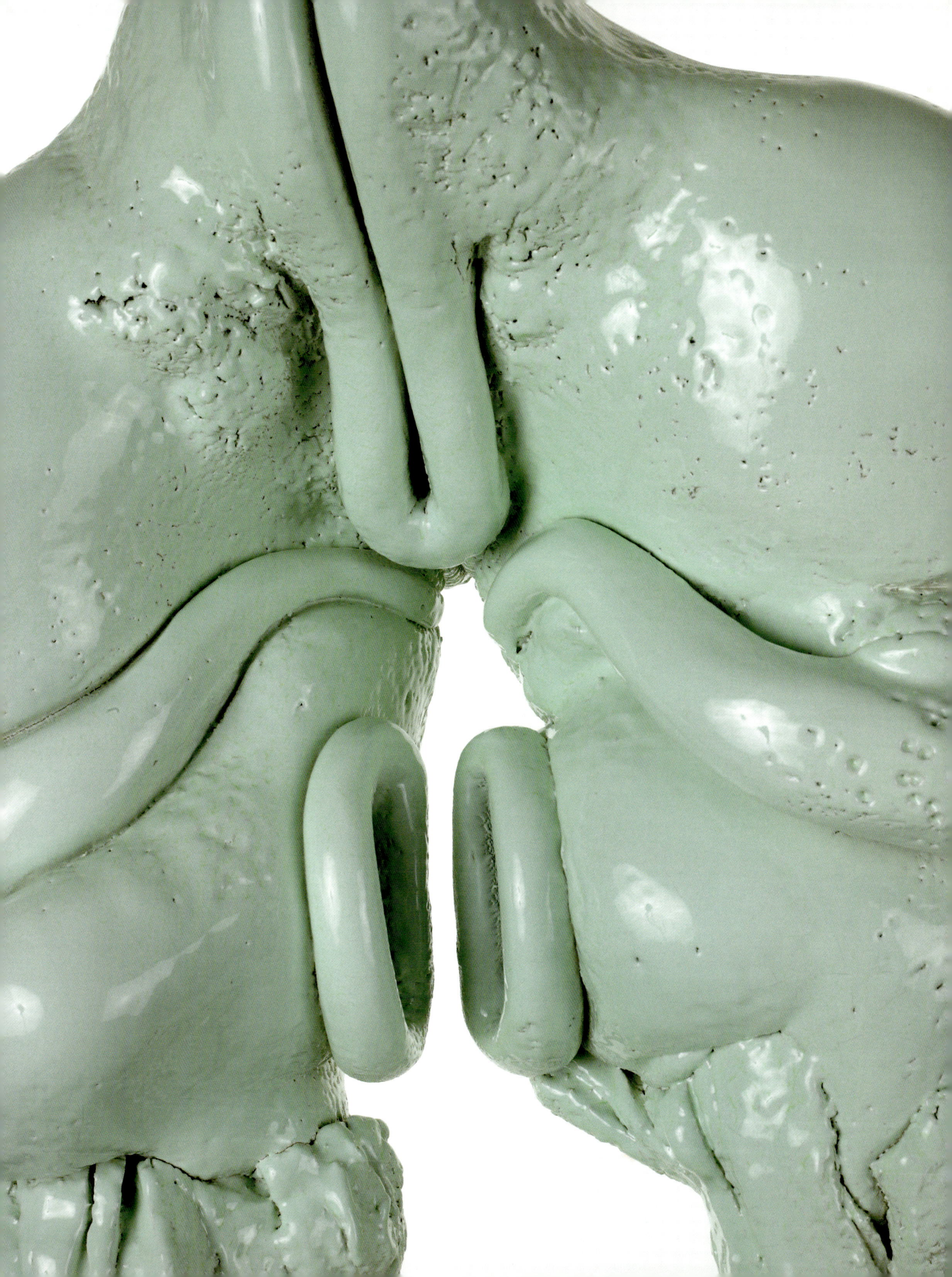

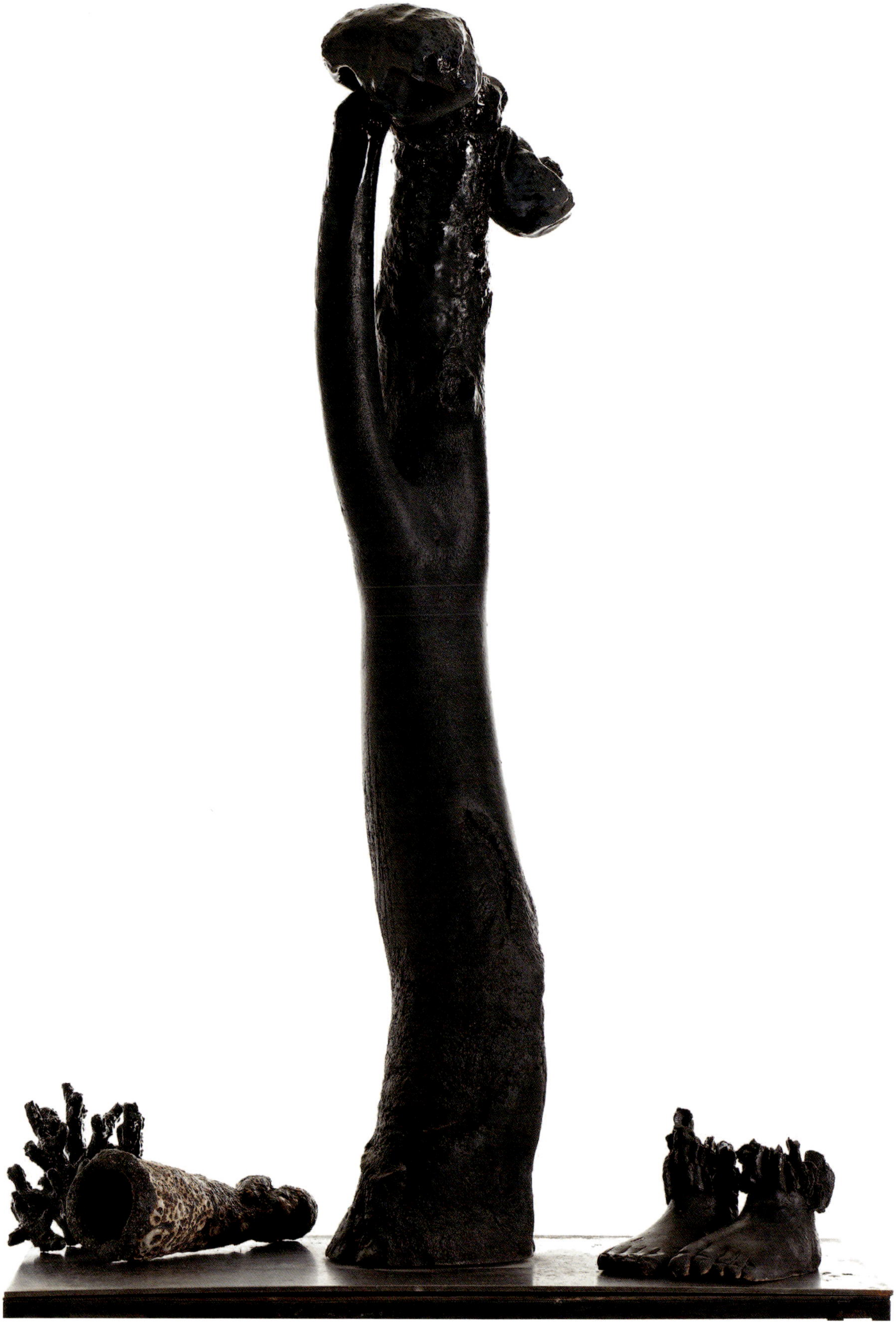

AUTEL N° 3, 2012.
Céramique émaillée, 86 x 35 x 60 cm. Collection particulière, Paris.
Glazed ceramic, 33 ⁸⁄₉ x 13 ⁴⁄₅ x 23 ³⁄₅ in. Private collection, Paris.

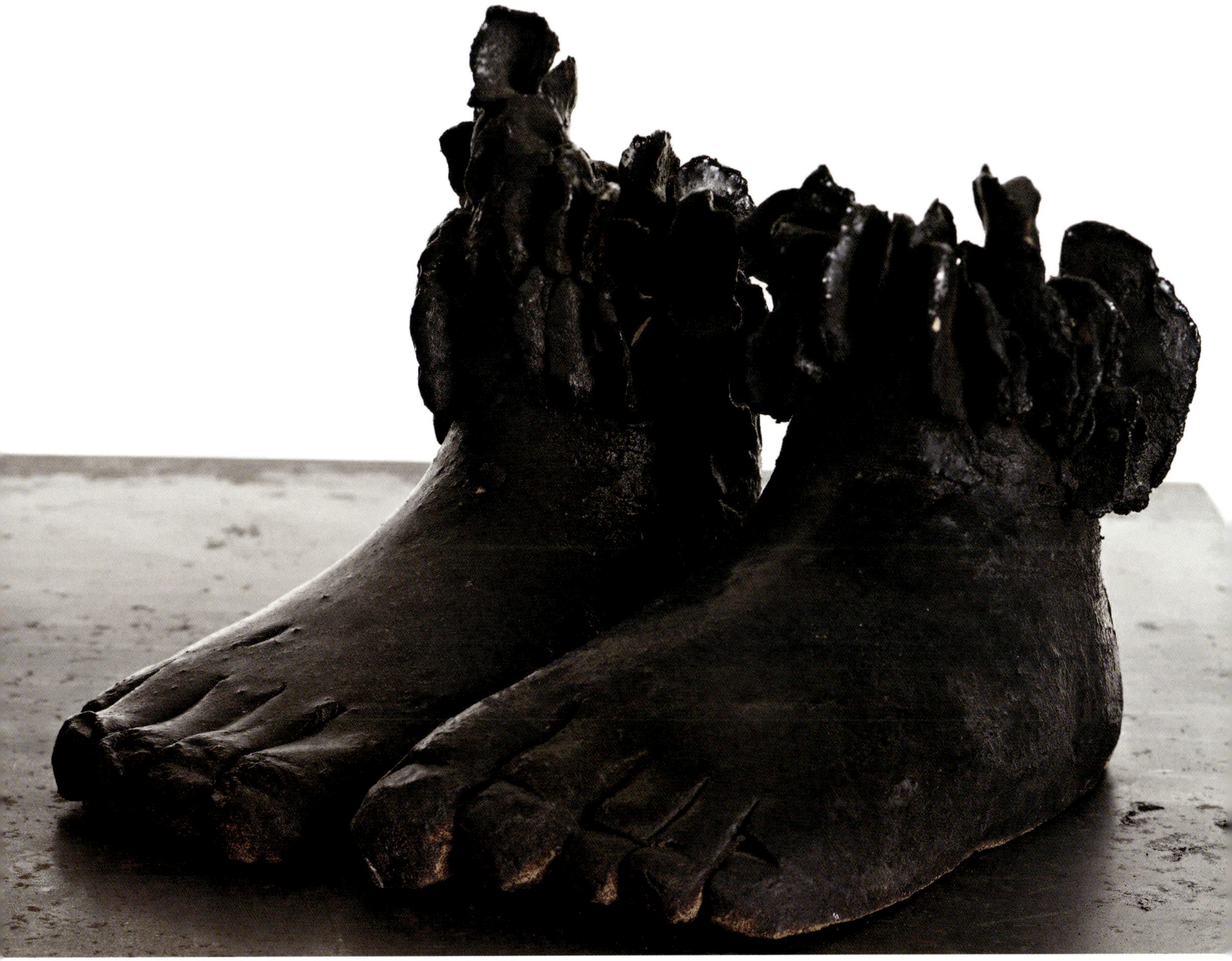

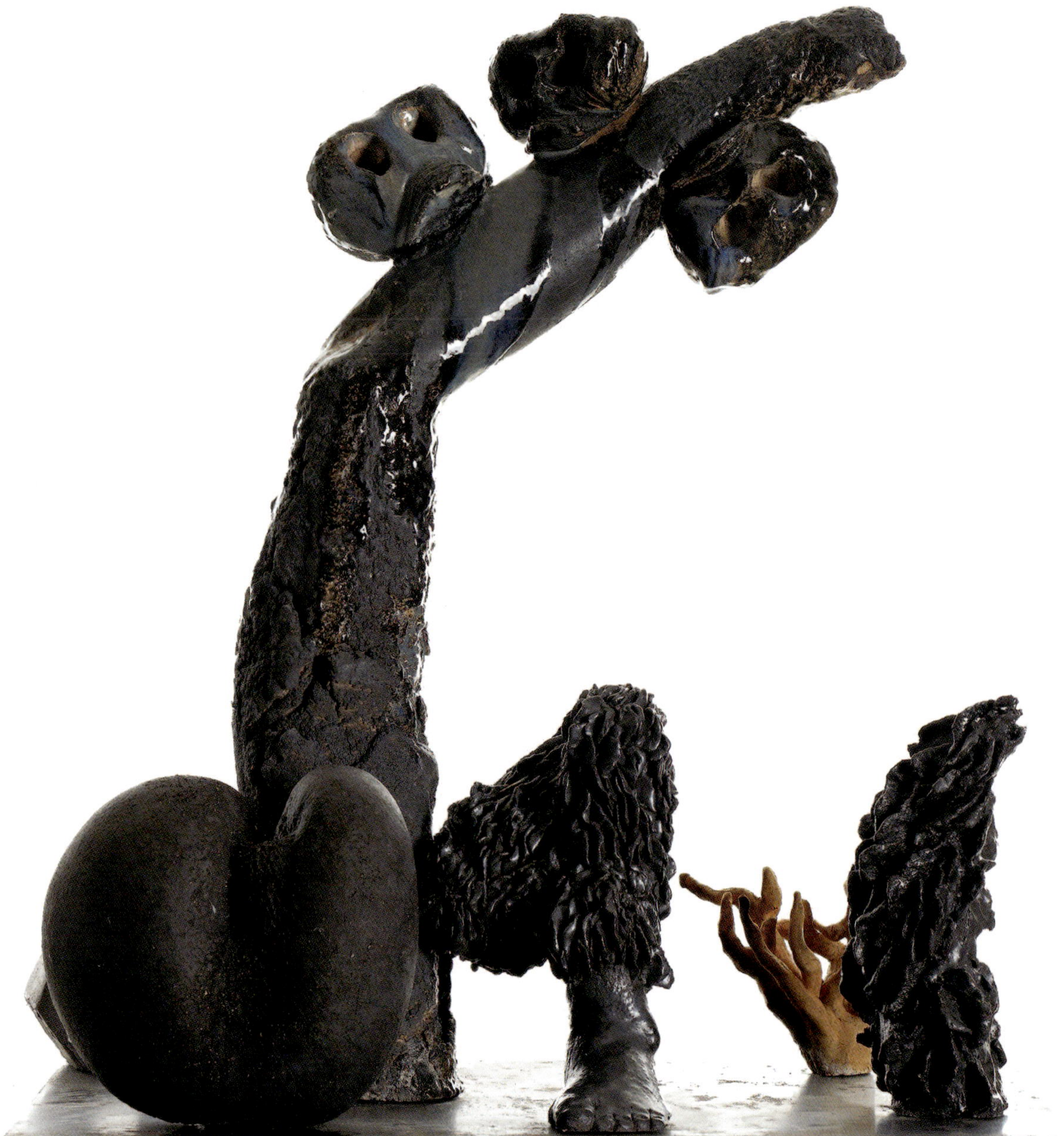

Autel n° 1, 2012.
Céramique émaillée, 86 x 35 x 60 cm. Collection particulière, Paris.
Glazed ceramic, 33 ⁴⁄₅ x 13 ⁴⁄₅ x 23 ³⁄₅ in. Private collection, Paris.

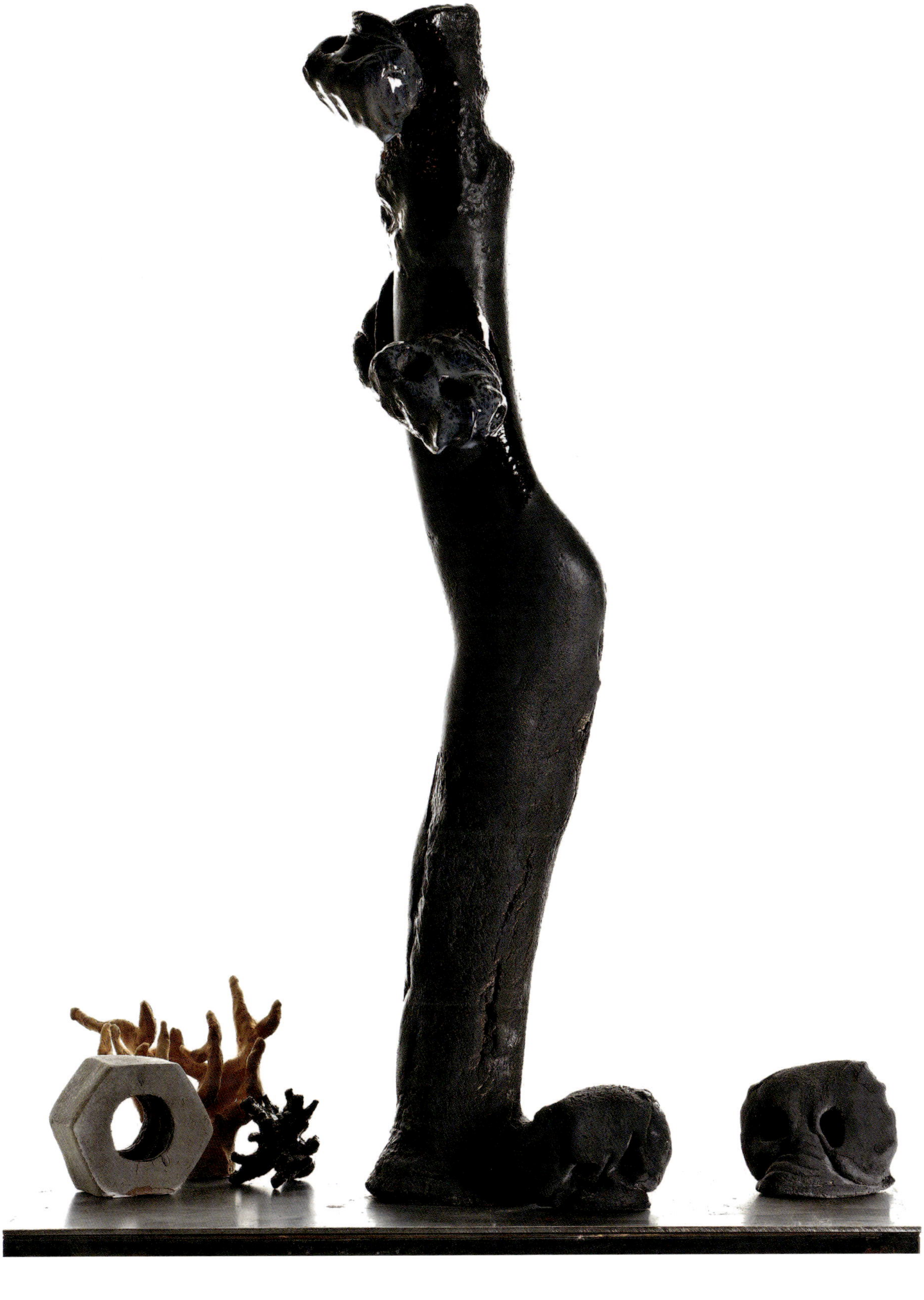

Autel n° 4, 2012.
Céramique émaillée, 79 x 35 x 60 cm. Collection Michel Le Bayon, Paris.
Glazed ceramic, 31 ⅛ x 13 ⅞ x 23 ⅝ in. Michel Le Bayon collection, Paris.

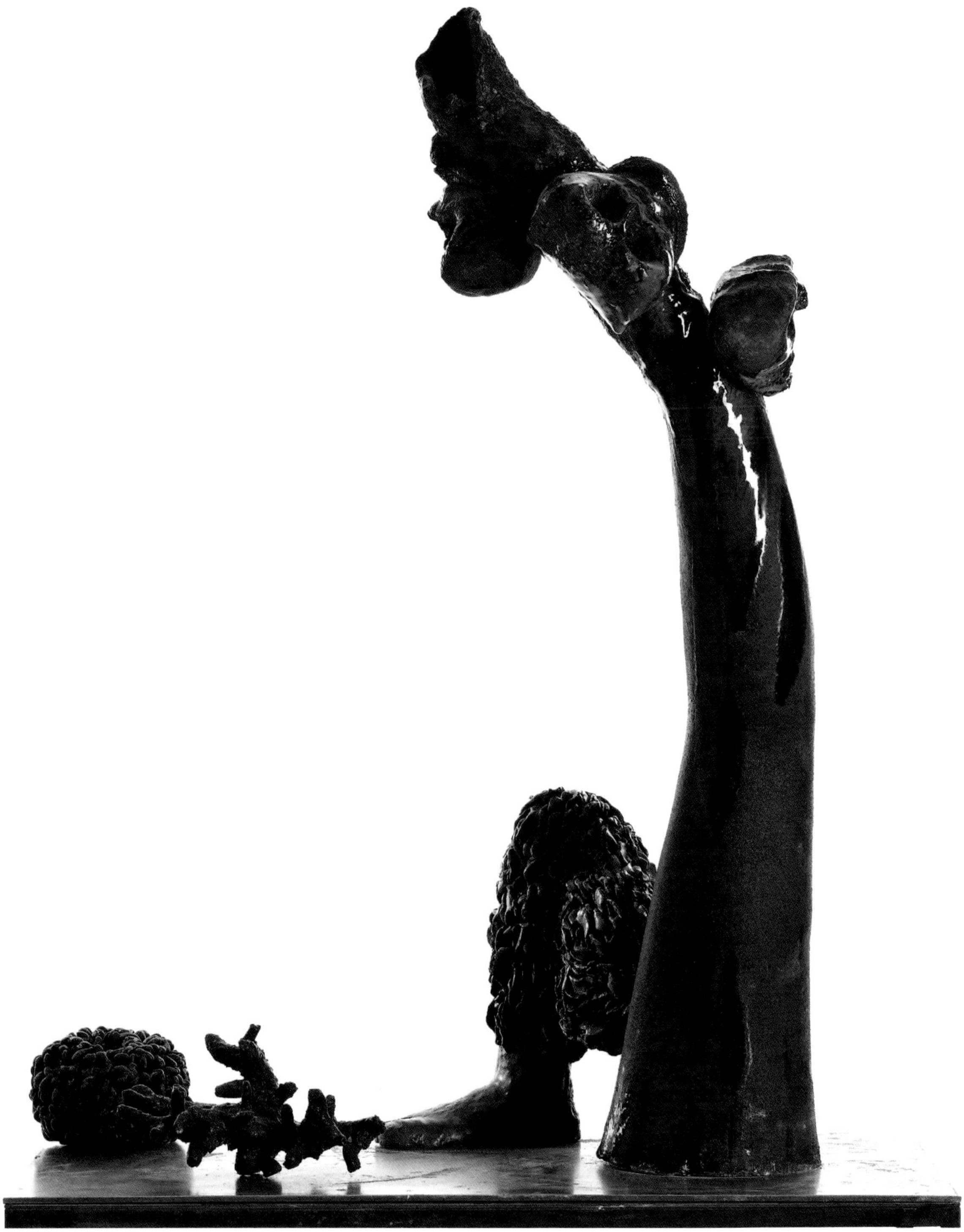

Autel n° 2, 2012.
Céramique émaillée, 75 x 35 x 60 cm. Collection particulière, Boulogne.
Glazed ceramic, 29 ½ x 13 ⅔ x 23 ⅗ in. Private collection, Boulogne.

Autel n° 1, 2012.
Détail, céramique émaillée, 86 x 35 x 60 cm.
Detail, glazed ceramic, 33 ⅘ x 13 ⅘ x 23 ⅗ in.

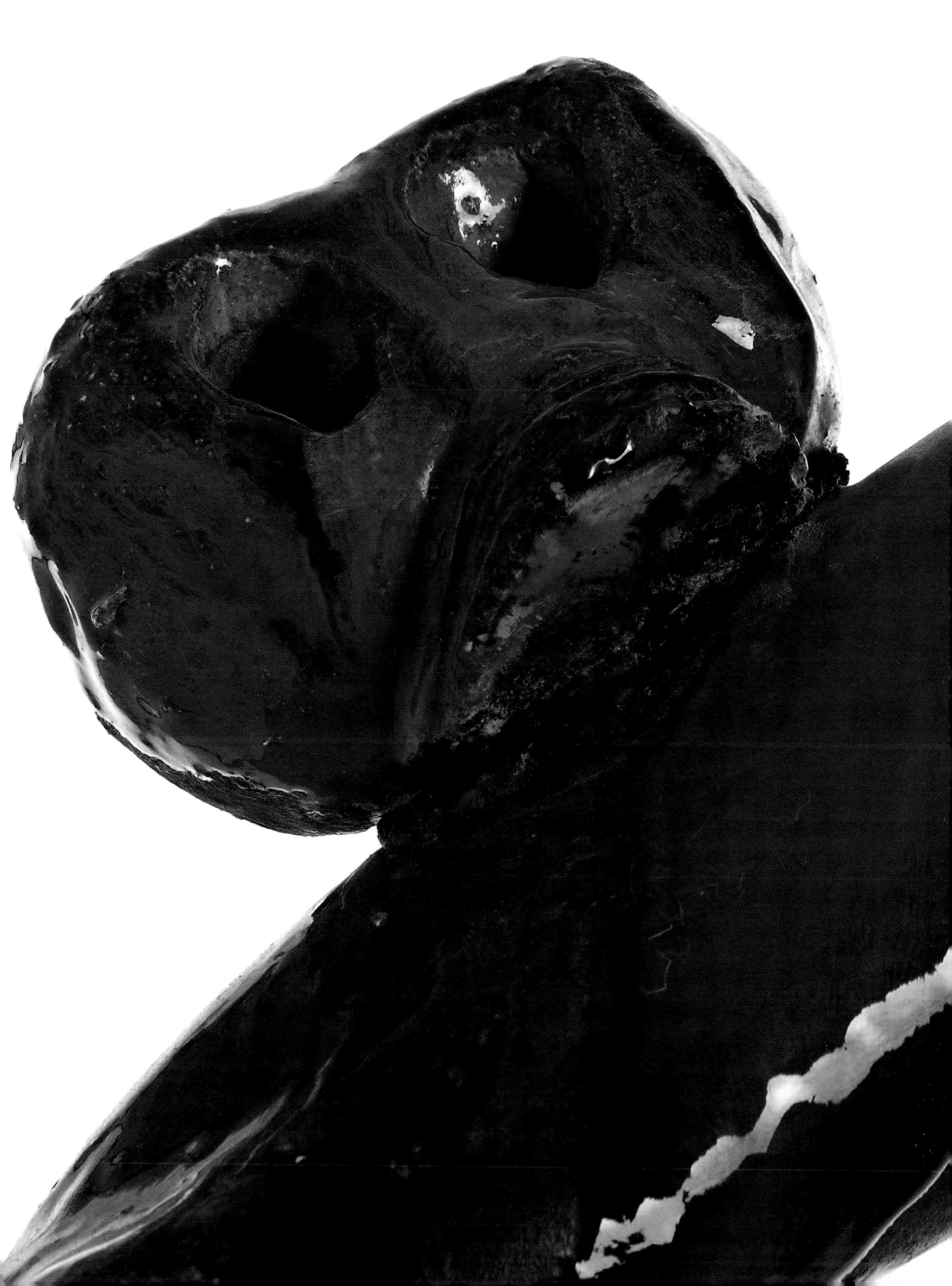

Page de droite et pages suivantes
Exposition « The French Haunted House », Song Eun Art Space, Séoul, Corée du Sud, 2013.
Grand Autel, 2006. Céramique émaillée (36 éléments) sur table en métal, 95 x 300 x 100 cm.
Right-hand page and following pages
Exhibition "The French Haunted House", Song Eun Art Space, Seoul, South Korea, 2013.
Grand Autel, *2006. Glazed ceramic (36 pieces) on metal table, 37 ⅖ x 118 ⅛ x 39 ⅜ in.*

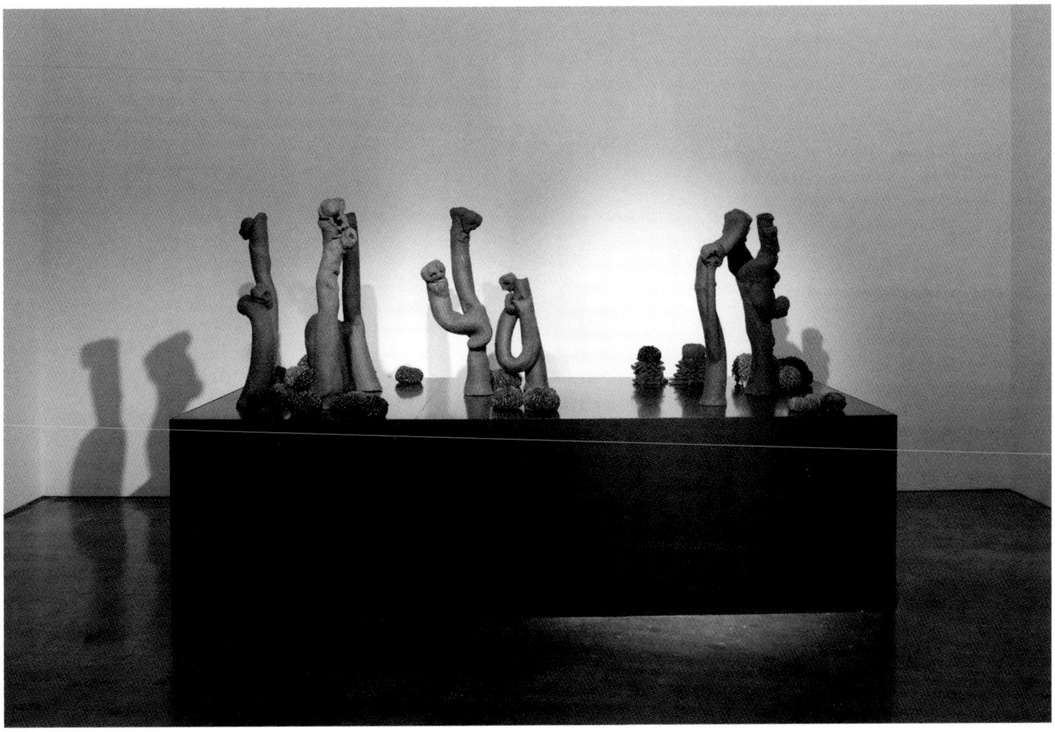

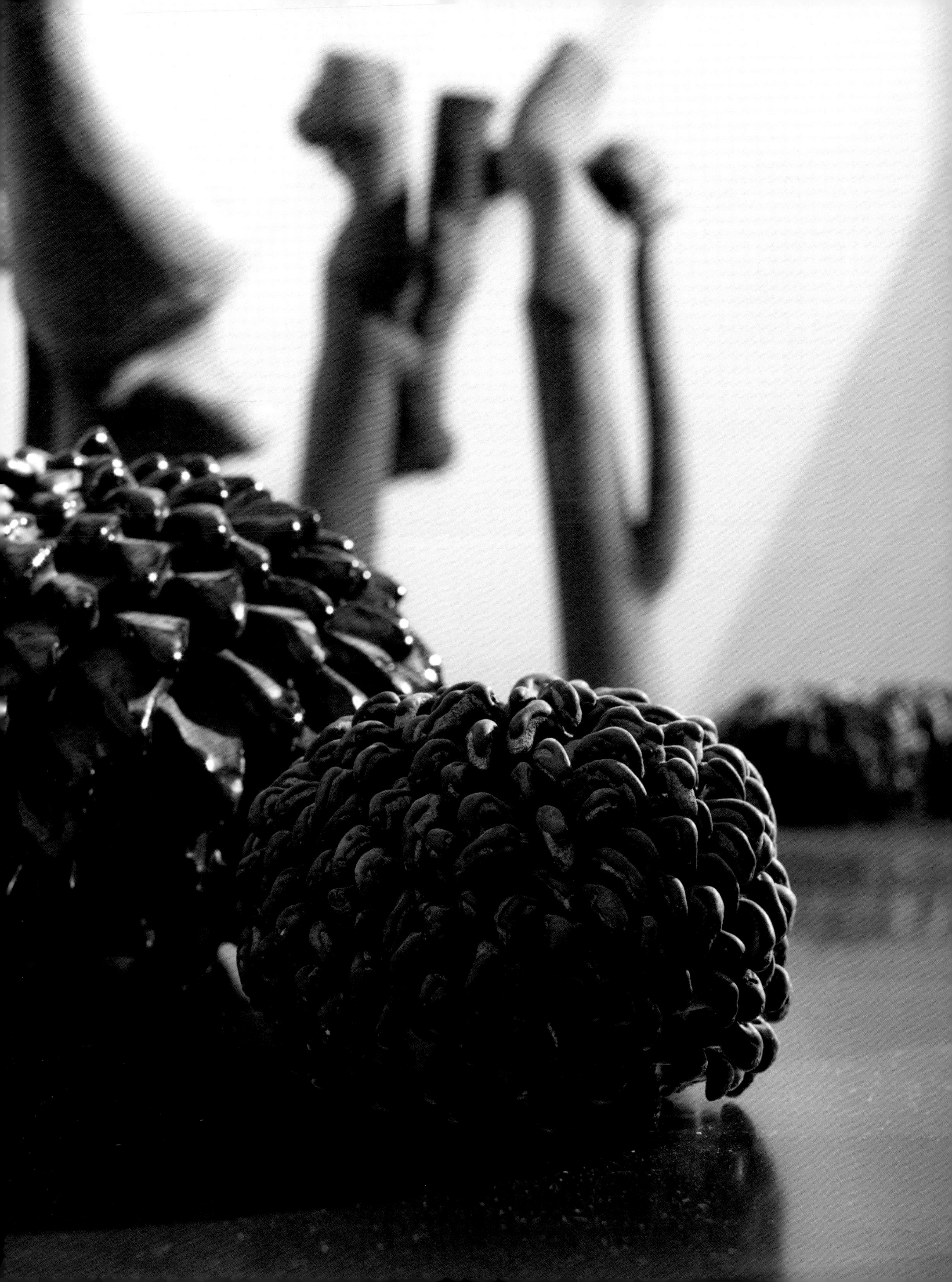

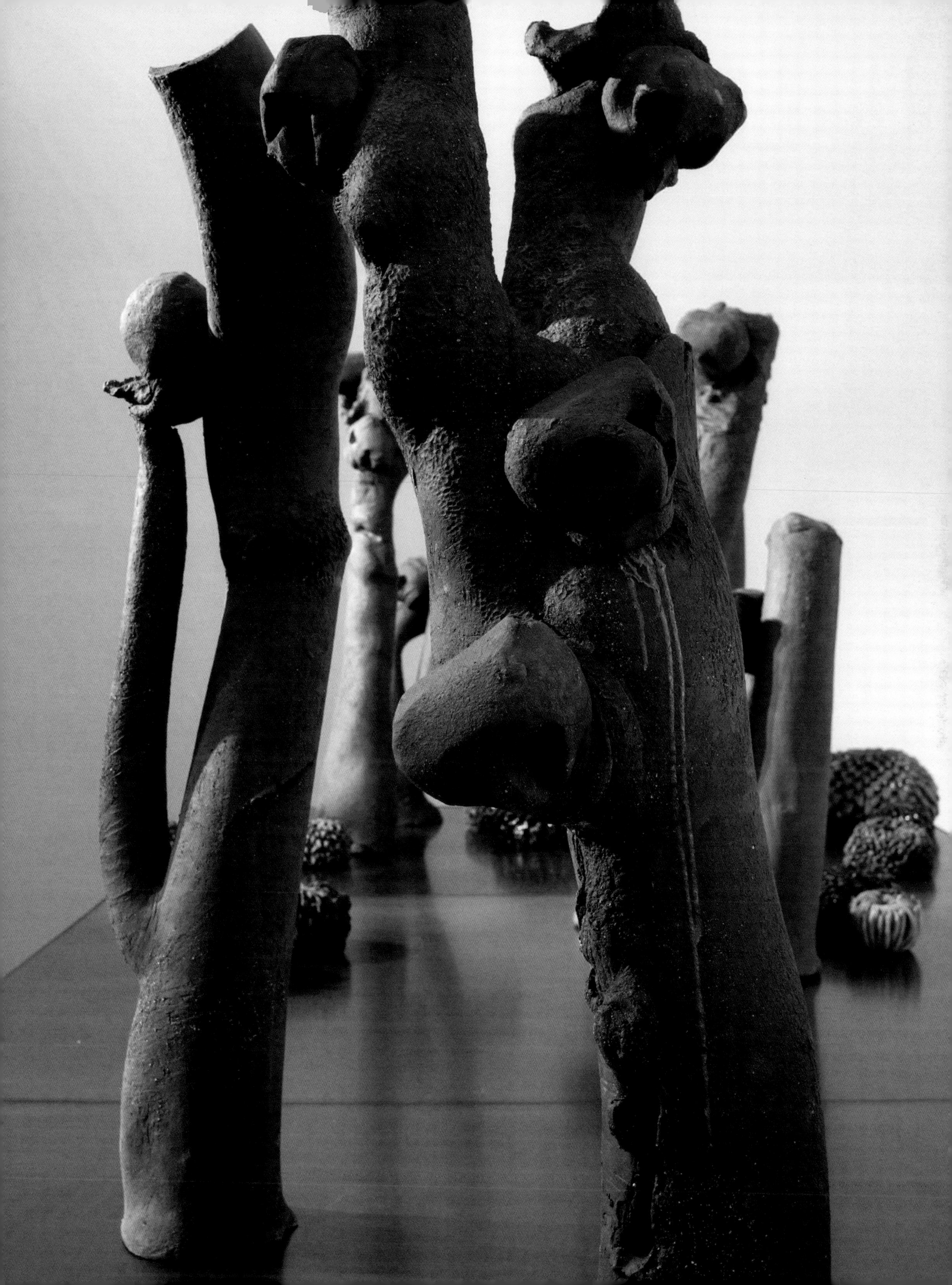

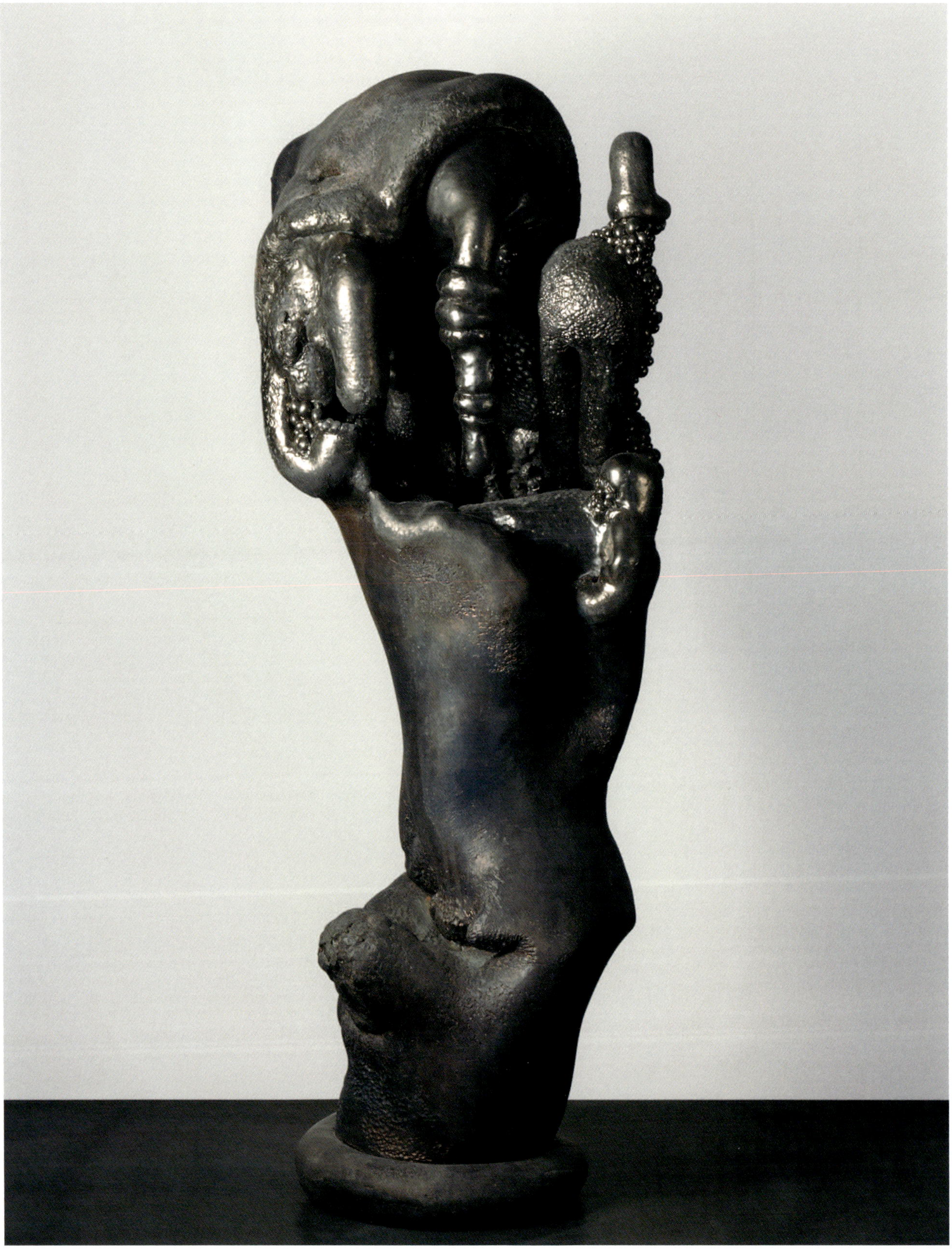

Autoportrait en forme de grotte n° 1, 2005.
Céramique émaillée, 93 x 30 x 40 cm.
Glazed ceramic, 36 3/5 x 11 4/5 x 15 2/3 in.

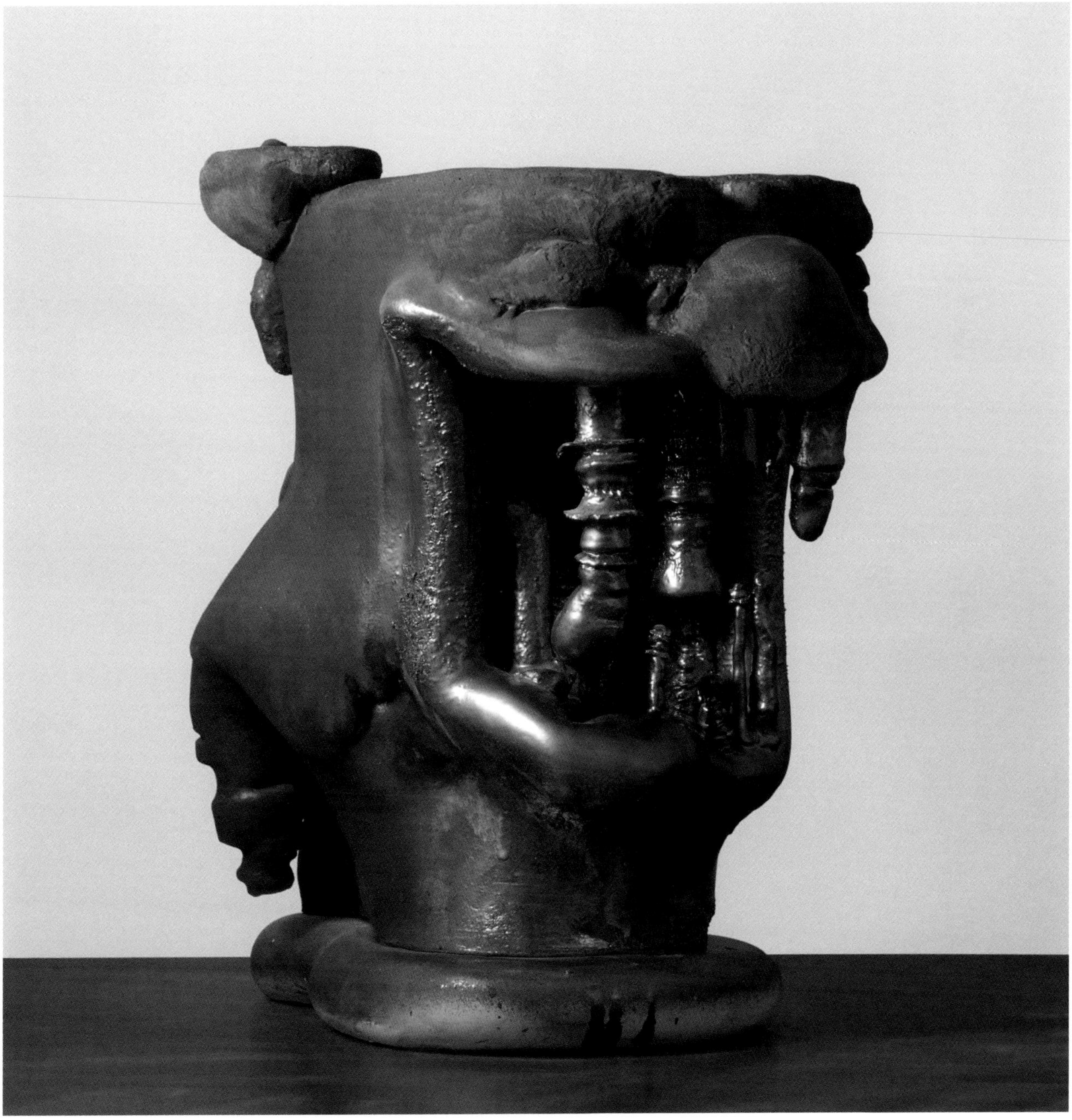

Autoportrait en forme de grotte n° 3, 2005.
Céramique émaillée, 62 x 44 x 34 cm.
Glazed ceramic, 24 ⅔ x 17 ⅓ x 13 ⅓ in.

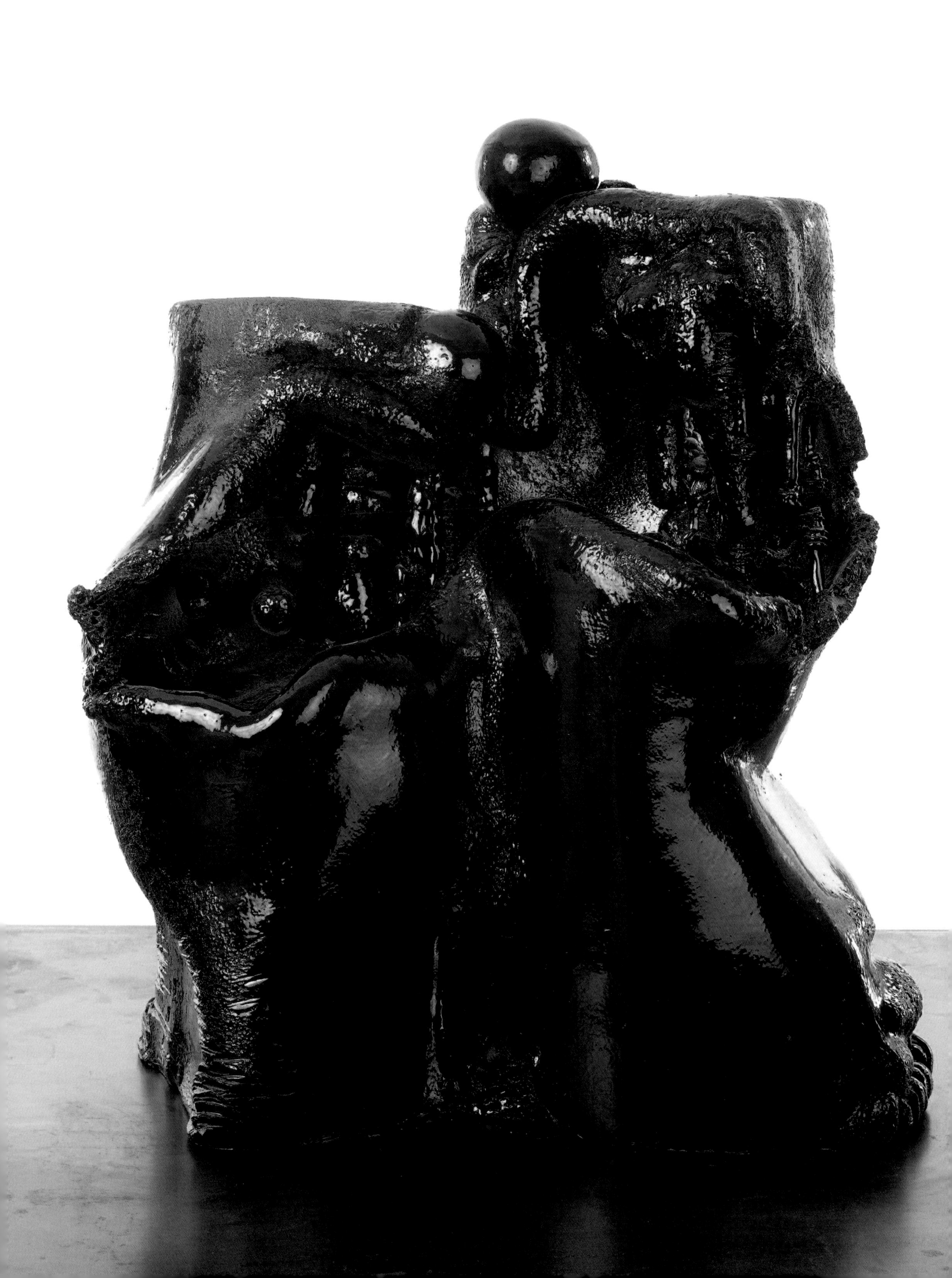

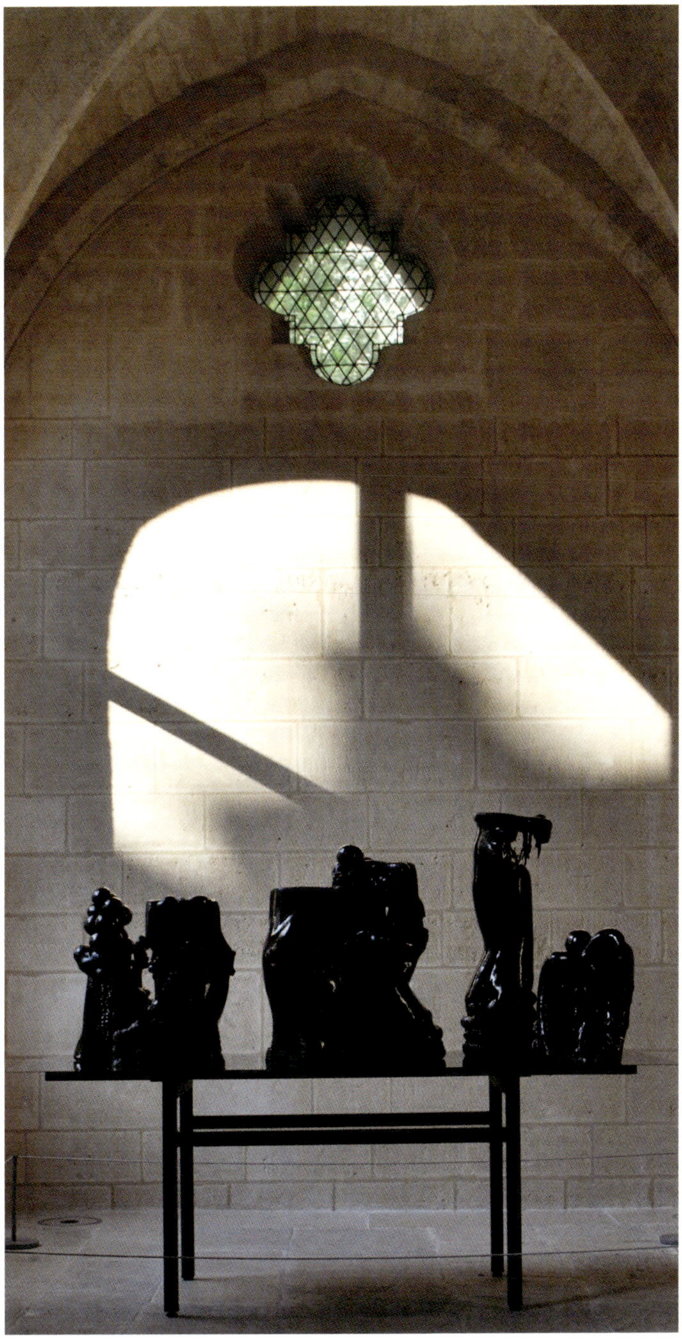

Ci-dessus, page de gauche et pages suivantes
Exposition « Grotte généalogique », collège des Bernardins, Paris, 2011.
Grotte généalogique, 2006. Céramique émaillée (5 éléments)
sur table en métal, 100 x 244 x 122 cm.
Above, left-hand and following pages
Exhibition "Grotte généalogique", collège des Bernardins, Paris, 2011.
Grotte généalogique, *2006. Glazed ceramic (5 pieces)*
on metal table, 39 ⅔ x 96 x 48 in.

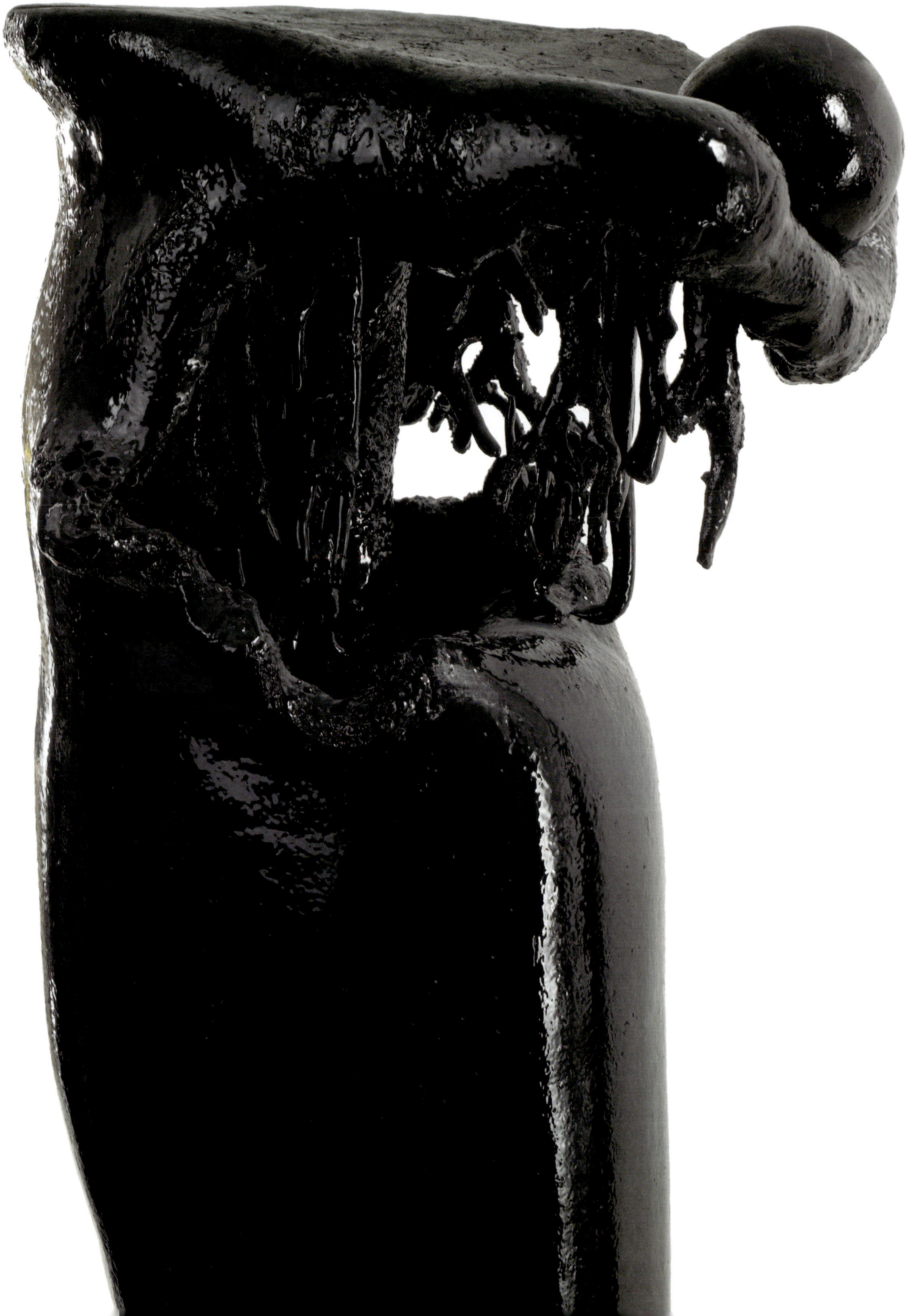

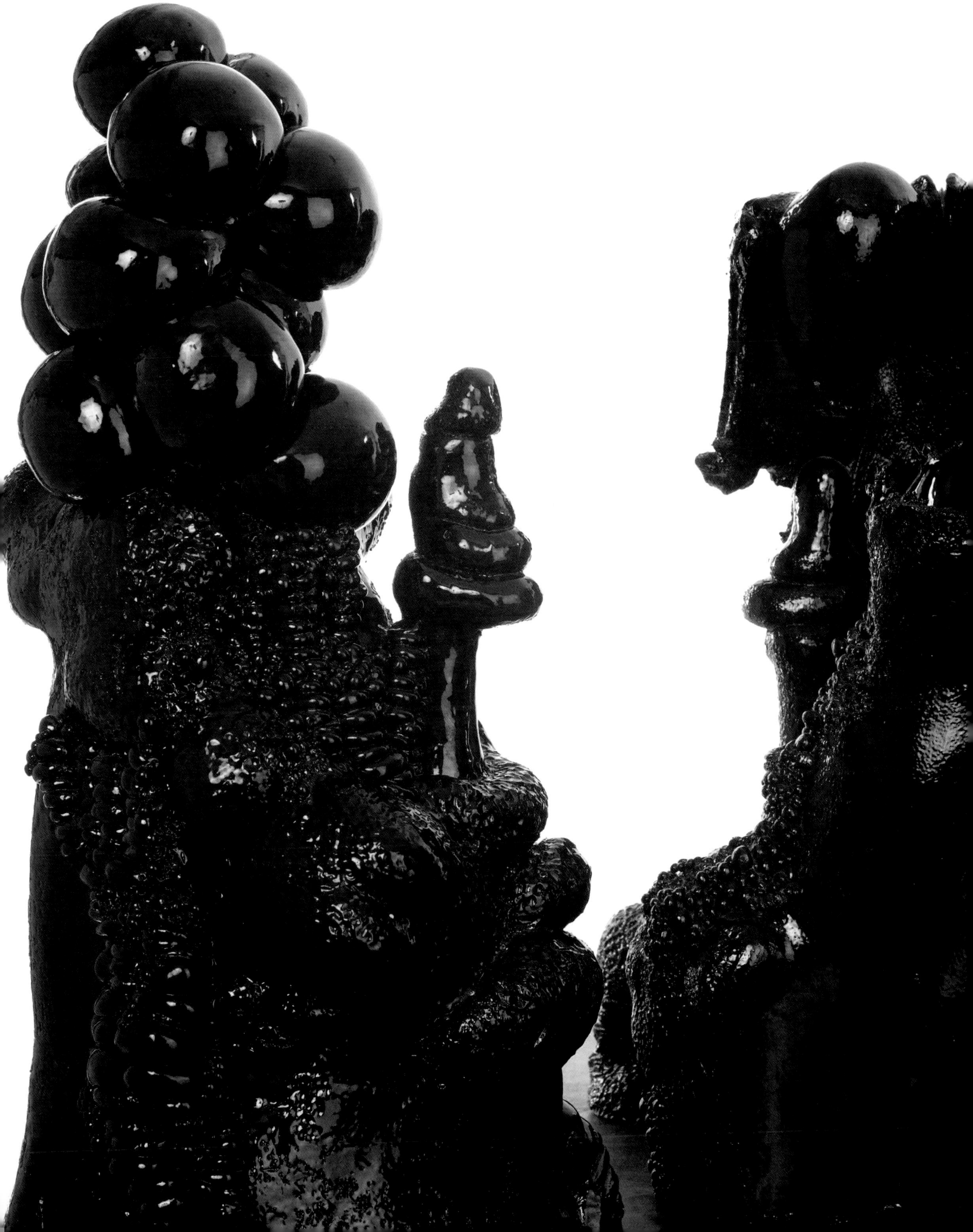

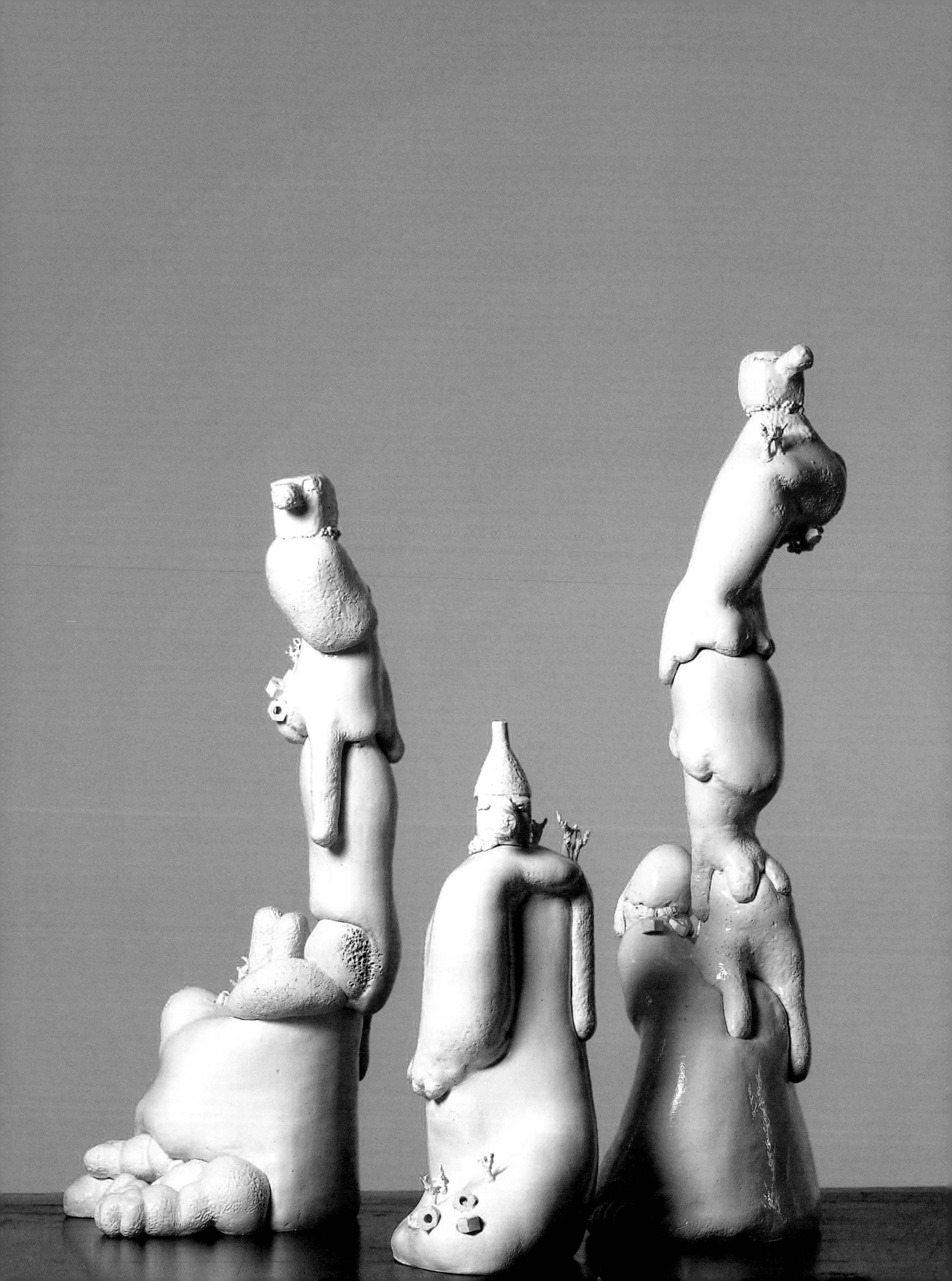

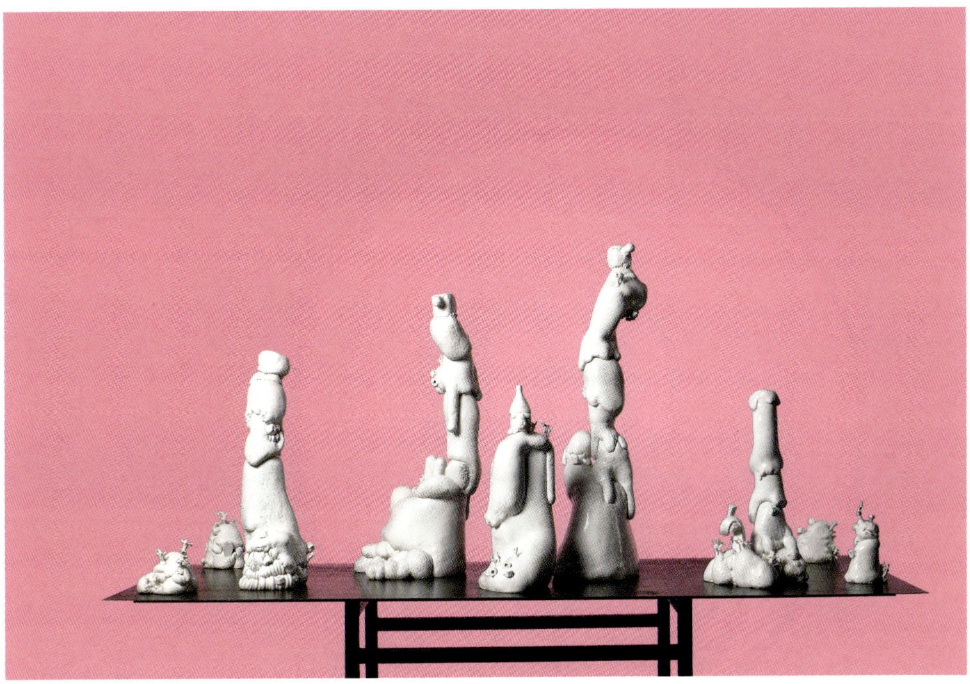

Ci-dessus, page de gauche et pages suivantes
Above, left-hand page and following pages
LE BON LARRON, 2005.
Céramique émaillée (9 éléments) sur table en métal, 250 x 130 x 110 cm.
Exposition « Mutatis, Mutandis, collection Antoine de Galbert »,
La Maison Rouge, Fondation Antoine de Galbert, Paris, 2007.
Glazed ceramic (9 pieces) on metal table, 98 ⅖ x 51 ⅑ x 43 2/7 in.
Exhibition "Mutatis, Mutandis, collection Antoine de Galbert",
La Maison Rouge, Fondation Antoine de Galbert, Paris, 2007.

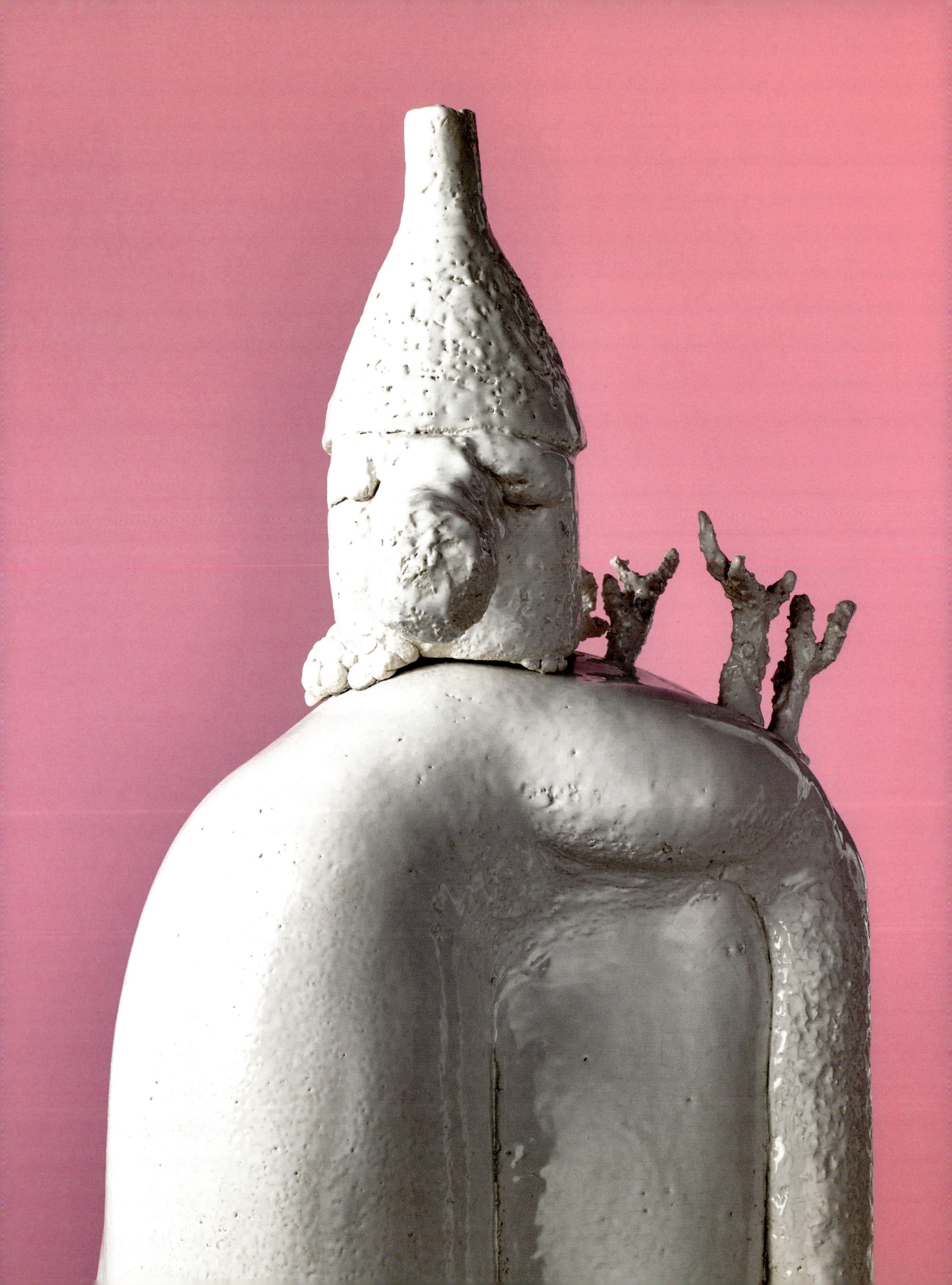

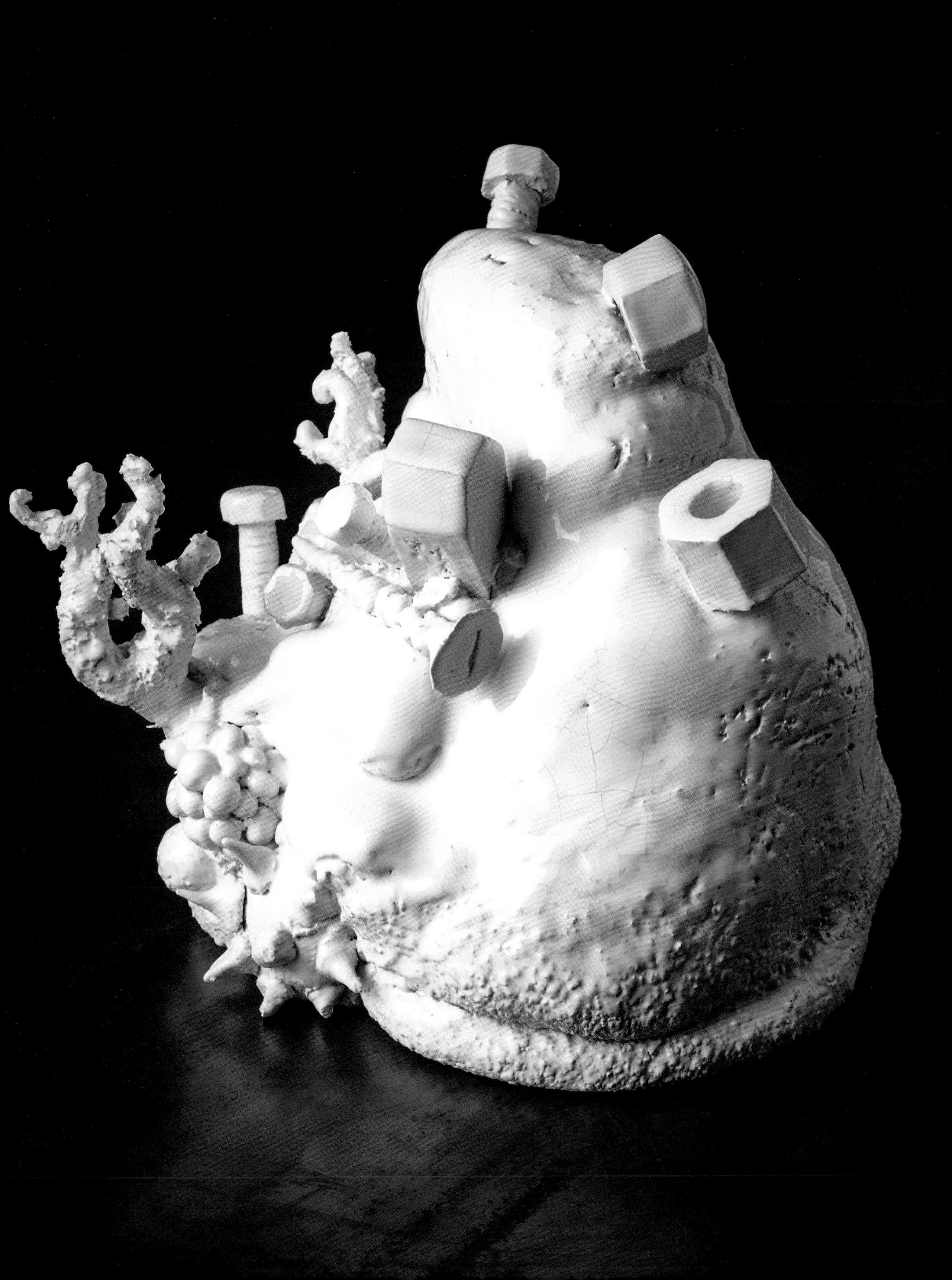

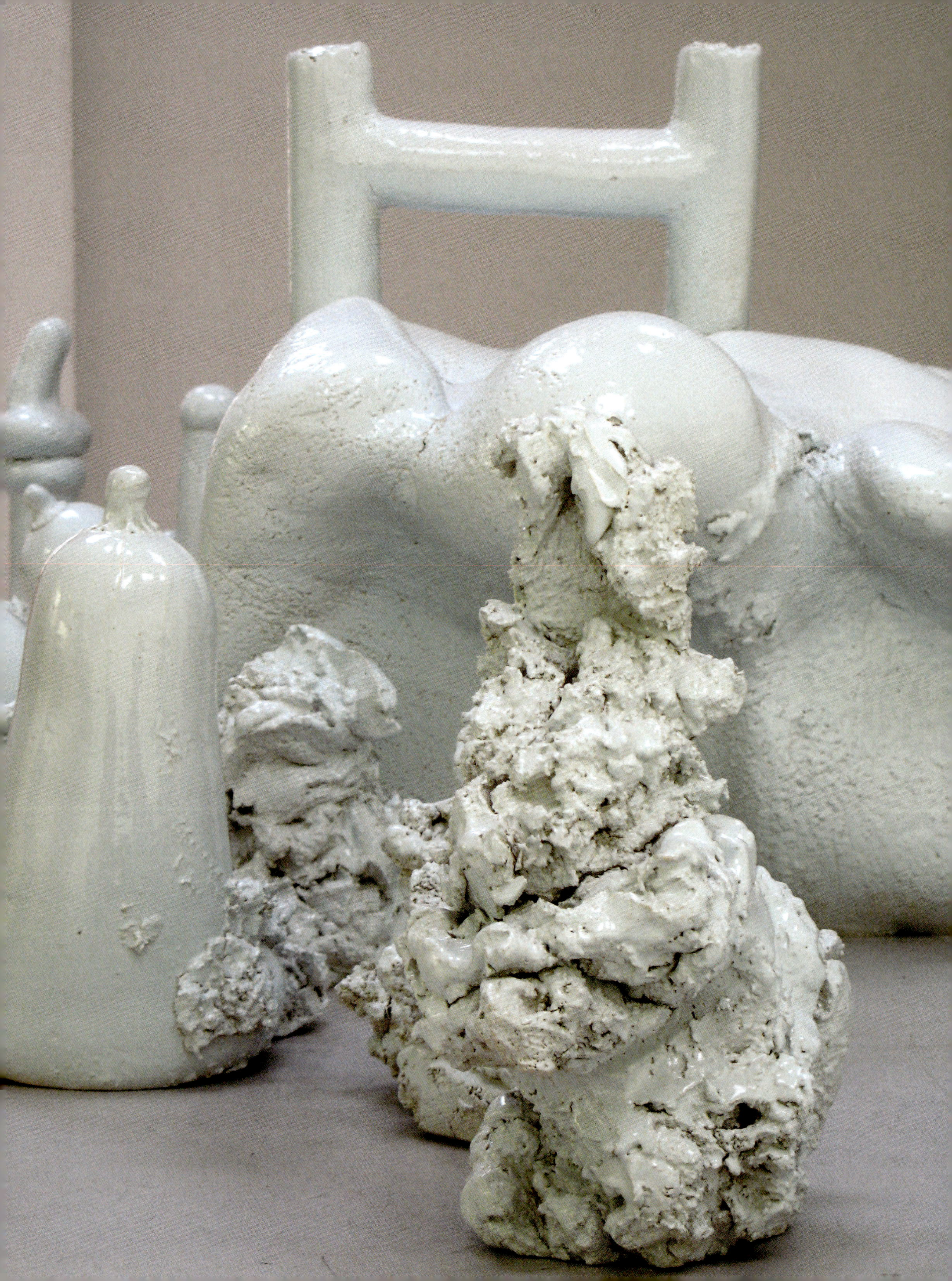

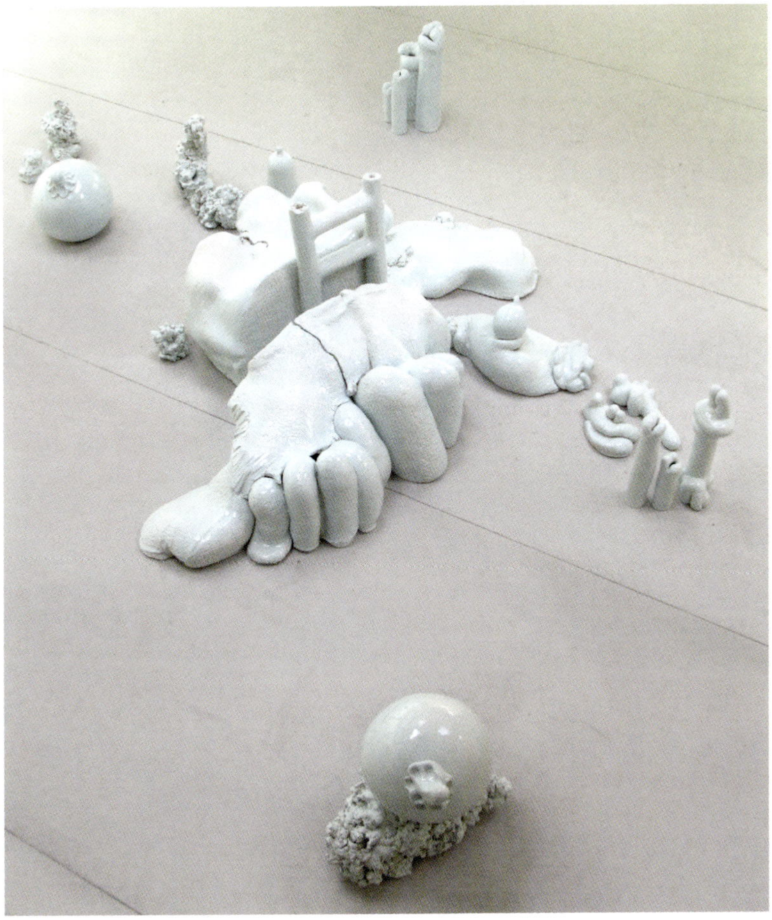

SNAKES AND LADDERS, 2008.
Céramique émaillée (24 éléments), 90 x 360 x 300 cm. Collection Fonds national d'art contemporain, Paris.
Glazed ceramic (24 pieces), 35 ½ x 141 ¾ x 118 ⅛ in. Fonds national d'art contemporain collection, Paris.

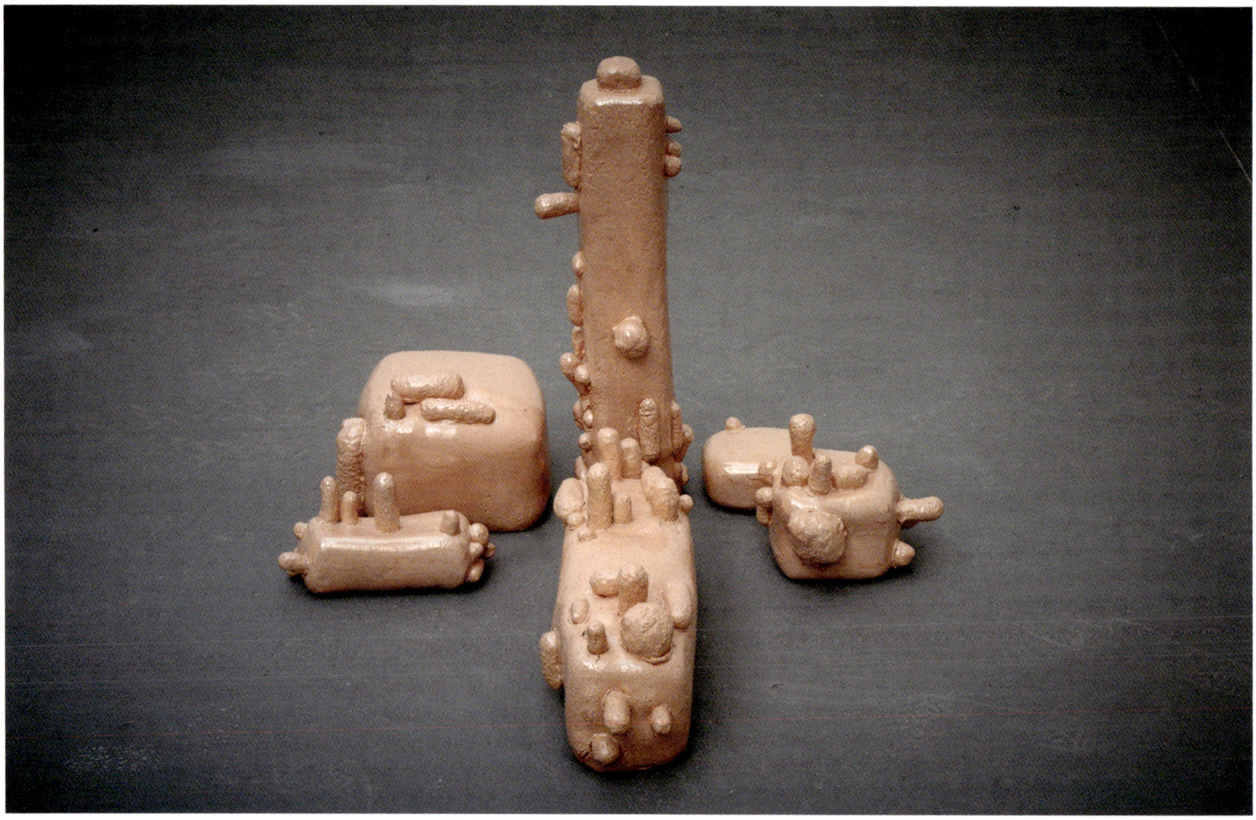

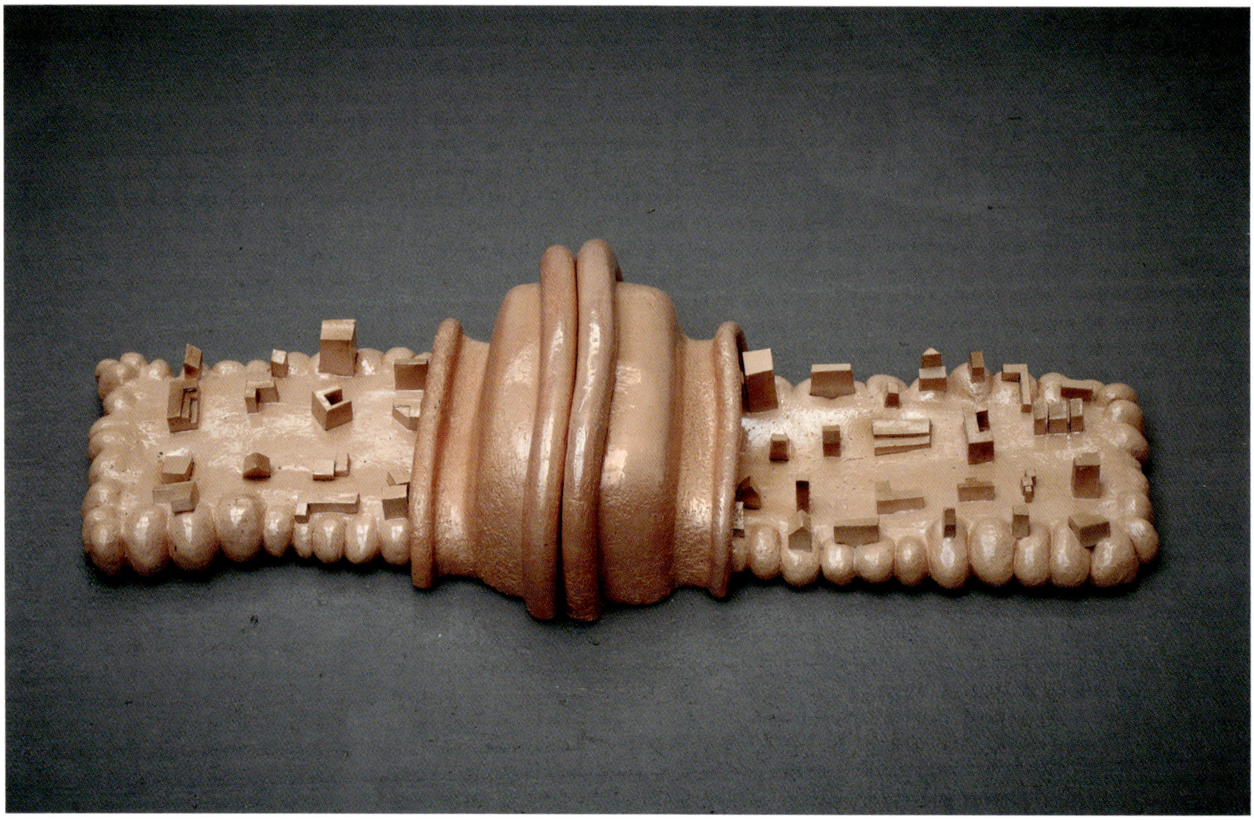

Architectone, 2004.
Céramique émaillée, (6 éléments), 50 x 65 x 50 cm.
Glazed ceramic (6 pieces), 19 ¾ x 25 ⅝ x 19 ¾ in.

Passage, 2004.
Céramique émaillée, (4 éléments), 22 x 110 x 45 cm.
Glazed ceramic (4 pieces), 8 ⅝ x 43 ¼ x 17 ¾ in.

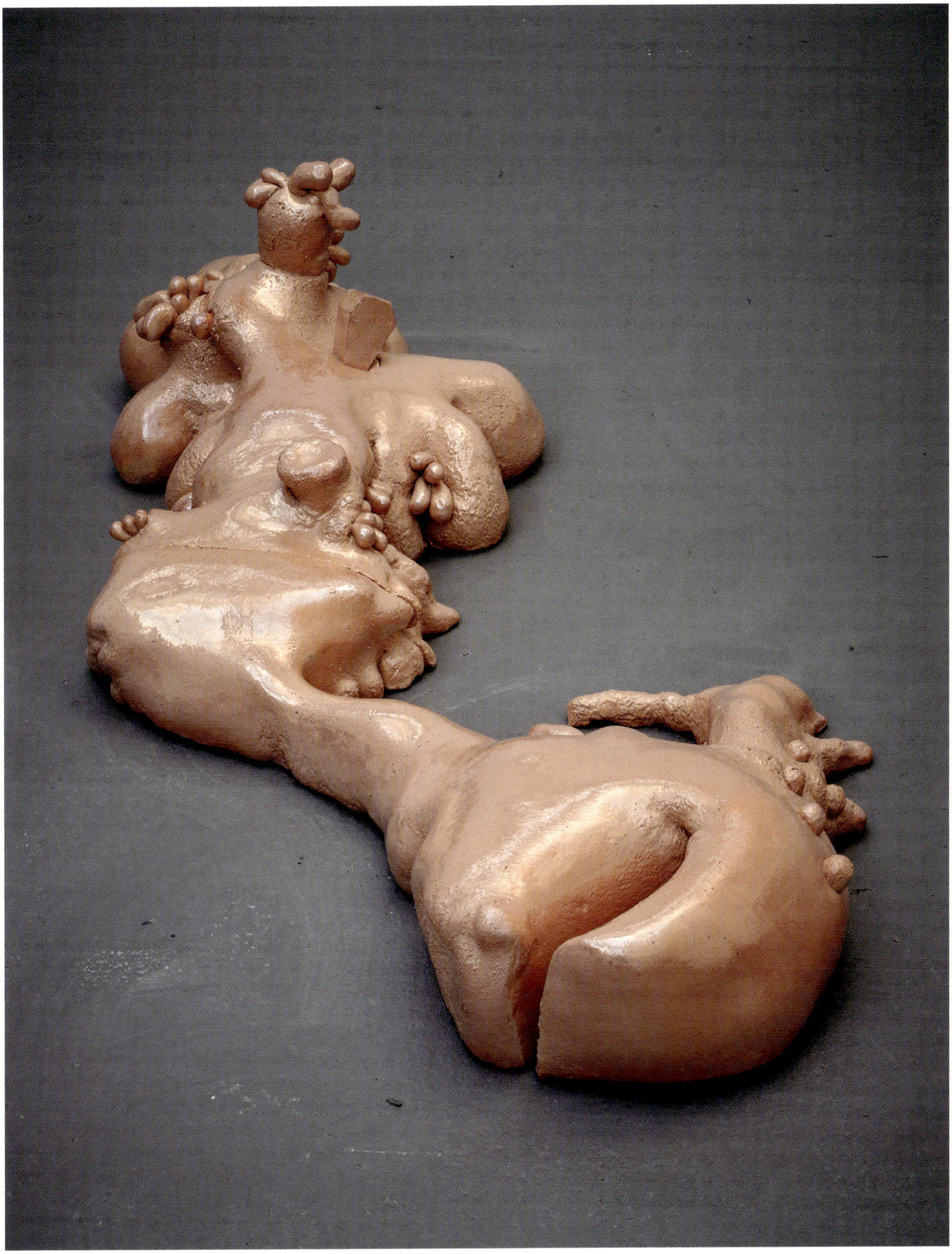

Frontière, 2004.
Céramique émaillée (2 éléments), 70 x 130 x 32 cm.
Glazed ceramic (2 pieces), 27 ½ x 51 ⅕ x 12 ⅗ in.

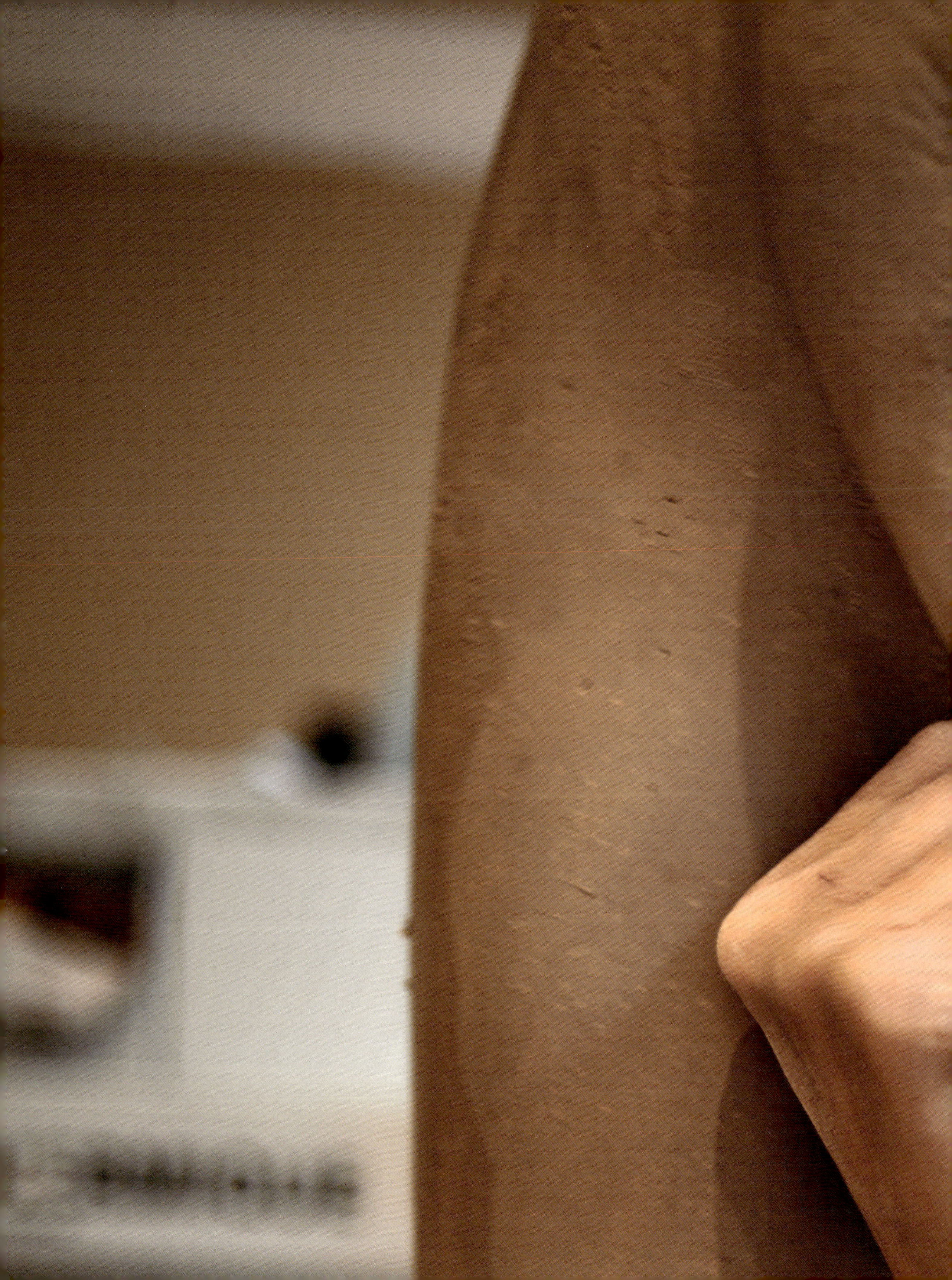

motherhoods
maternités

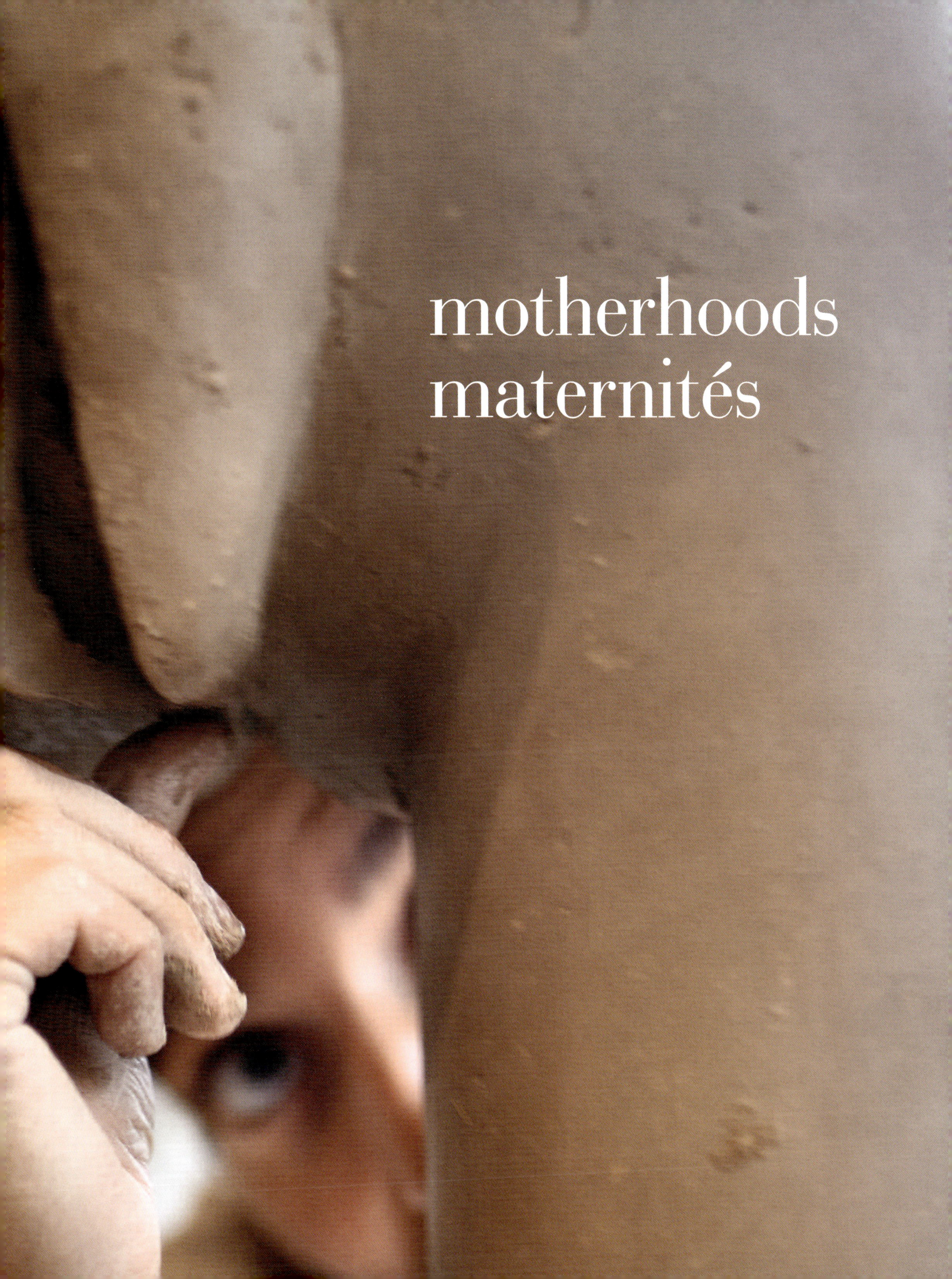

Paysage à l'enfant, 2007.
Céramique émaillée (3 éléments), 86 x 70 x 70 cm.
Glazed ceramic (3 pieces), 33 ⅘ x 27 ½ x 27 ½ in.

Pages précédentes
Elsa Sahal et **Fontaine**.
Preceding pages
Elsa Sahal and **Fontaine**.

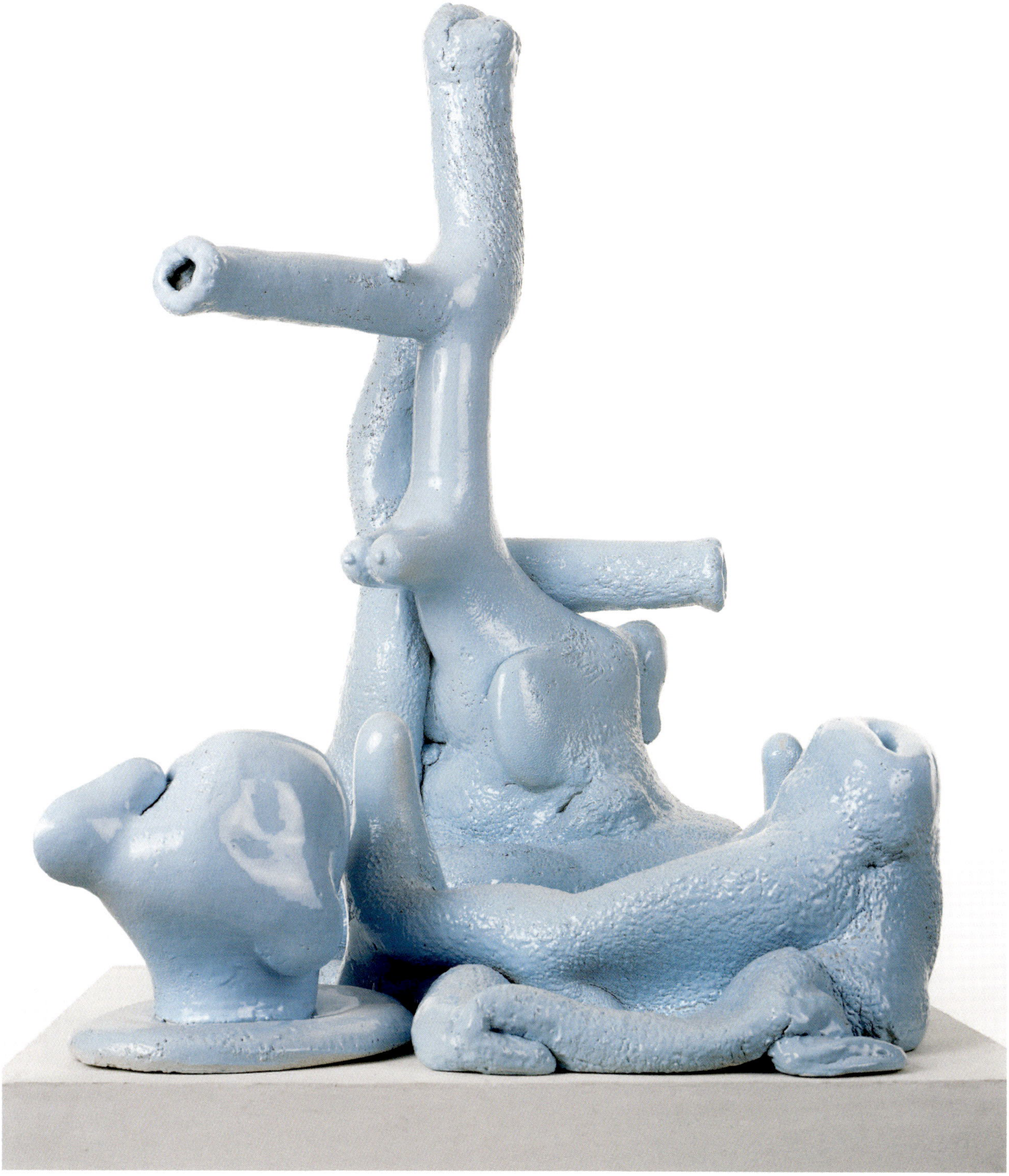

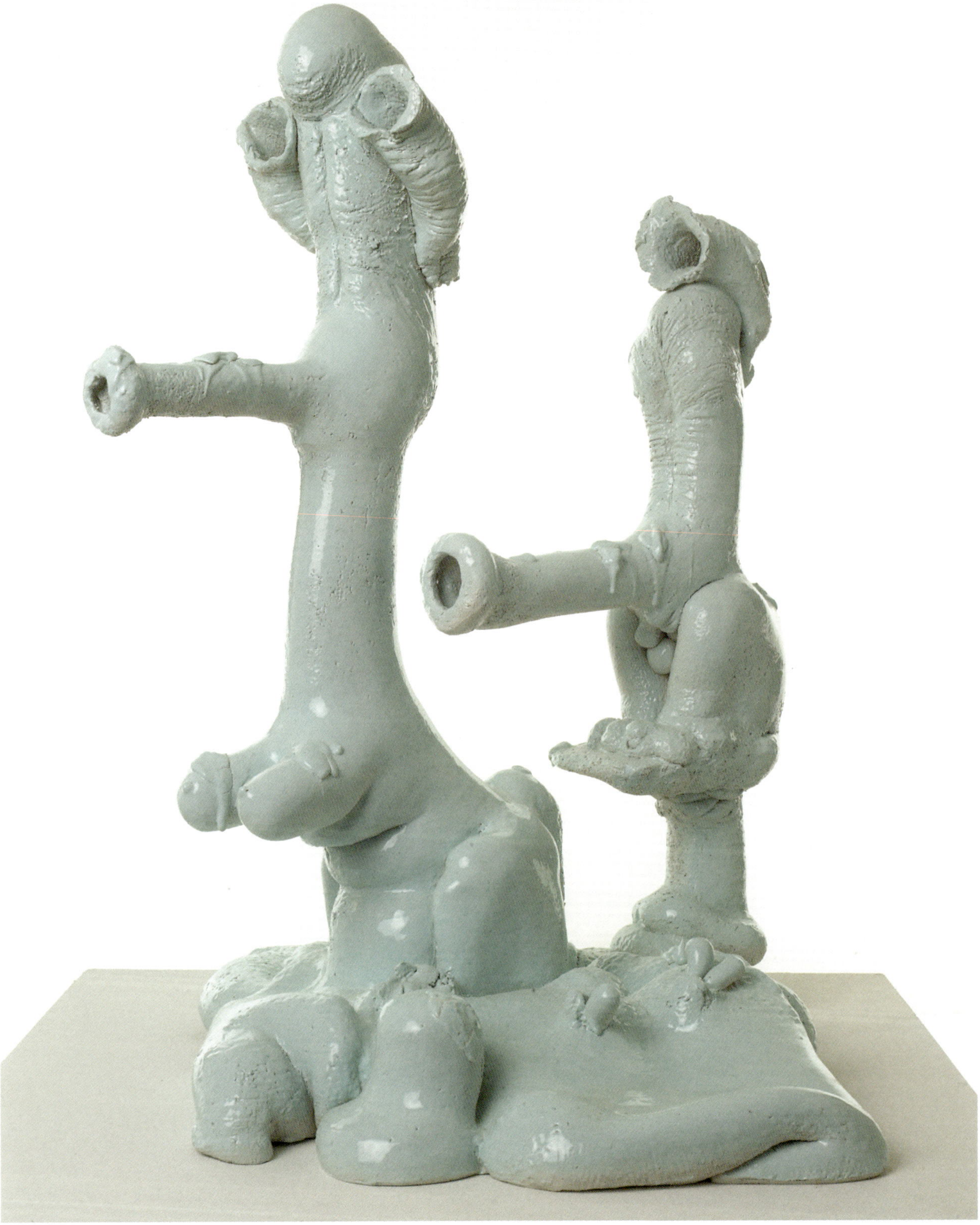

AUTOPORTRAIT À L'ENFANT N° 1, 2006.
Céramique émaillée, 60 x 56 x 77 cm. Collection particulière, Paris.
Glazed ceramic, 23 3/5 x 22 x 30 1/3 in. Private collection, Paris.

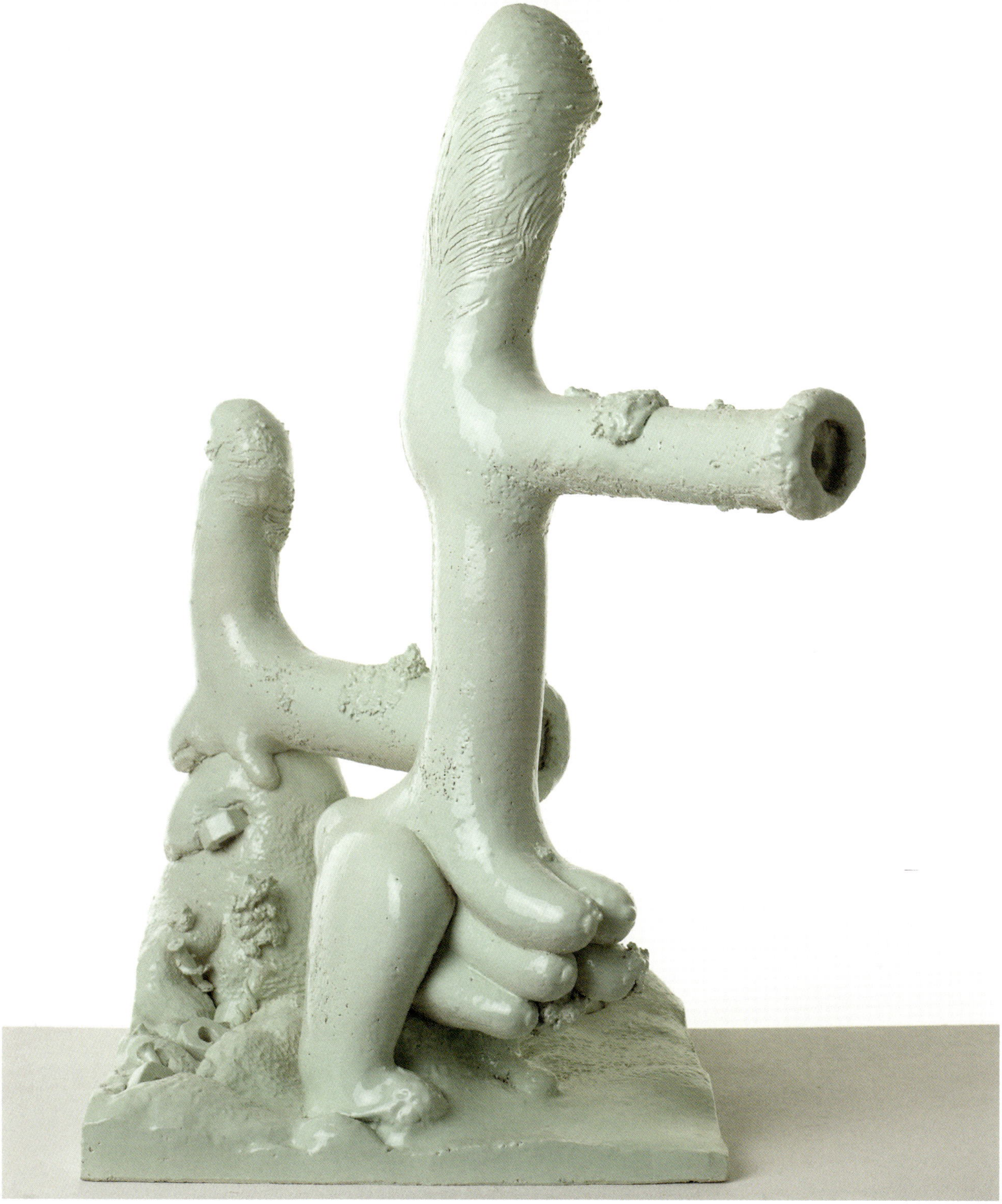

Autoportrait à l'enfant n° 2, 2006.
Céramique émaillée, 63 x 50 x 40 cm.
Glazed ceramic, 24 ⅘ x 19 ⅔ x 15 ⅔ in.

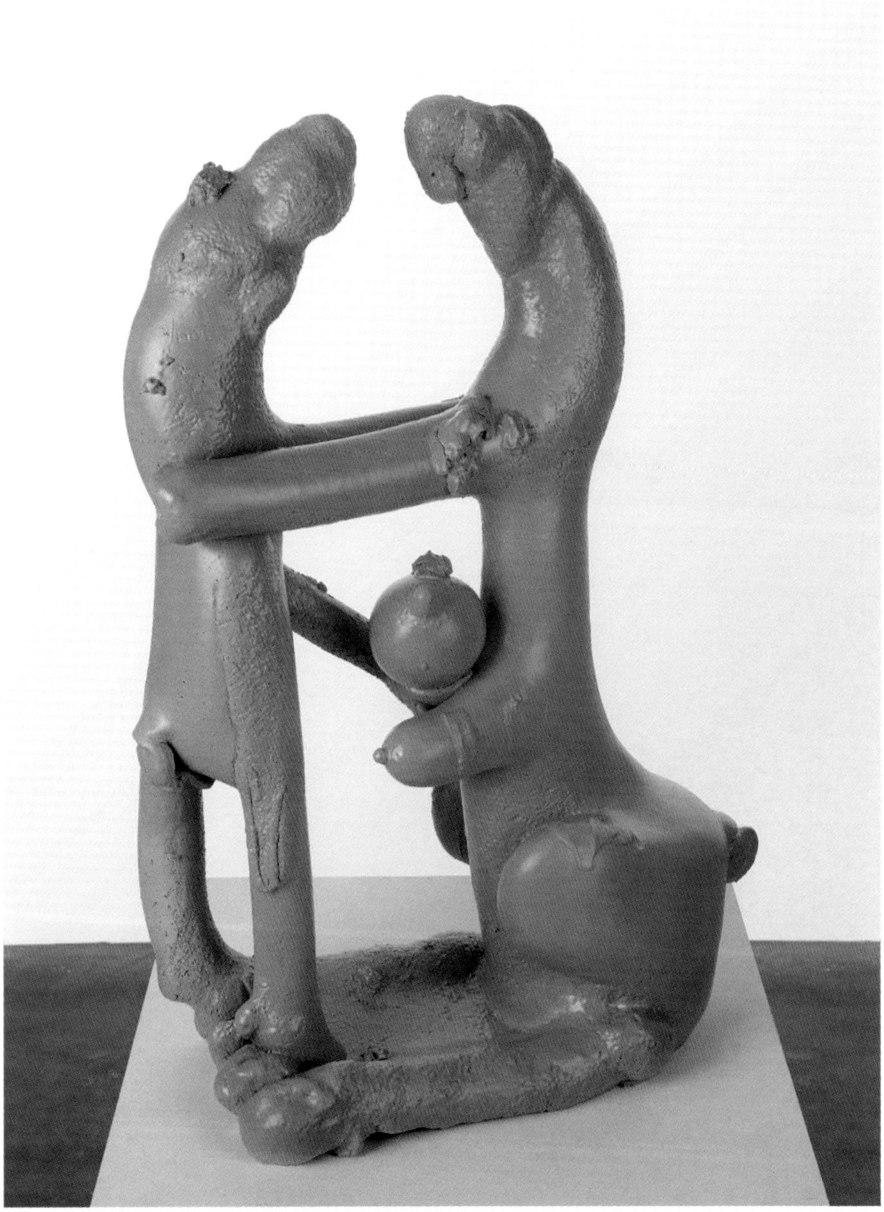

Paysage, 2009.
Céramique émaillée, 90 x 35 x 60 cm.
Glazed ceramic, 35 ⅖ x 13 ⅘ x 23 ⅗ in.

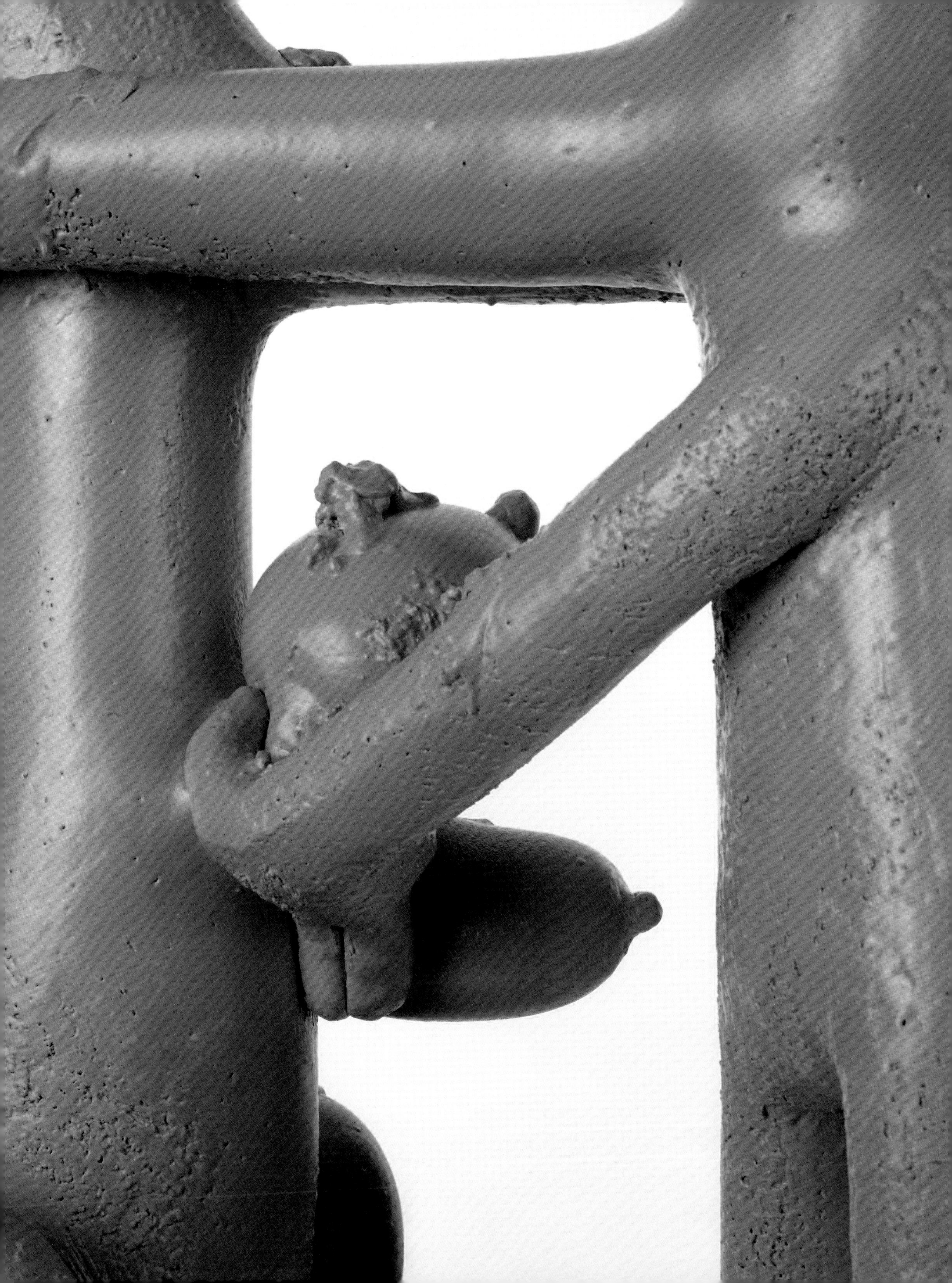

Sans titre, 2006.
Céramique émaillée (3 éléments), 55 x 45 x 98 cm.
Glazed ceramic (3 pieces), 21 ⅗ x 18 ⅛ x 38 ⅗ in.

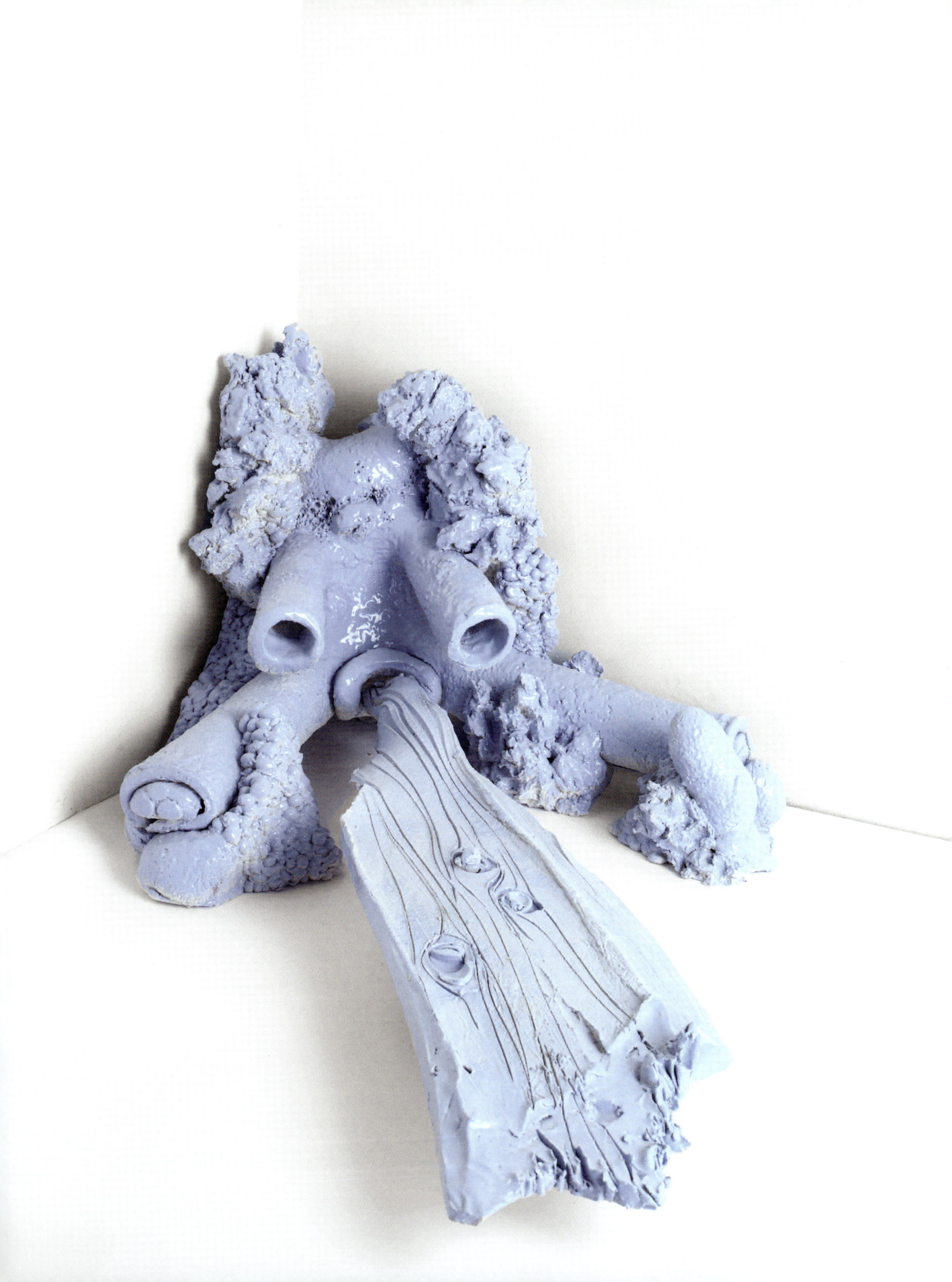

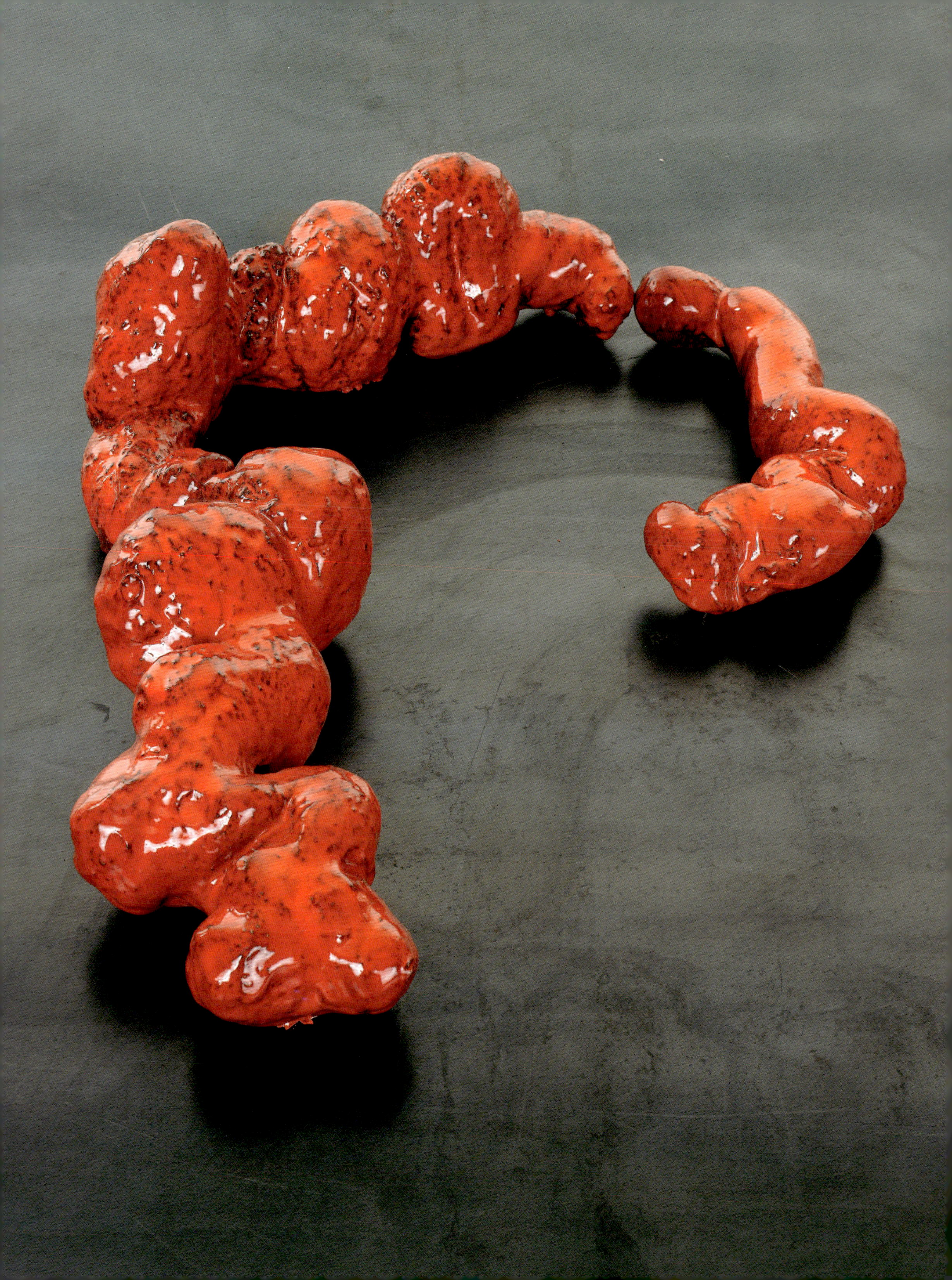

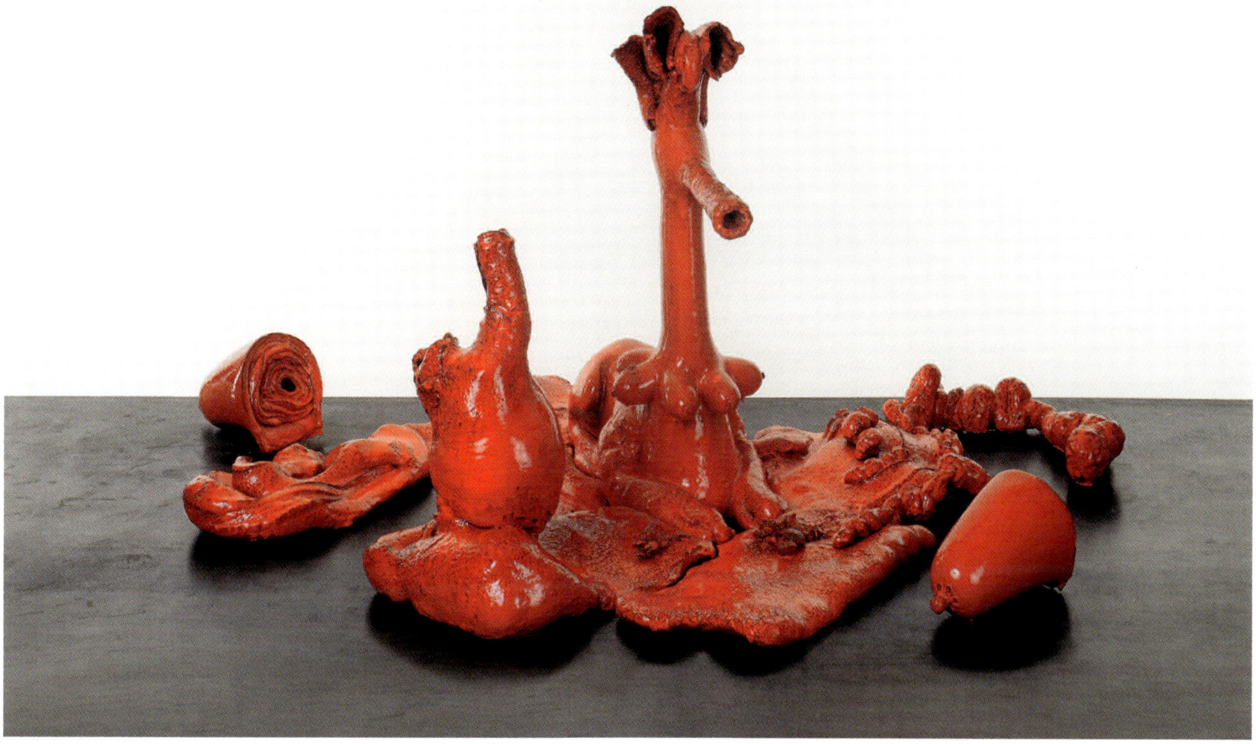

Ci-dessus, page de gauche et pages suivantes
Above, left-hand page and following pages
MATERNITÉ EX-VOTOS, 2007.
Céramique émaillée (13 éléments), 80 x 250 x 280 cm. Collection particulière, Paris.
Glazed ceramic (13 pieces), 31 ½ x 98 ⅔ x 110 ⅓ in. Private collection, Paris.

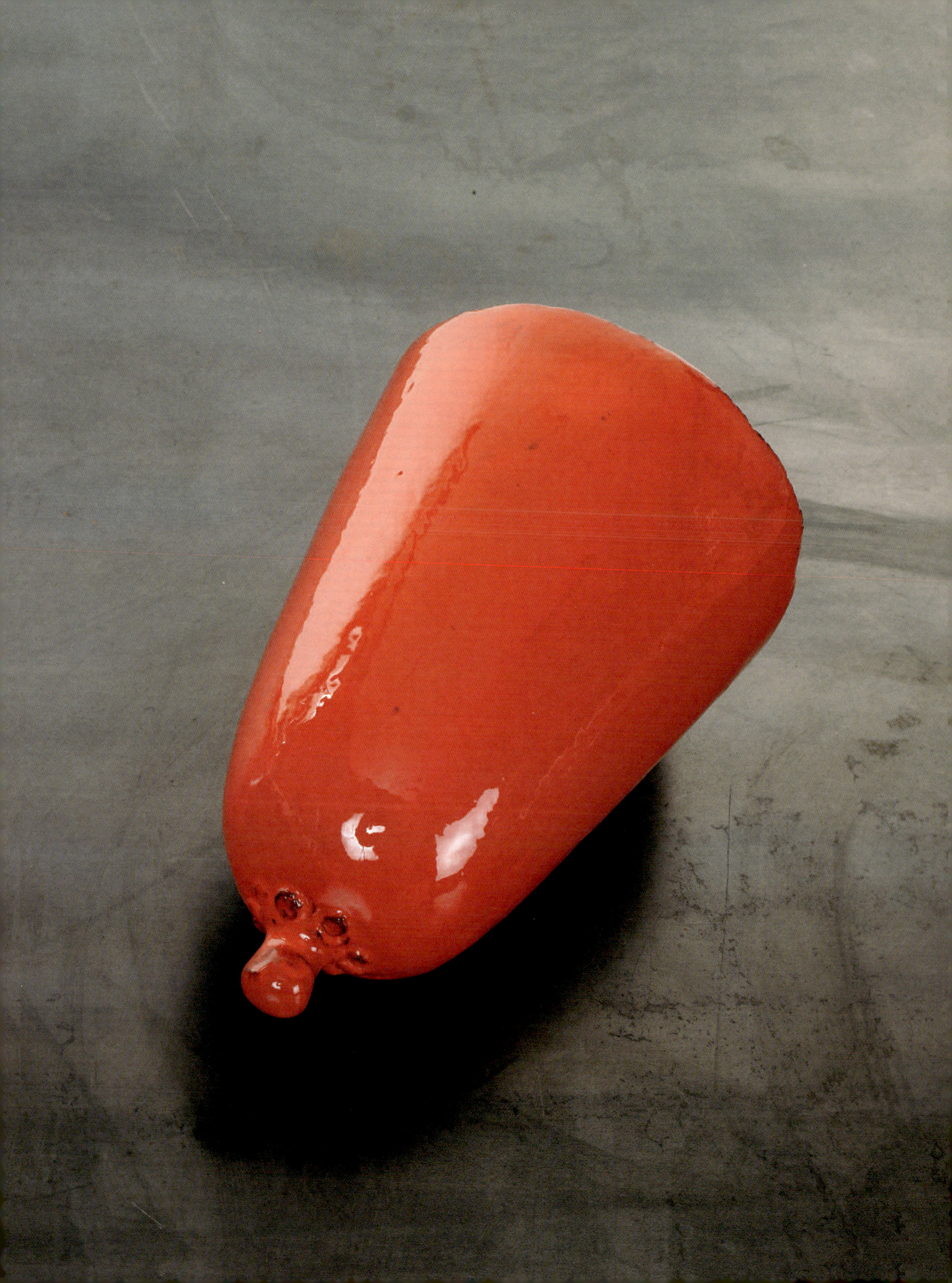

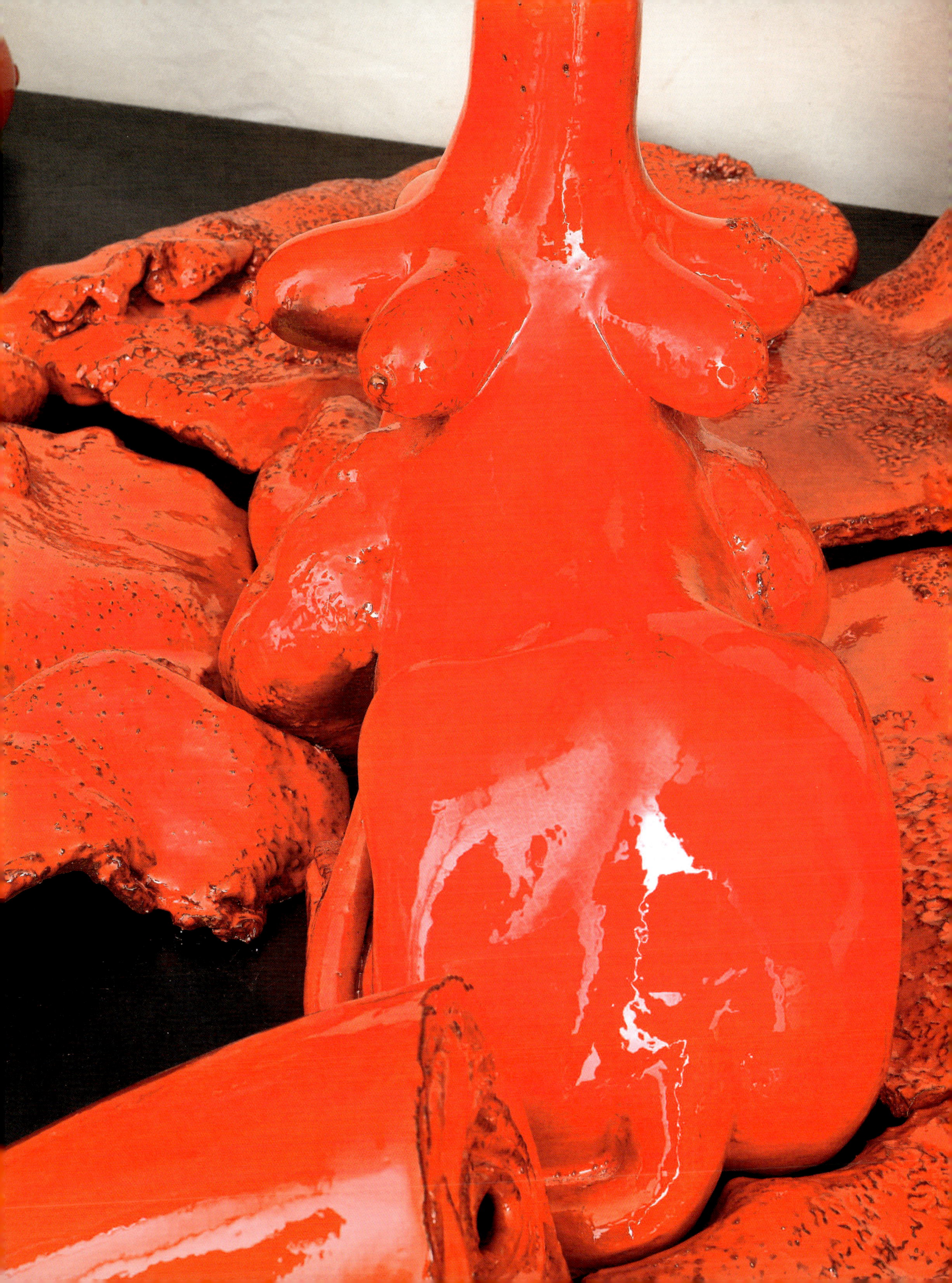

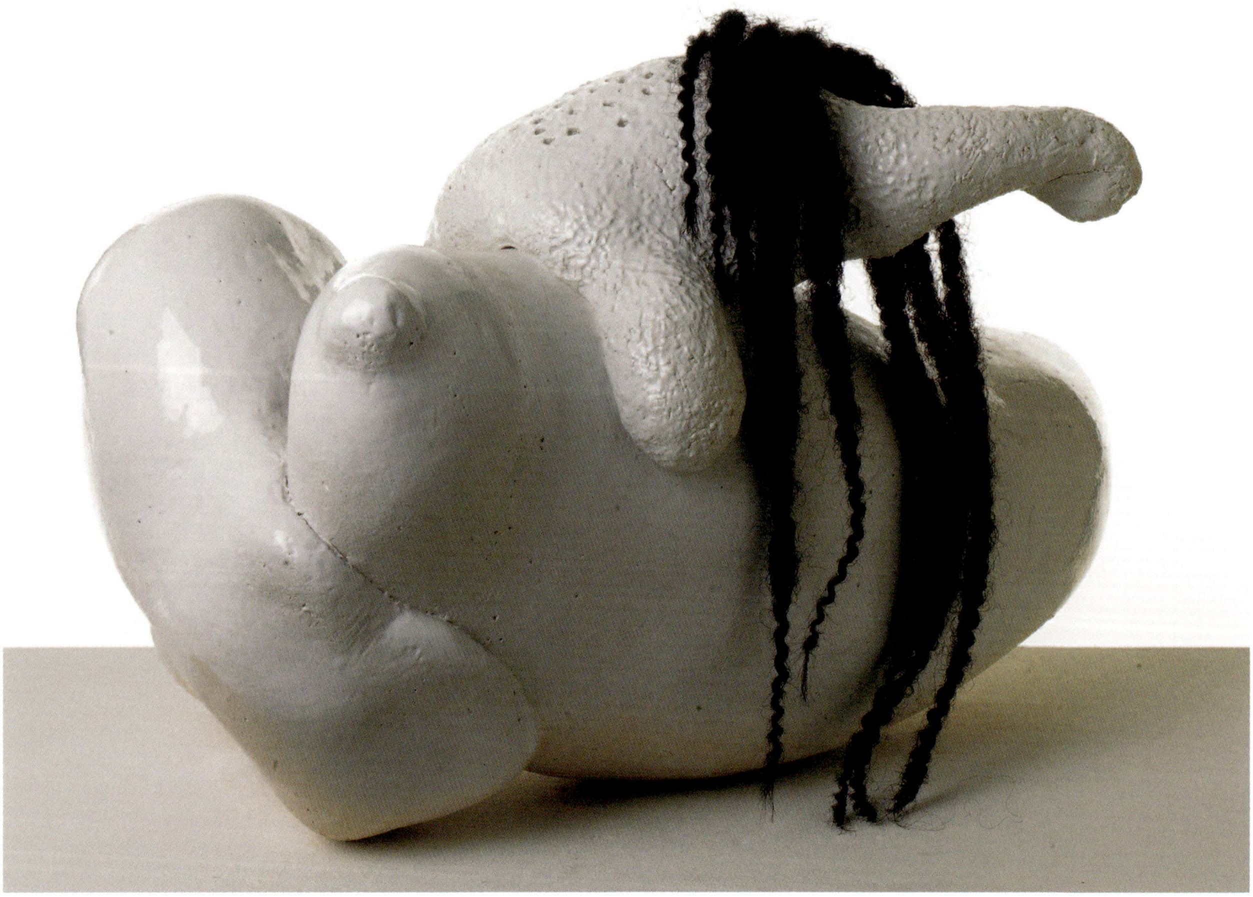

Medusa, 2006.
Céramique émaillée, cheveux synthétiques, 32 x 60 x 44 cm. Collection Binard, France.
Glazed ceramic and synthetic hair, 12 3/5 x 23 3/5 x 17 1/3 in. Binard collection, France.

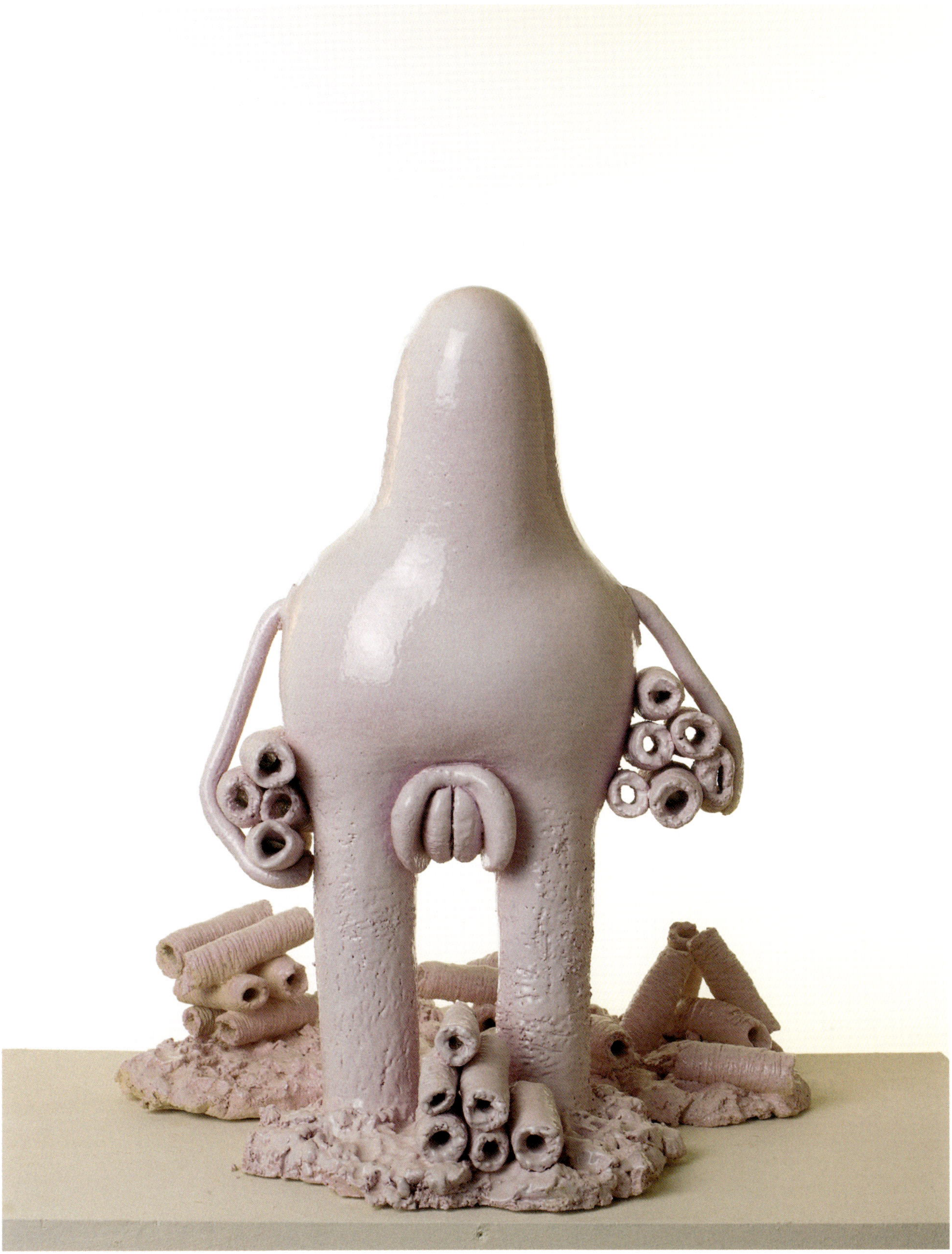

Sans titre, 2006.
Céramique émaillée (2 éléments), 52 x 50 x 50 cm. Collection particulière, Paris.
Glazed ceramic (2 pieces), 20 ½ x 19 ⅔ x 19 ⅔ in. Private collection, Paris.

FONTAINE, 2012, FIAC hors les murs, jardin des Tuileries, Paris, 2012.
Céramique émaillée, système hydraulique, 204 x 57 x 42 cm.
Glazed ceramic, hydraulic system, 80 2/7 x 22 2/5 x 16 1/2 in.

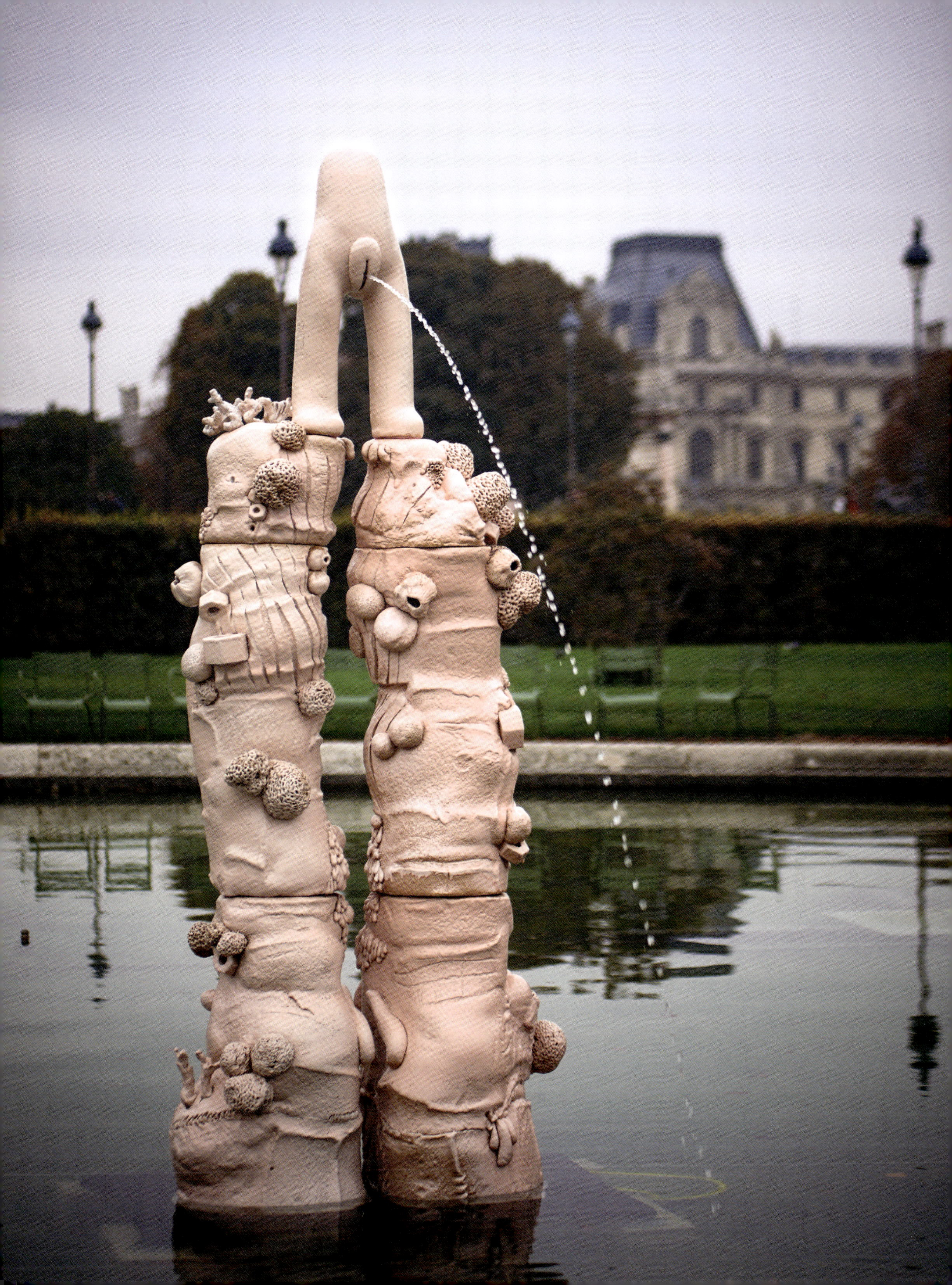

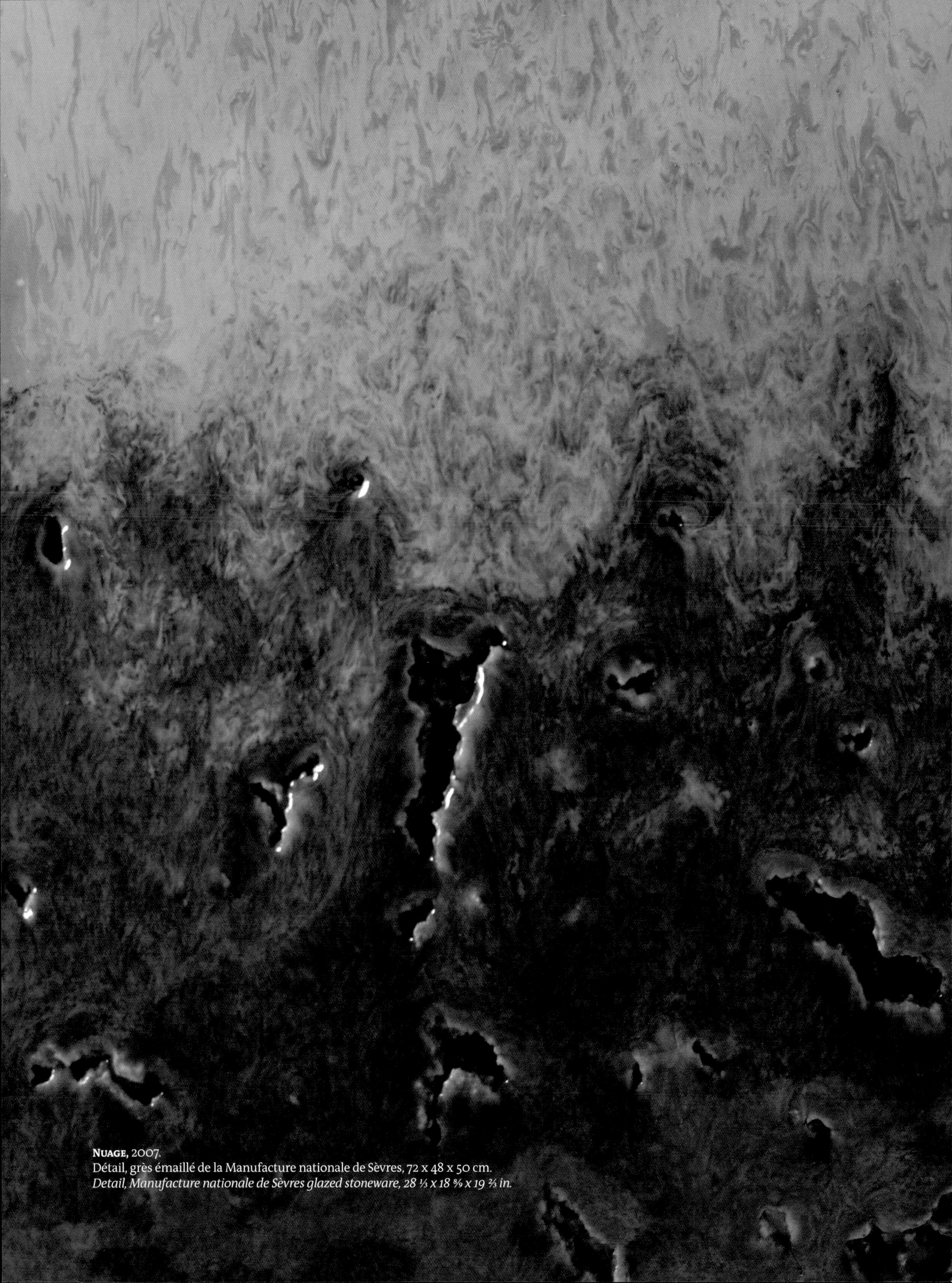

NUAGE, 2007.
Détail, grès émaillé de la Manufacture nationale de Sèvres, 72 x 48 x 50 cm.
Detail, Manufacture nationale de Sèvres glazed stoneware, 28 ⅓ x 18 ⅝ x 19 ⅔ in.

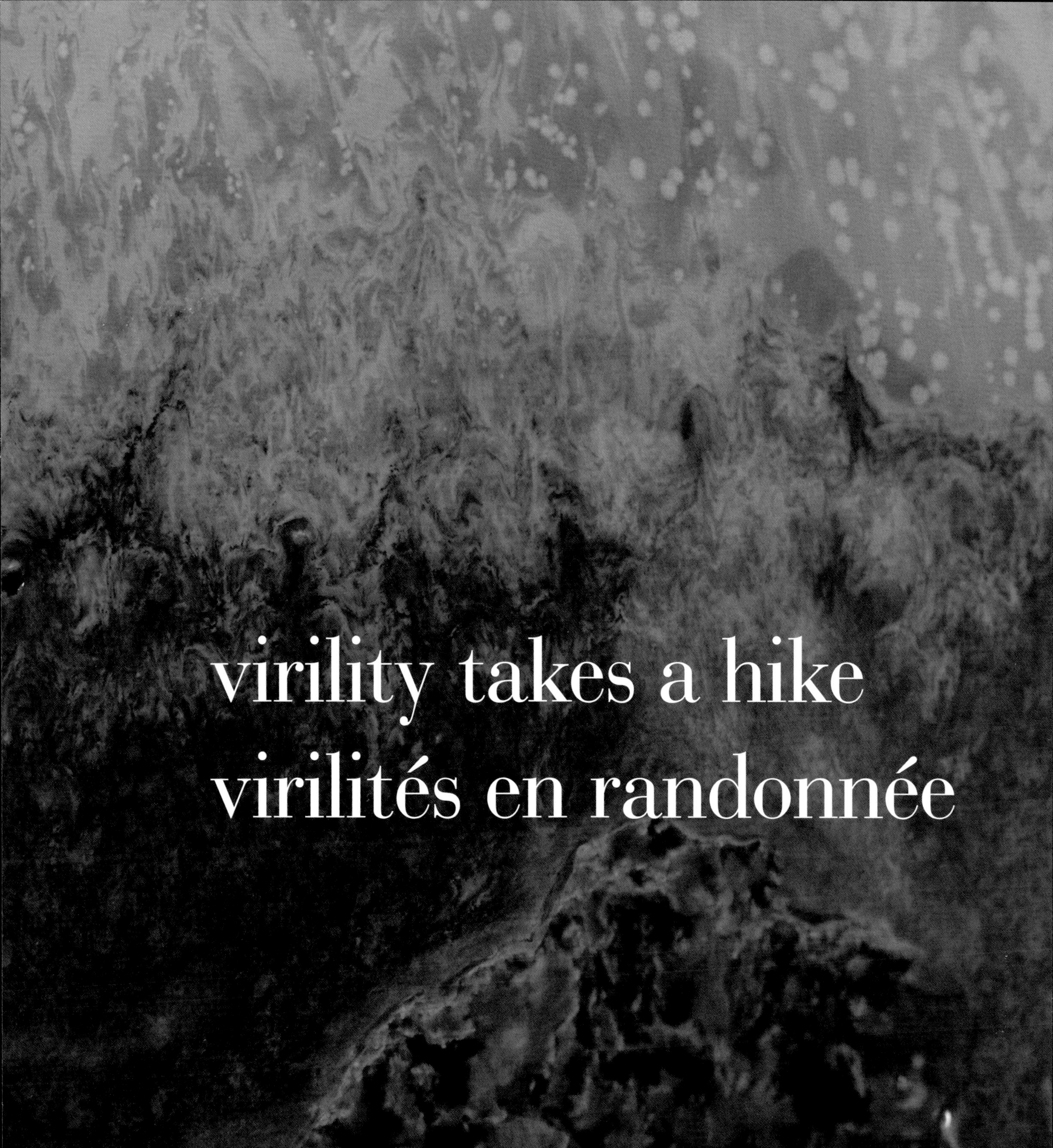

virility takes a hike
virilités en randonnée

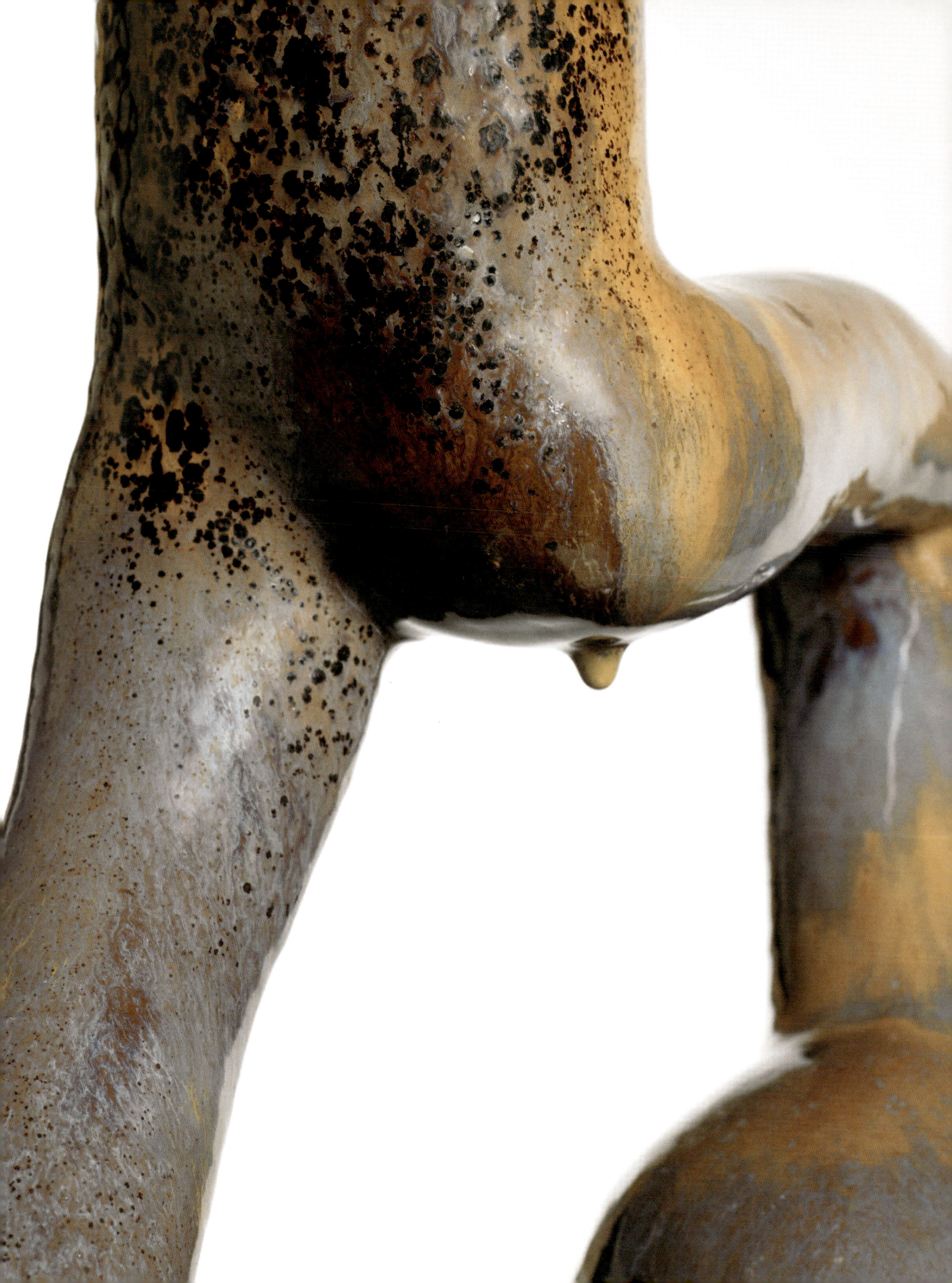

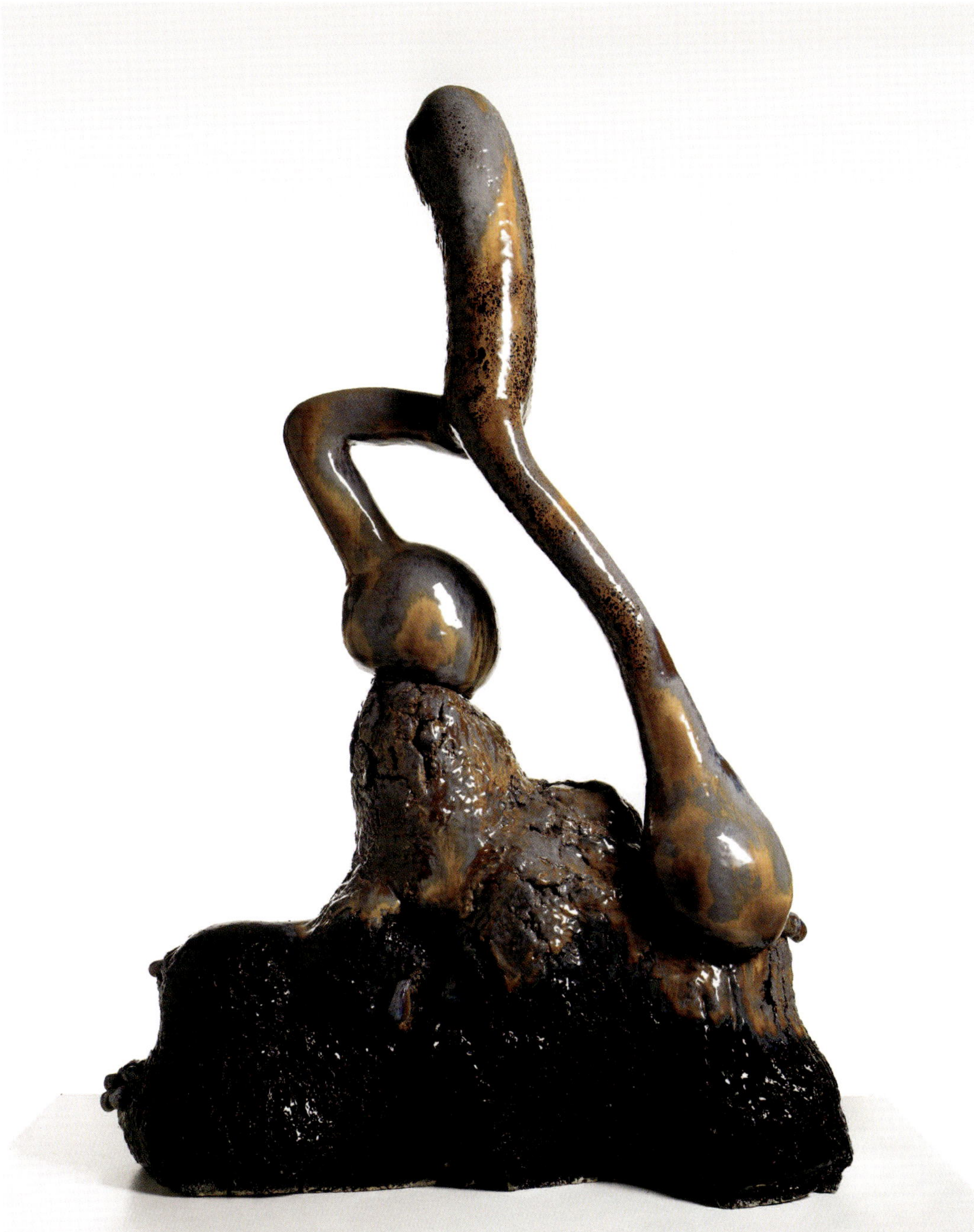

NU RANDONNANT N° 1, 2007.
Grès émaillé de la Manufacture nationale de Sèvres, 120 x 81 x 32 cm.
Collection Antoine de Galbert, Paris.
Manufacture nationale de Sèvres glazed stoneware, 47 1/5 x 31 8/9 x 12 3/5 in.
Antoine de Galbert collection, Paris.

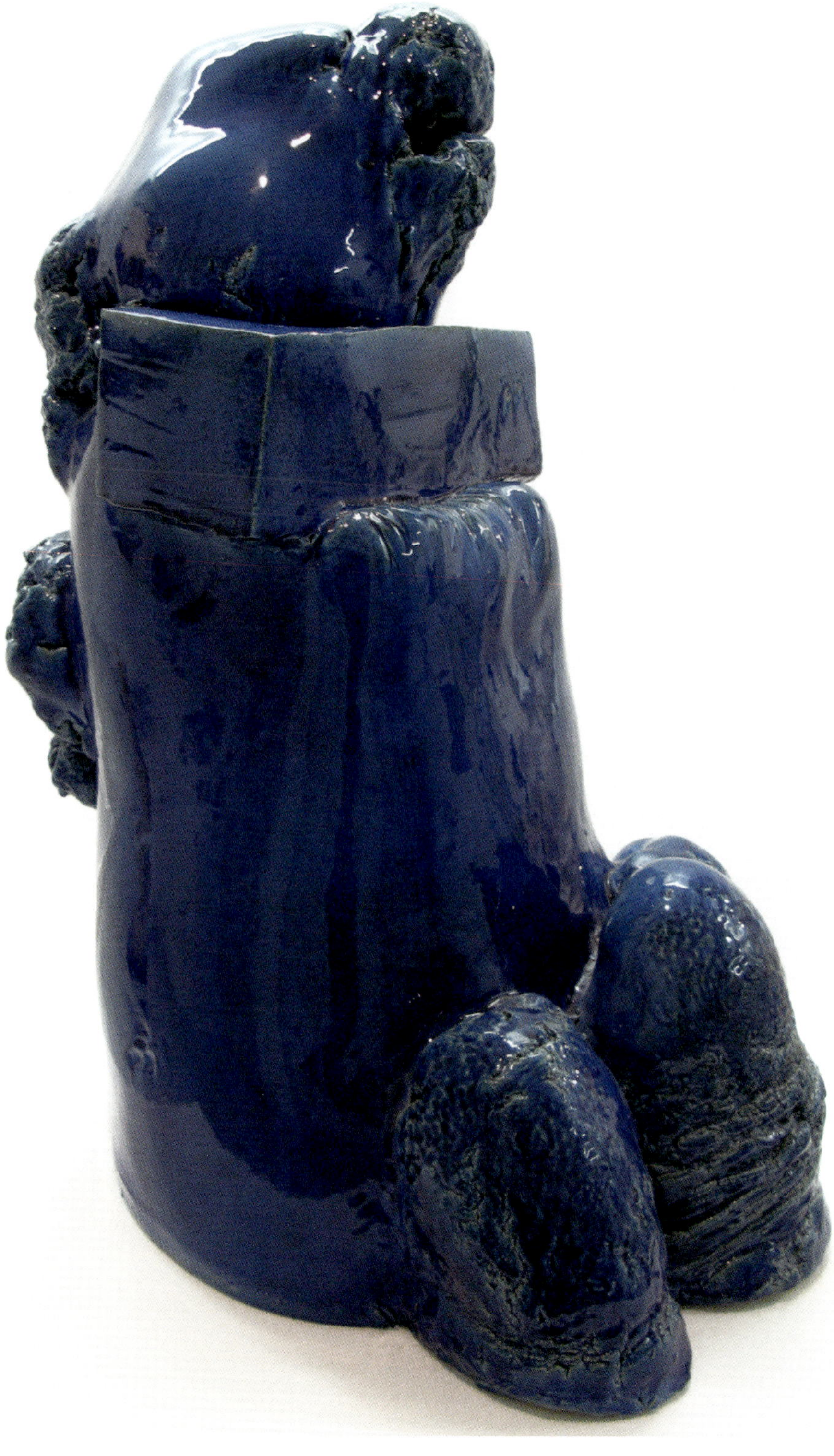

Monument dépressif, 2008.
Grès émaillé de la Manufacture nationale de Sèvres, 63 x 48 x 36 cm. Collection particulière, Paris.
Manufacture nationale de Sèvres glazed stoneware, 24 4/5 x 18 8/9 x 14 in. Private collection, Paris.

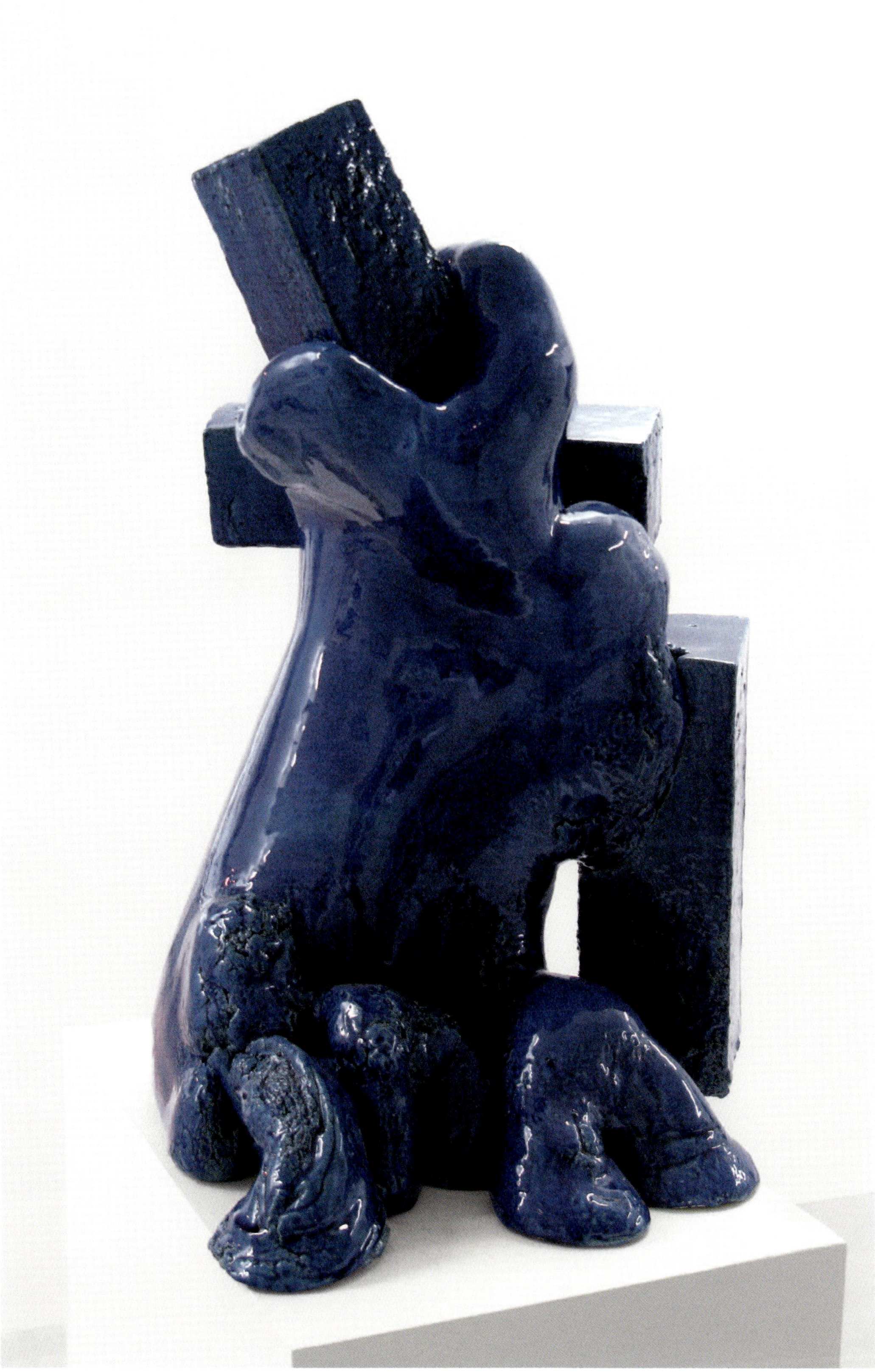

Monument déprimé, 2008.
Grès émaillé de la Manufacture nationale de Sèvres, 69 x 51 x 47 cm. Collection particulière, Paris.
Manufacture nationale de Sèvres glazed stoneware, 27 ⅛ x 20 x 18 ½ in. Private collection, Paris.

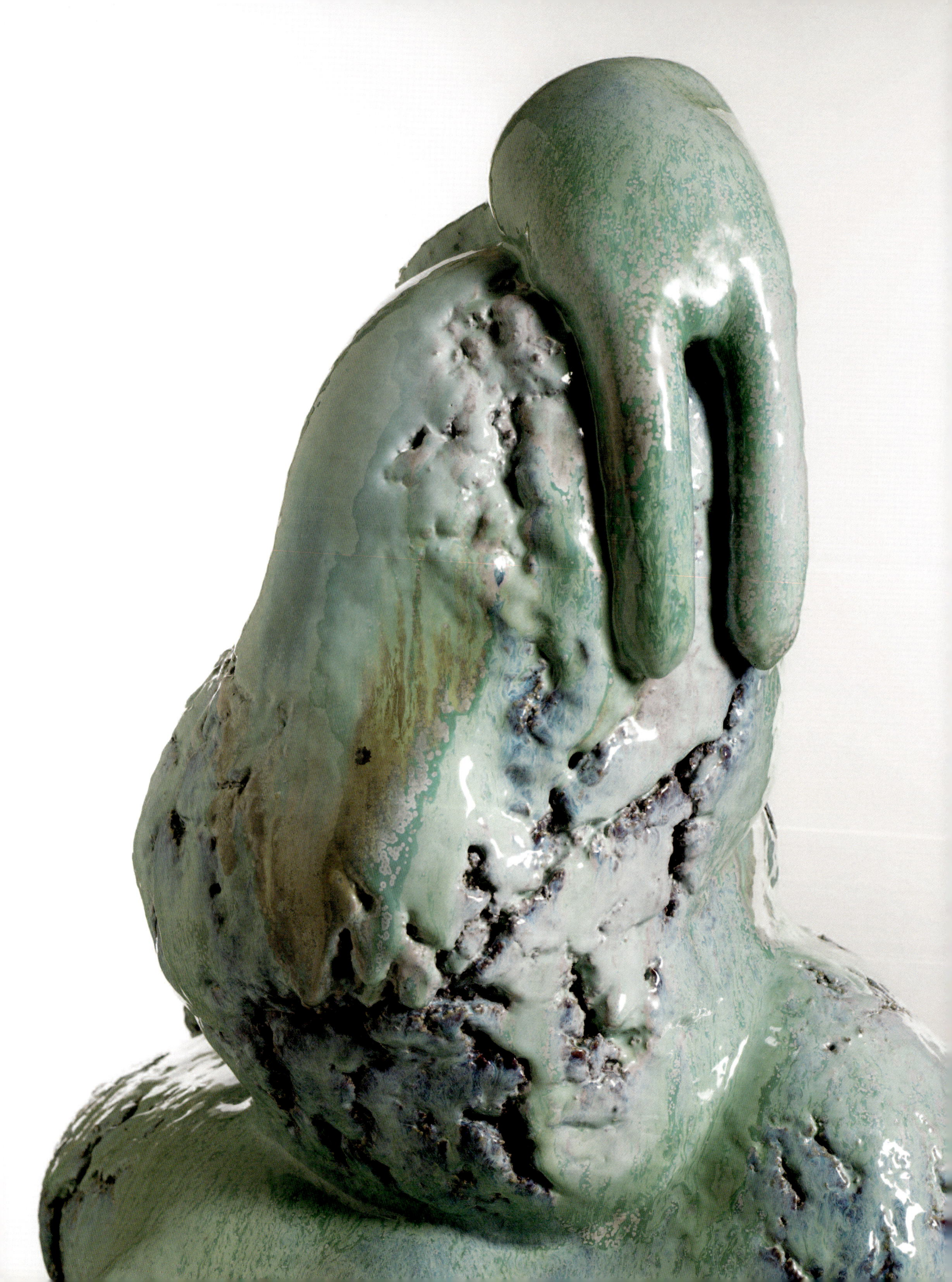

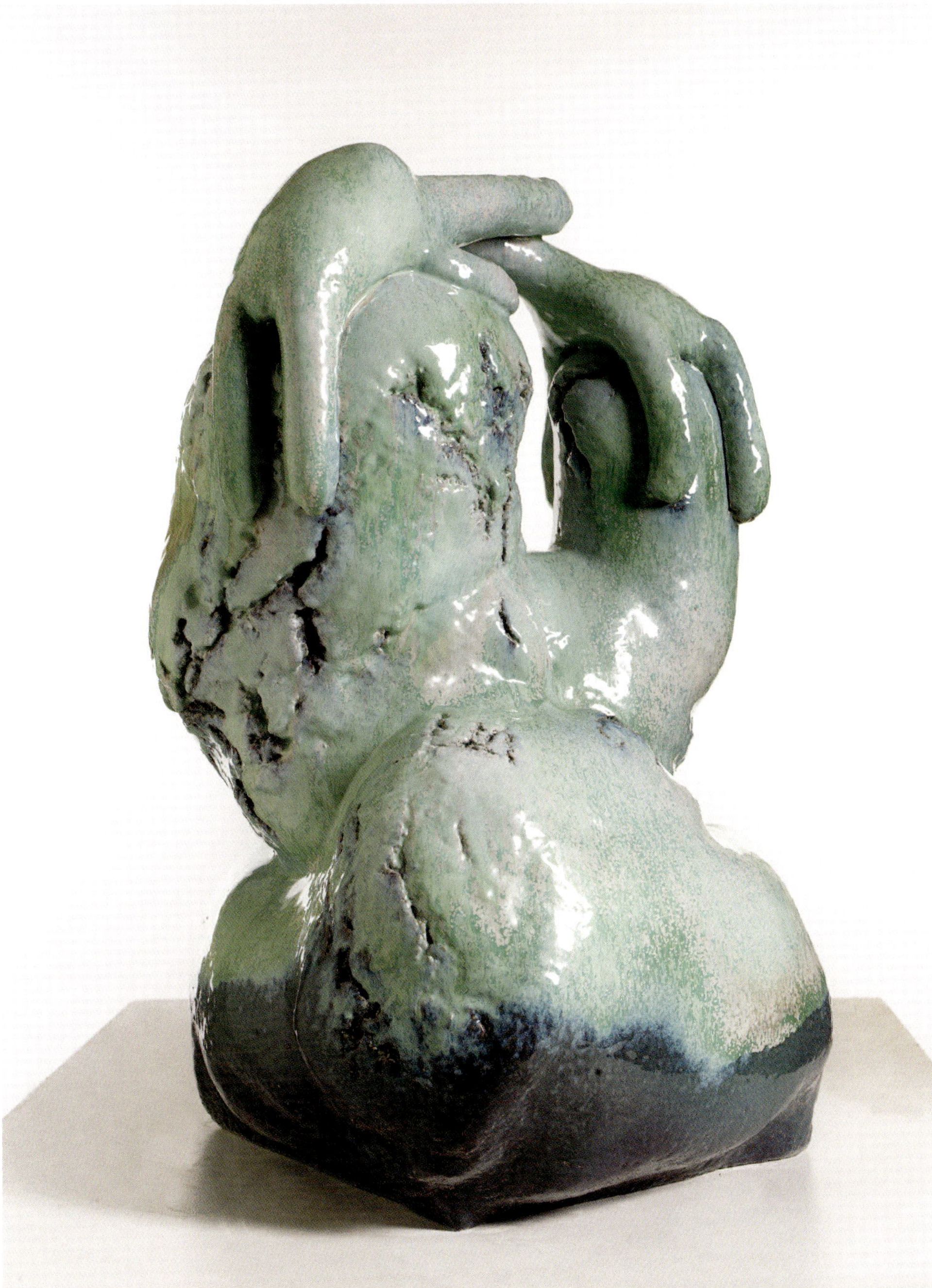

NUAGE, 2007.
Grès émaillé de la Manufacture nationale de Sèvres, 72 x 48 x 50 cm.
Manufacture nationale de Sèvres glazed stoneware, 28 ⅓ x 18 8/9 x 19 ⅔ in.

Rebord n° 2, 2007.
Grès émaillé de la Manufacture nationale de Sèvres, 52 x 50 x 43 cm. Collection particulière, Saint-Mandé.
Manufacture nationale de Sèvres glazed stoneware, 20 ½ x 19 ⅔ x 16 ⅚ in. Private collection, Saint-Mandé.

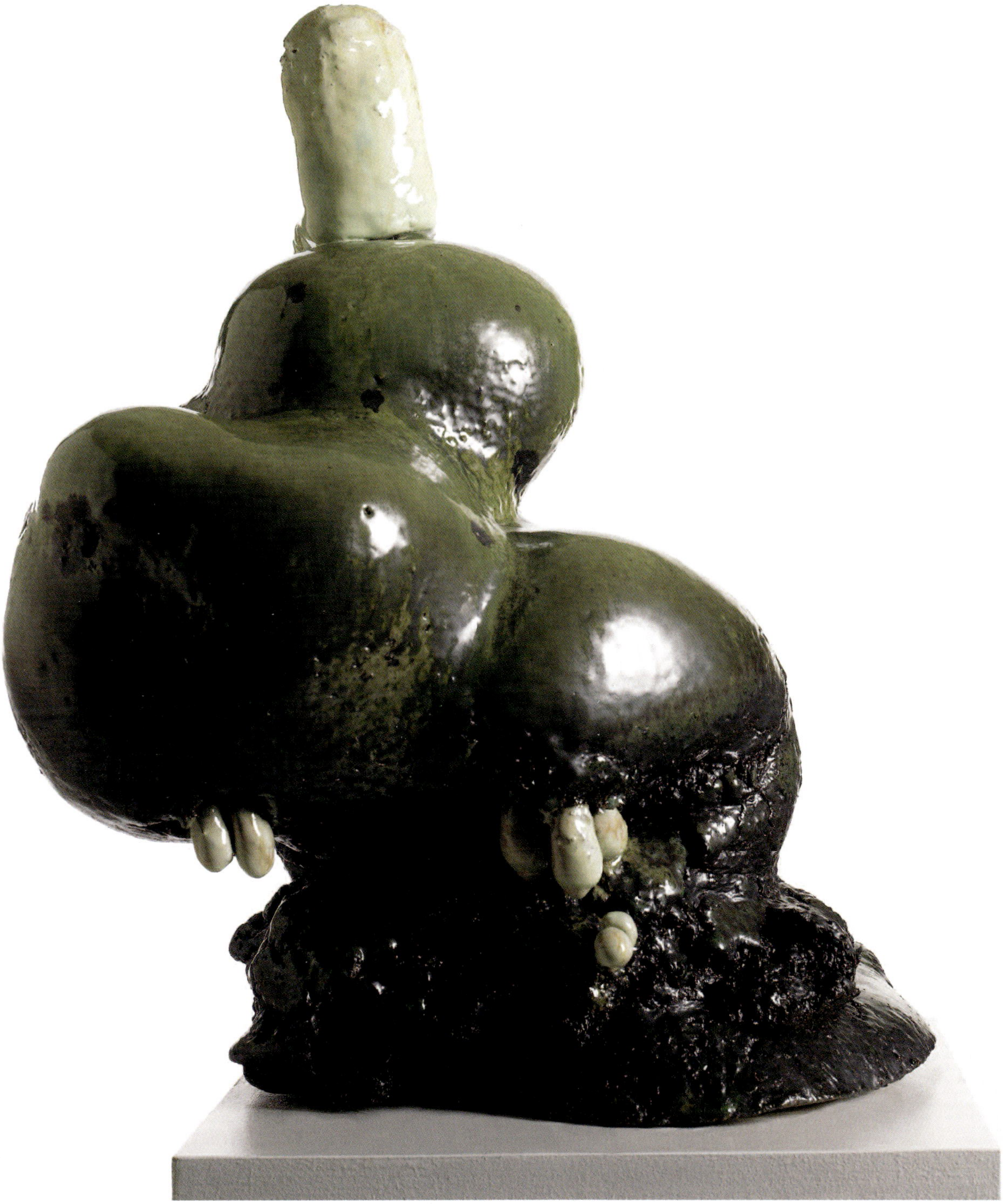

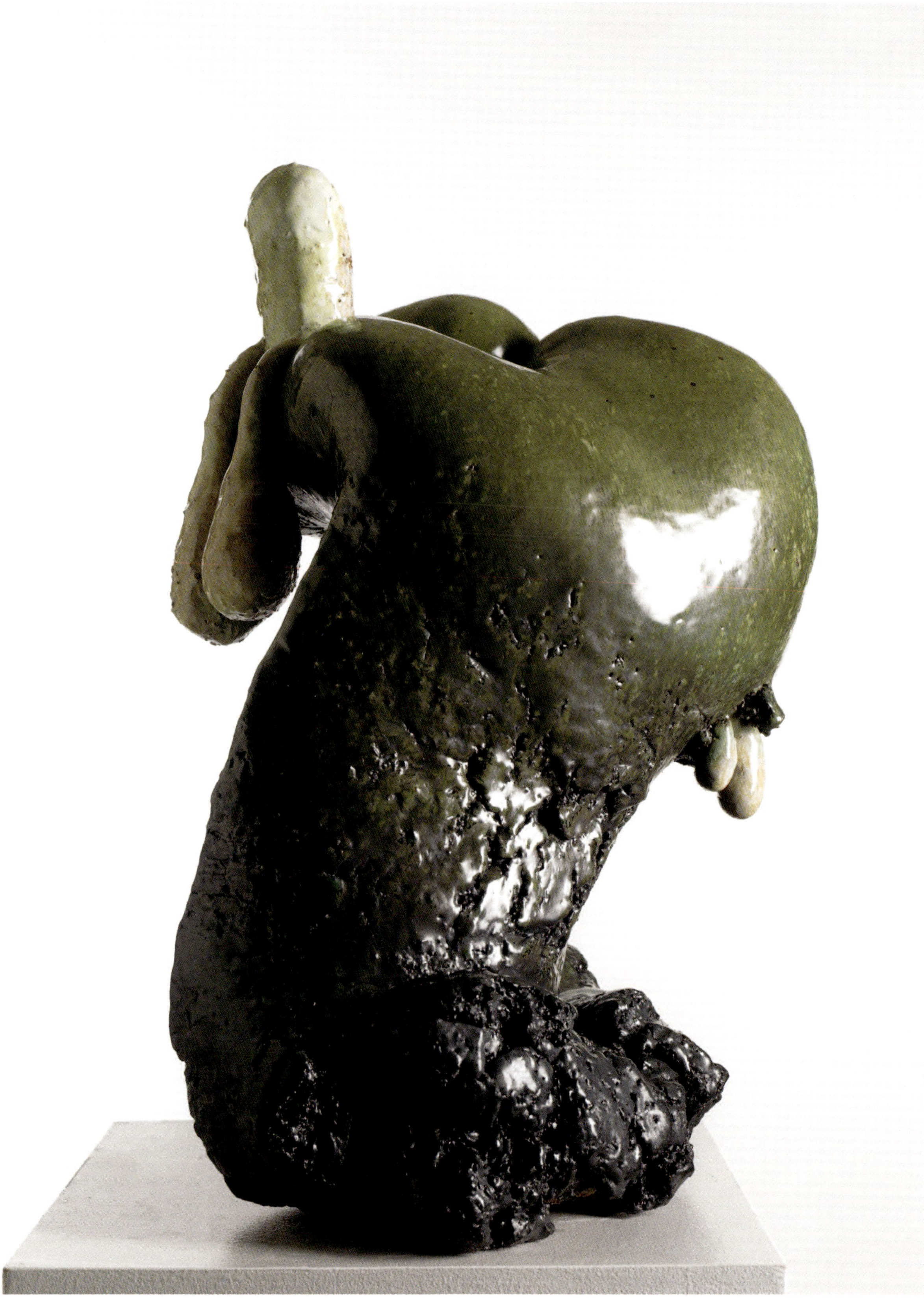

Rebord n° 3, 2007.
Grès de la Manufacture nationale de Sèvres, 61 x 35 x 32 cm. Collection particulière.
Manufacture nationale de Sèvres glazed stoneware, 24 x 13 ¾ x 12 ⅝ in. Private collection.

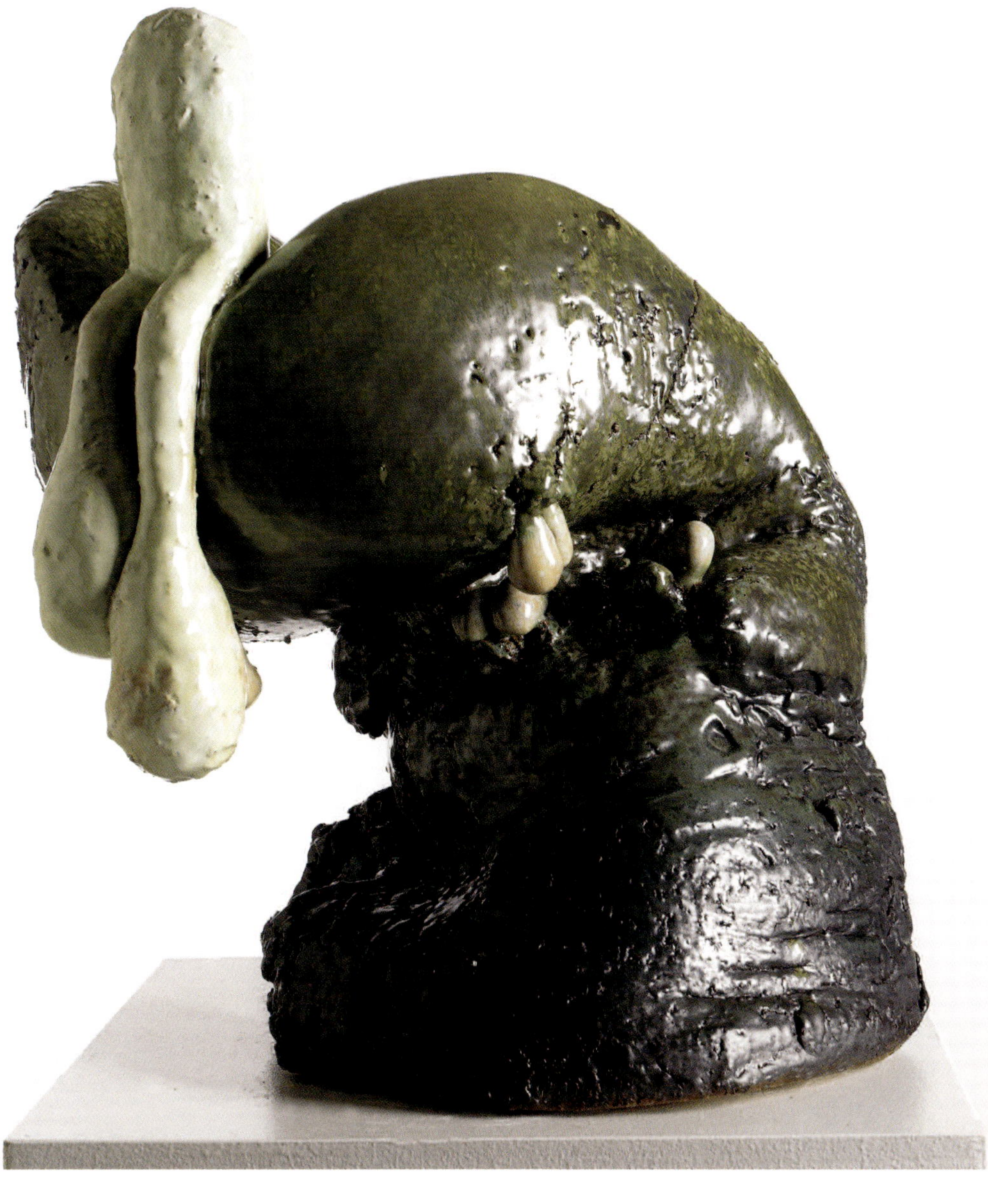

Rebord n° 4, 2007.
Grès émaillé de la Manufacture nationale de Sèvres, 60 x 46 x 40 cm. Collection particulière.
Manufacture nationale de Sèvres glazed stoneware, 23 3/5 x 18 1/8 x 15 2/3 in. Private collection.

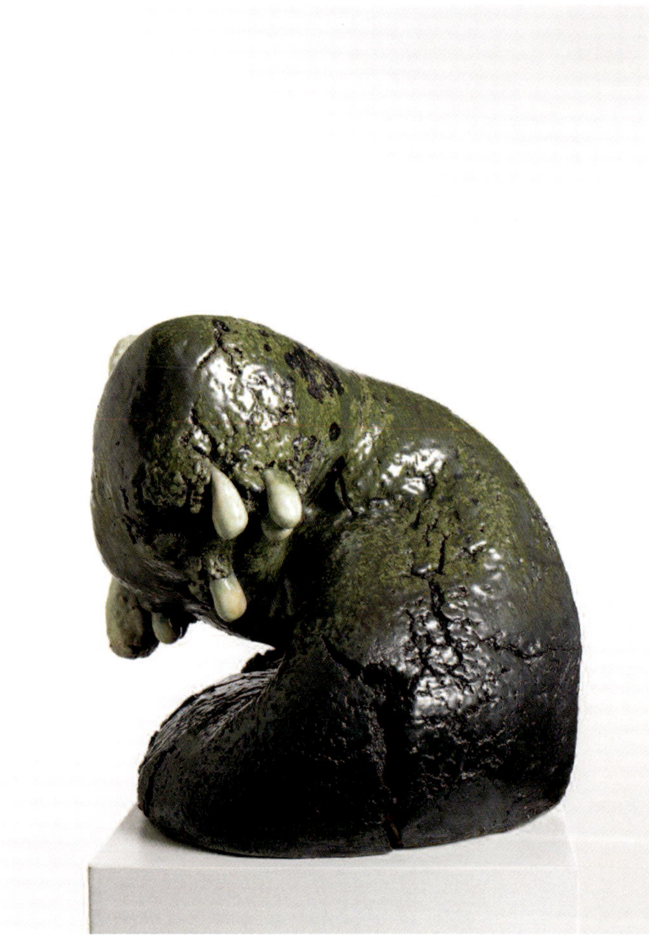

Rebord n° 1, 2007.
Grès émaillé de la Manufacture nationale de Sèvres, 32 x 44 x 29 cm. Collection particulière.
Manufacture nationale de Sèvres glazed stoneware, 12 3⁄5 x 17 1⁄3 x 11 2⁄5 in. Private collection.

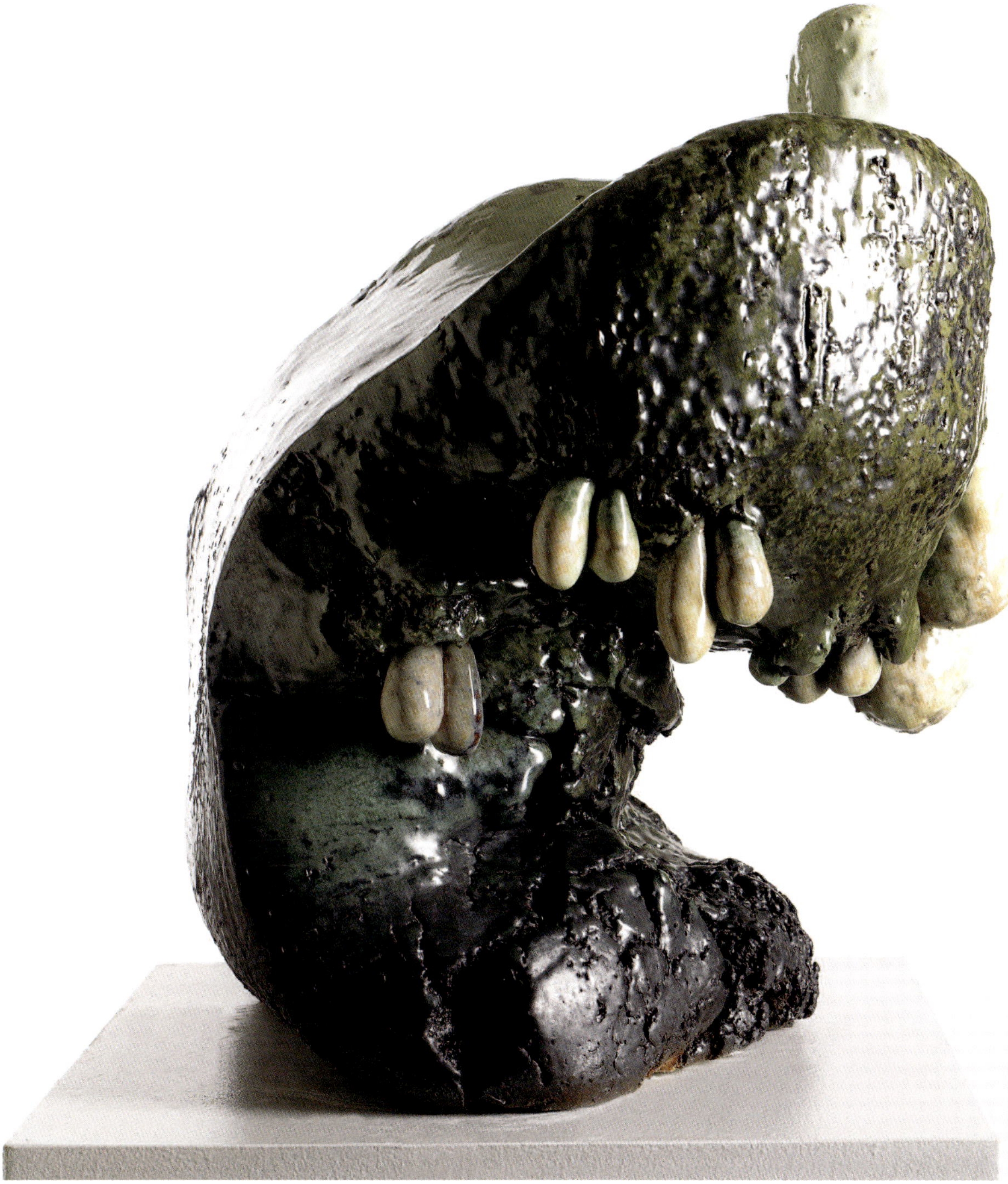

Précipice n° 2, 2007.
Grès émaillé de la Manufacture nationale de Sèvres, 83 x 36 x 44 cm. Collection particulière.
Manufacture nationale de Sèvres glazed stoneware, 32 5/7 x 14 x 17 1/3 in. Private collection.

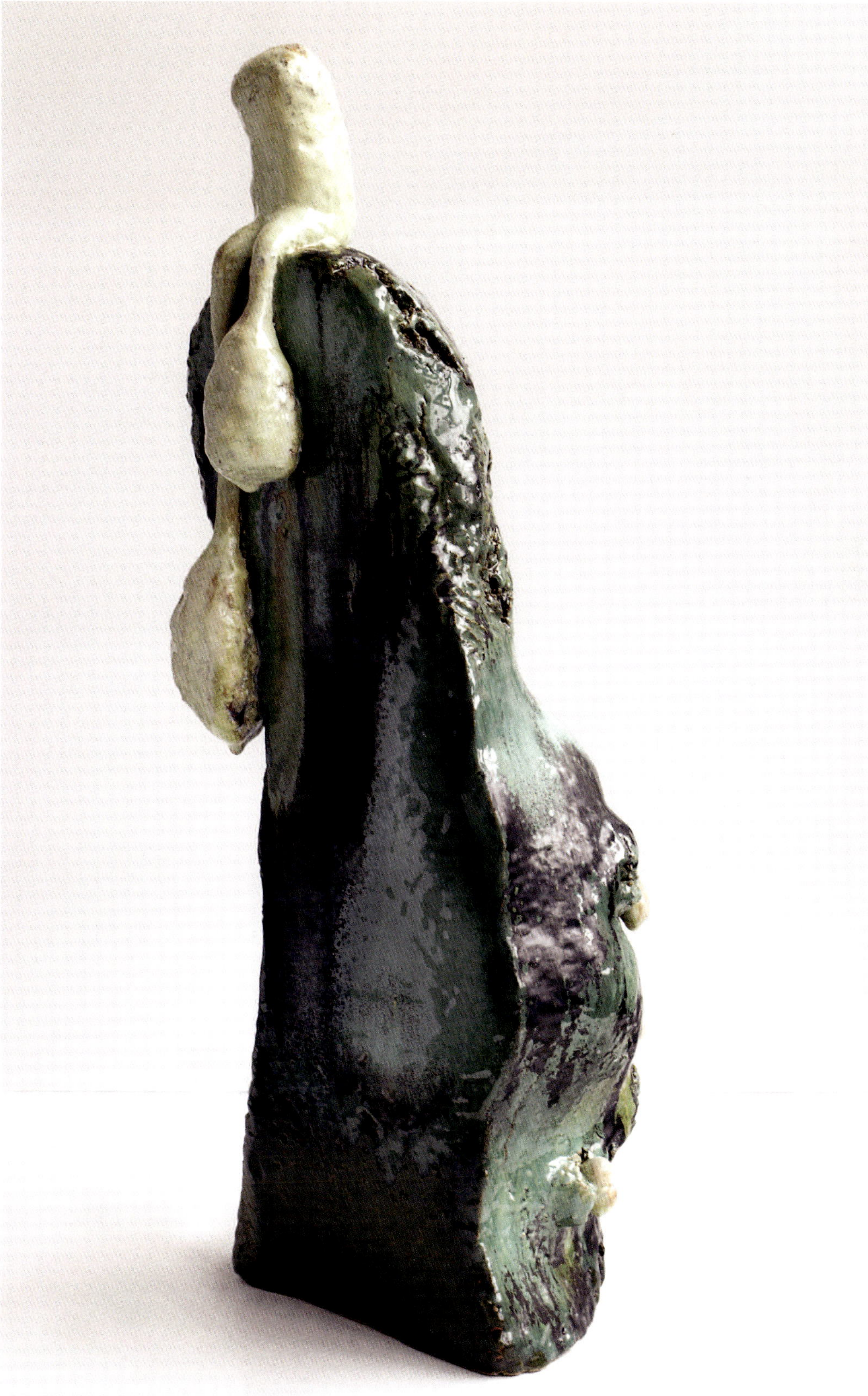

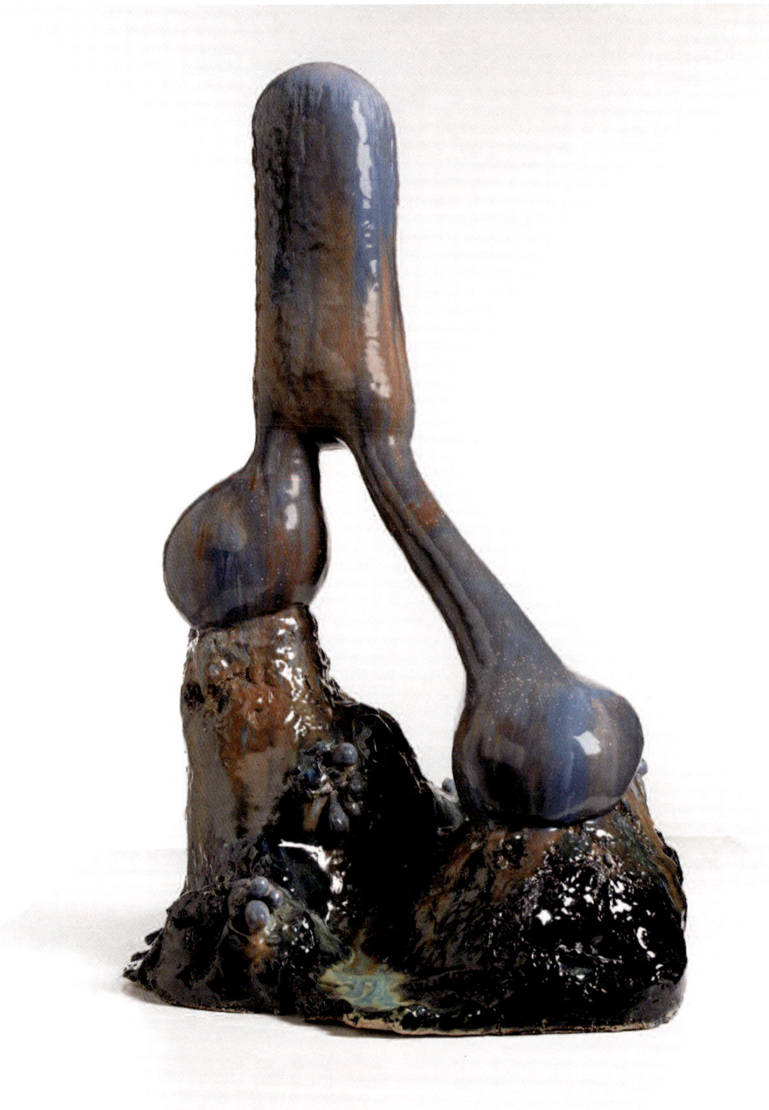

Randonneur trapu, 2007.
Grès émaillé de la Manufacture nationale de Sèvres, 75 x 46 x 40 cm.
Manufacture nationale de Sèvres glazed stoneware, 29 ½ x 18 ⅛ x 15 ⅔ in.

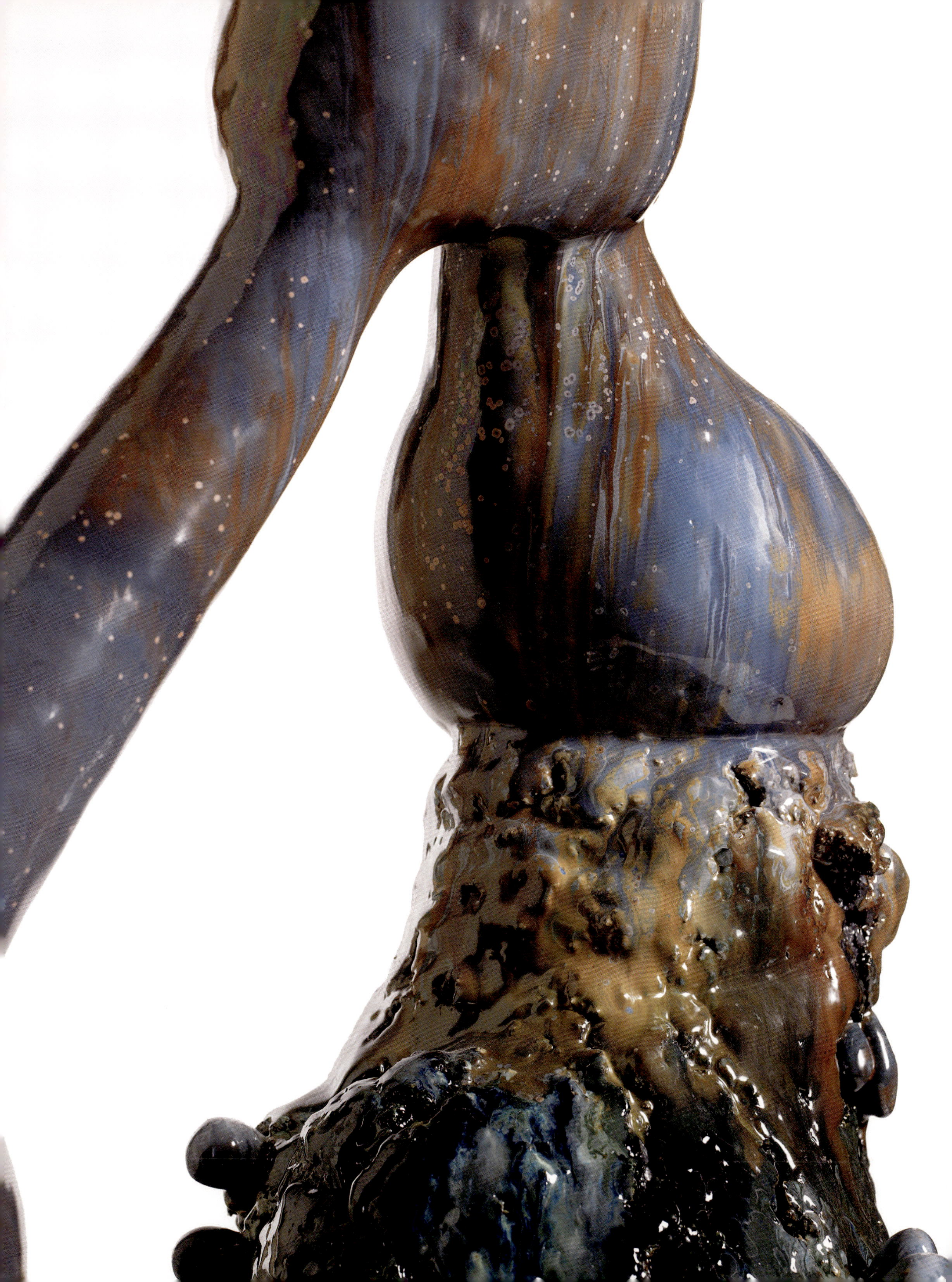

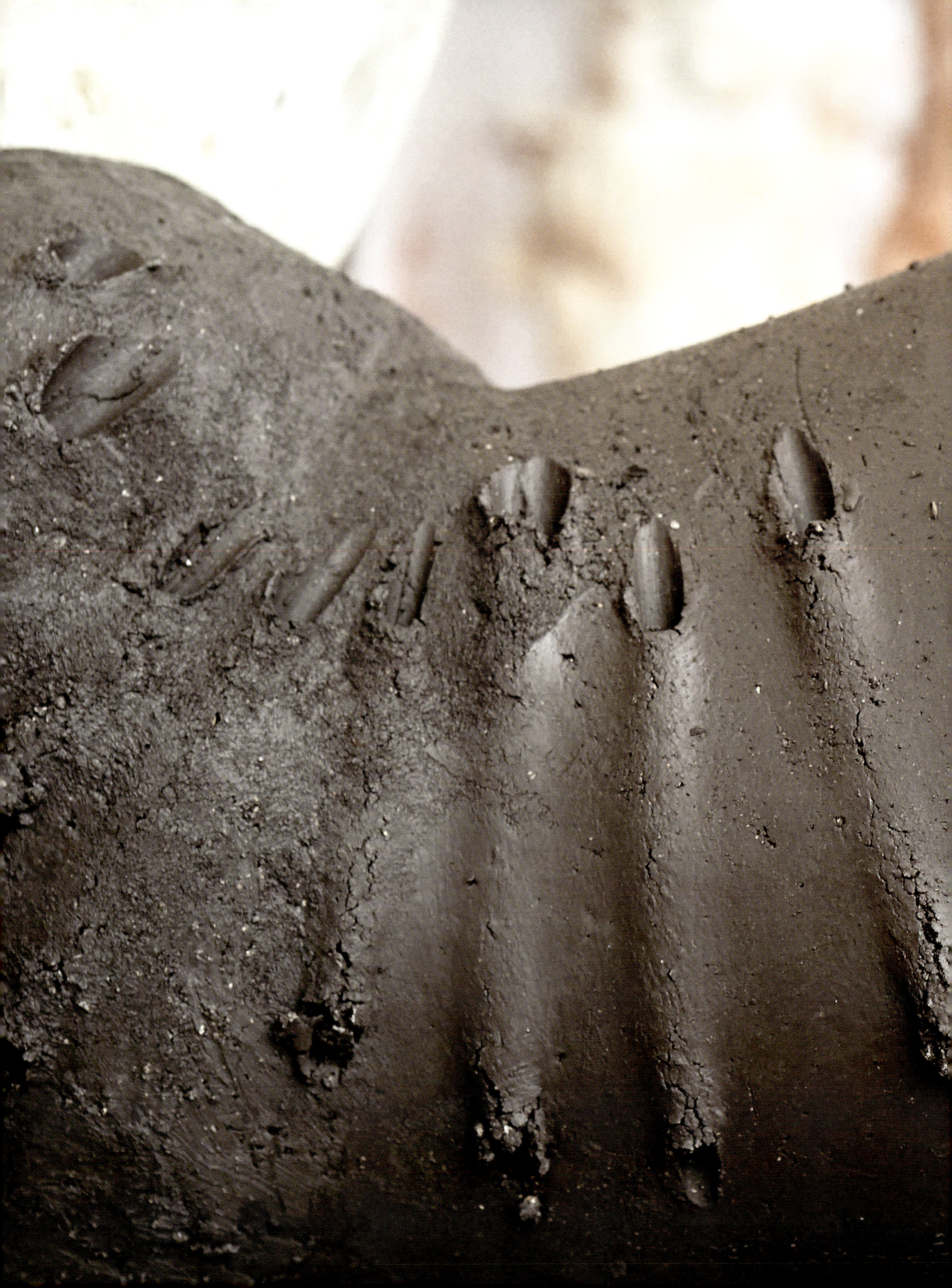

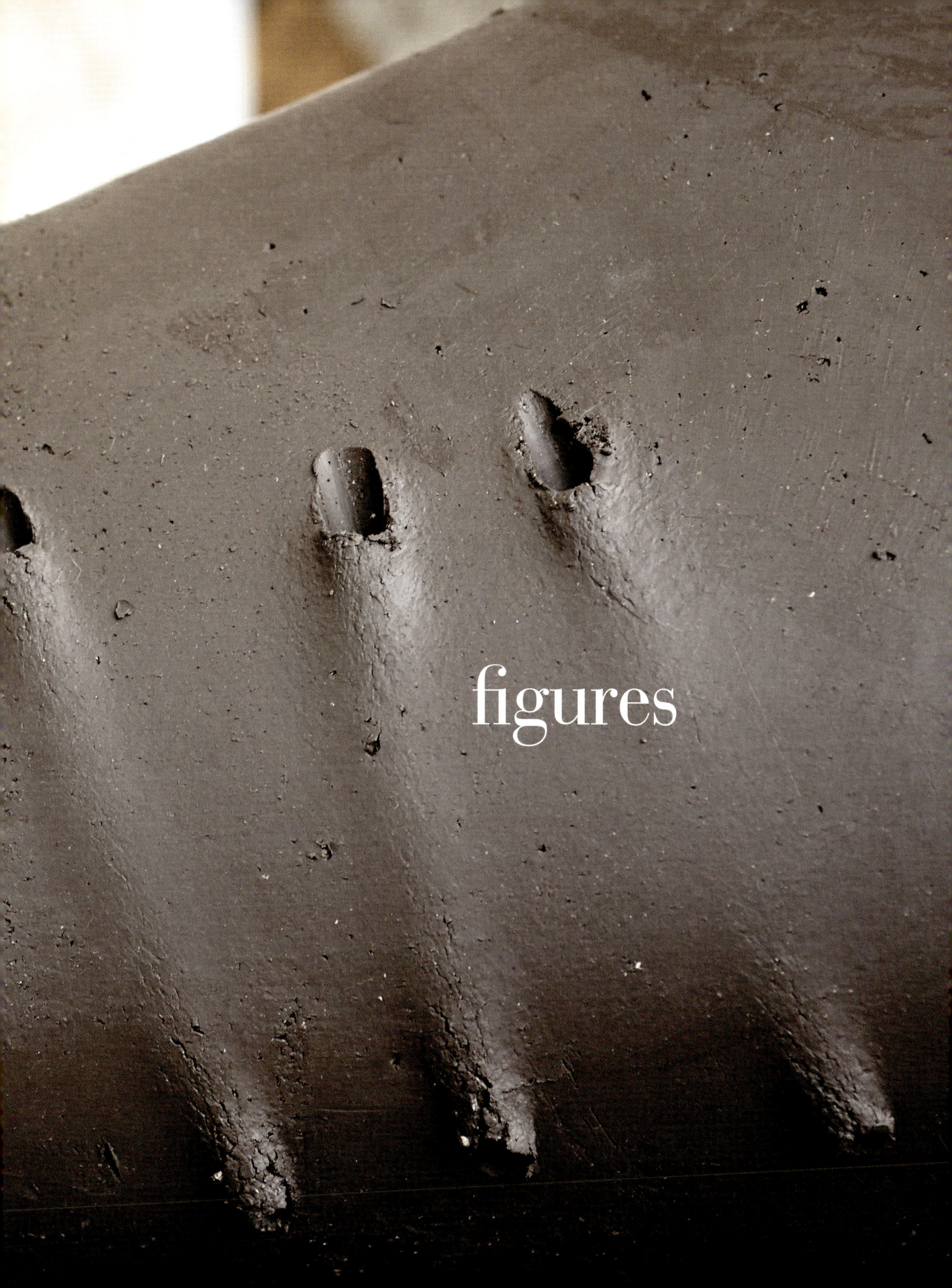

figures

Composition abstraite, 2001.
Céramique (2 éléments), 120 x 120 x 70 cm.
Ceramic (2 pieces), 47 ⅕ x 47 ⅕ x 27 ½ in.

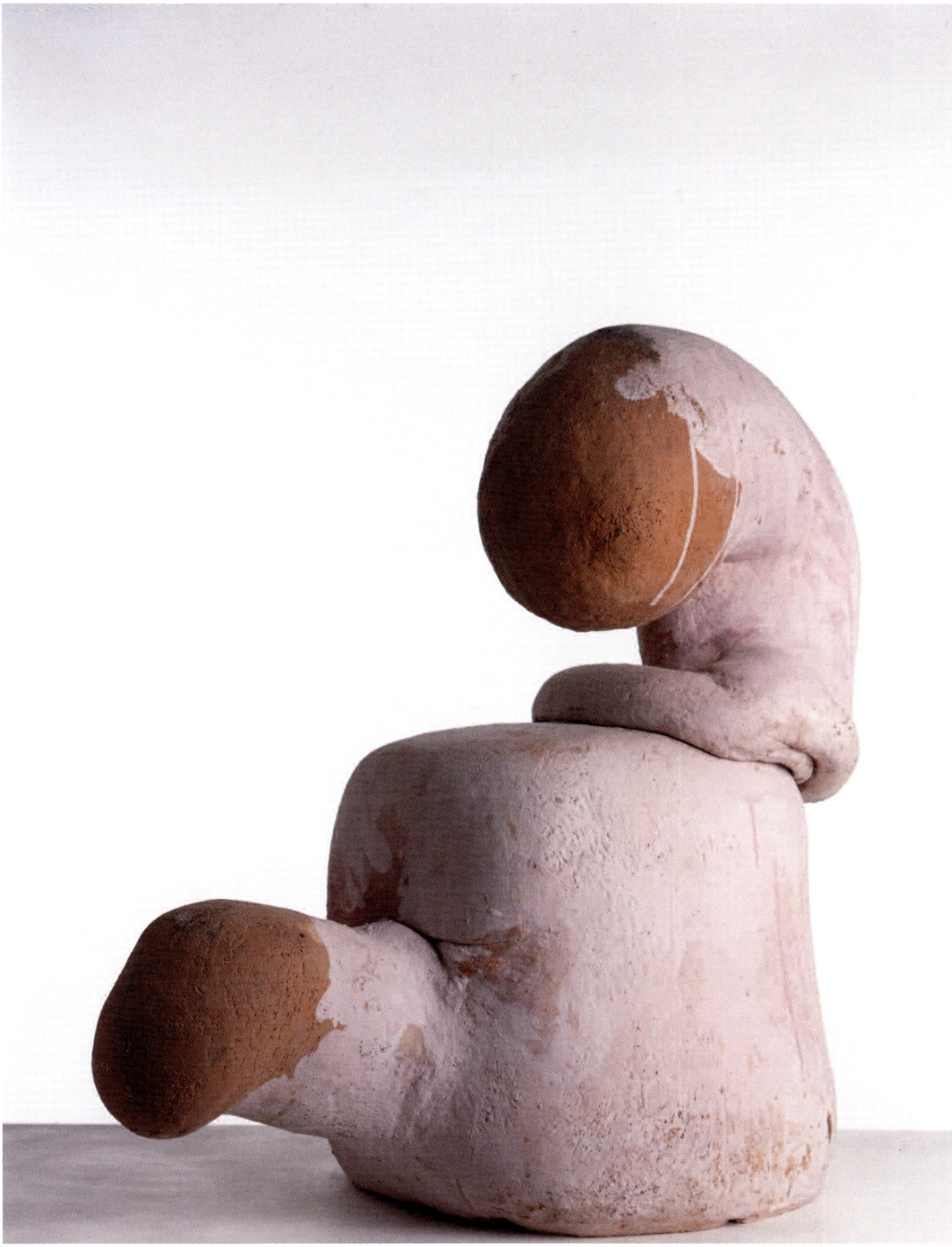

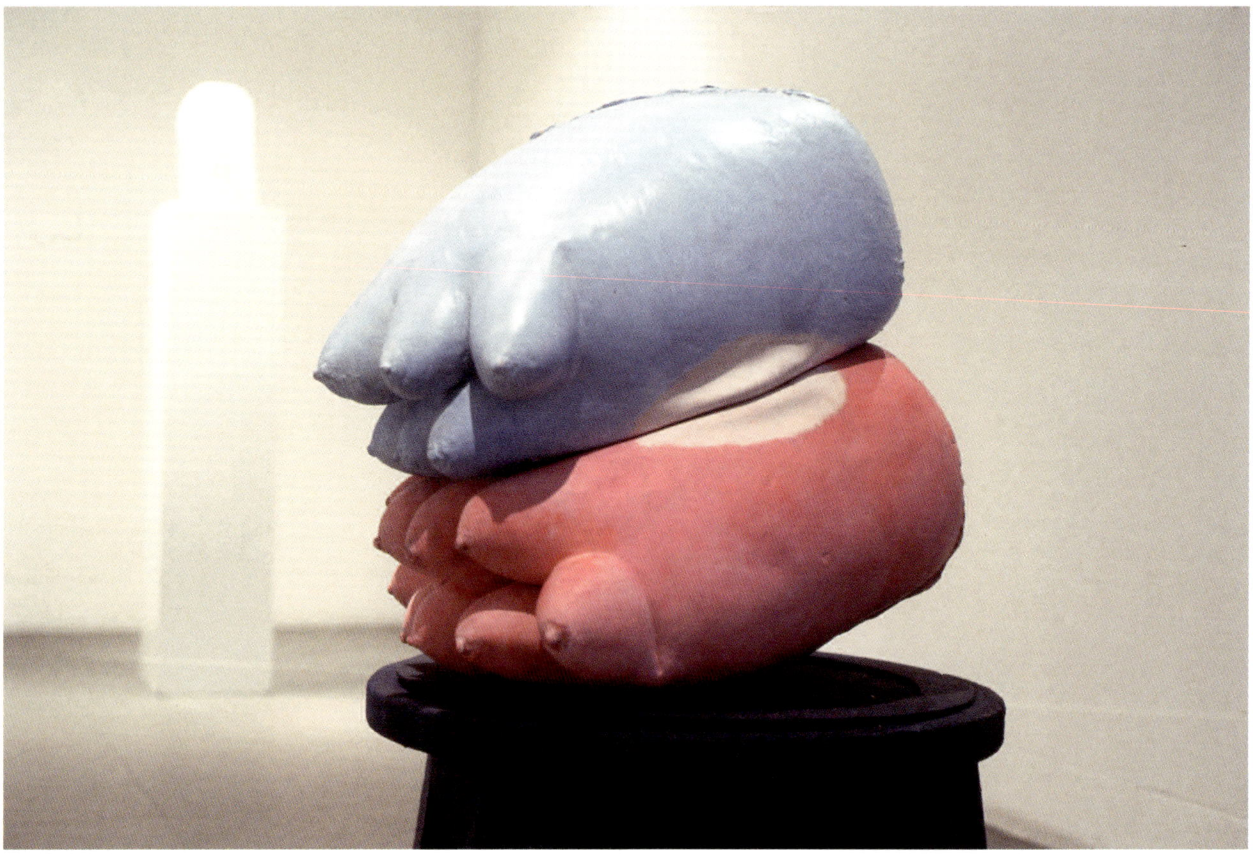

Rose pour les filles, bleu pour les cochons, 1999.
Plâtre, 85 x 45 x 60 cm.
Plaster, 33 ½ x 17 ¾ x 23 ⅝ in.

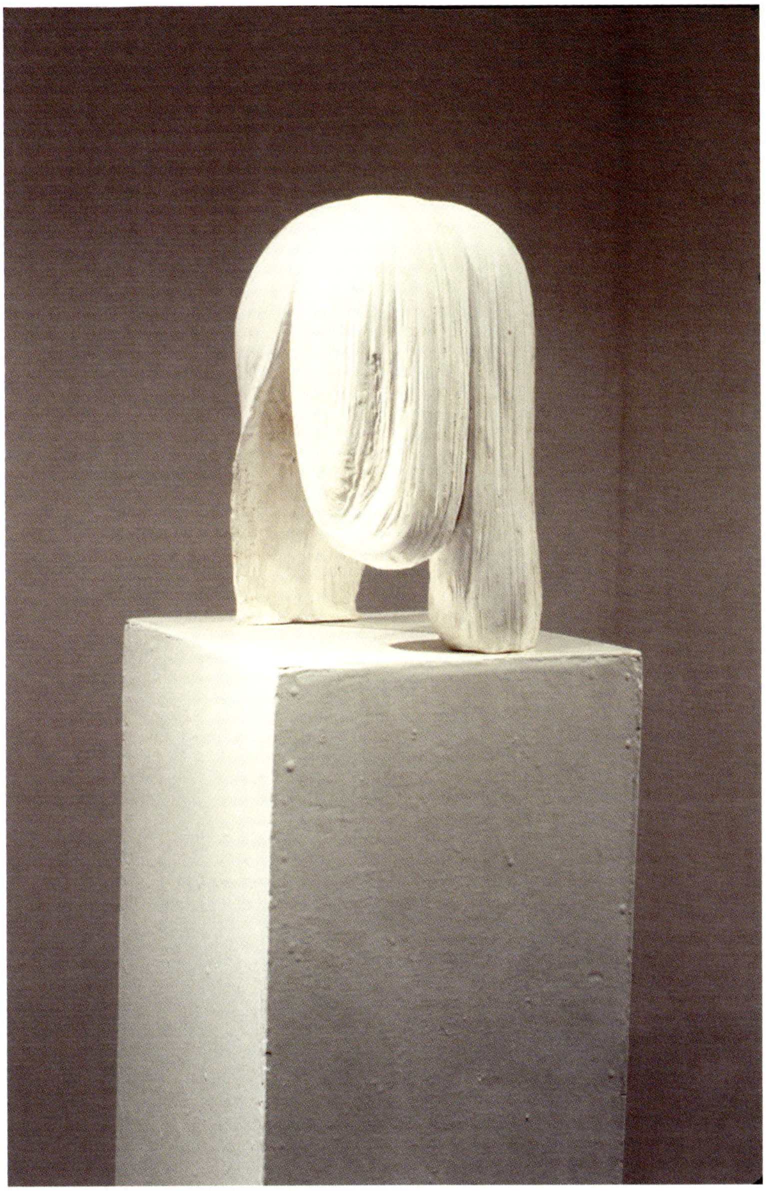

CHUT !, 1999.
Plâtre, 35 x 25 x 25 cm.
Plaster, 13 ¾ x 9 ⅞ x 9 ⅞ in.

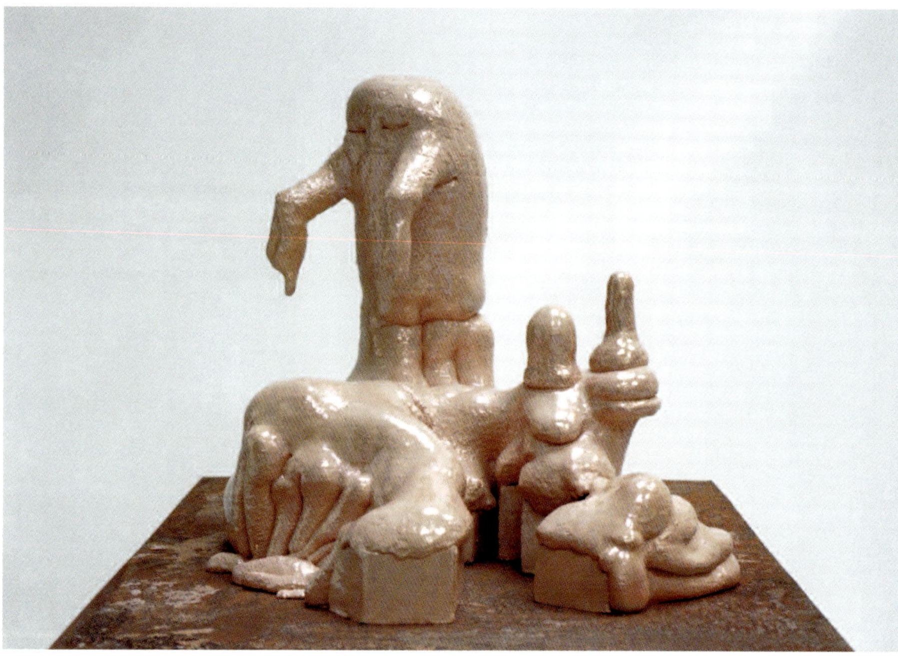

Îlien, 2004.
Céramique émaillée, 70 x 70 x 70 cm. Collection Sylvie et Stéphane Corréard, Paris.
Glazed ceramic, 27 ½ x 27 ½ x 27 ½ in. Sylvie et Stéphane Corréard collection, Paris.

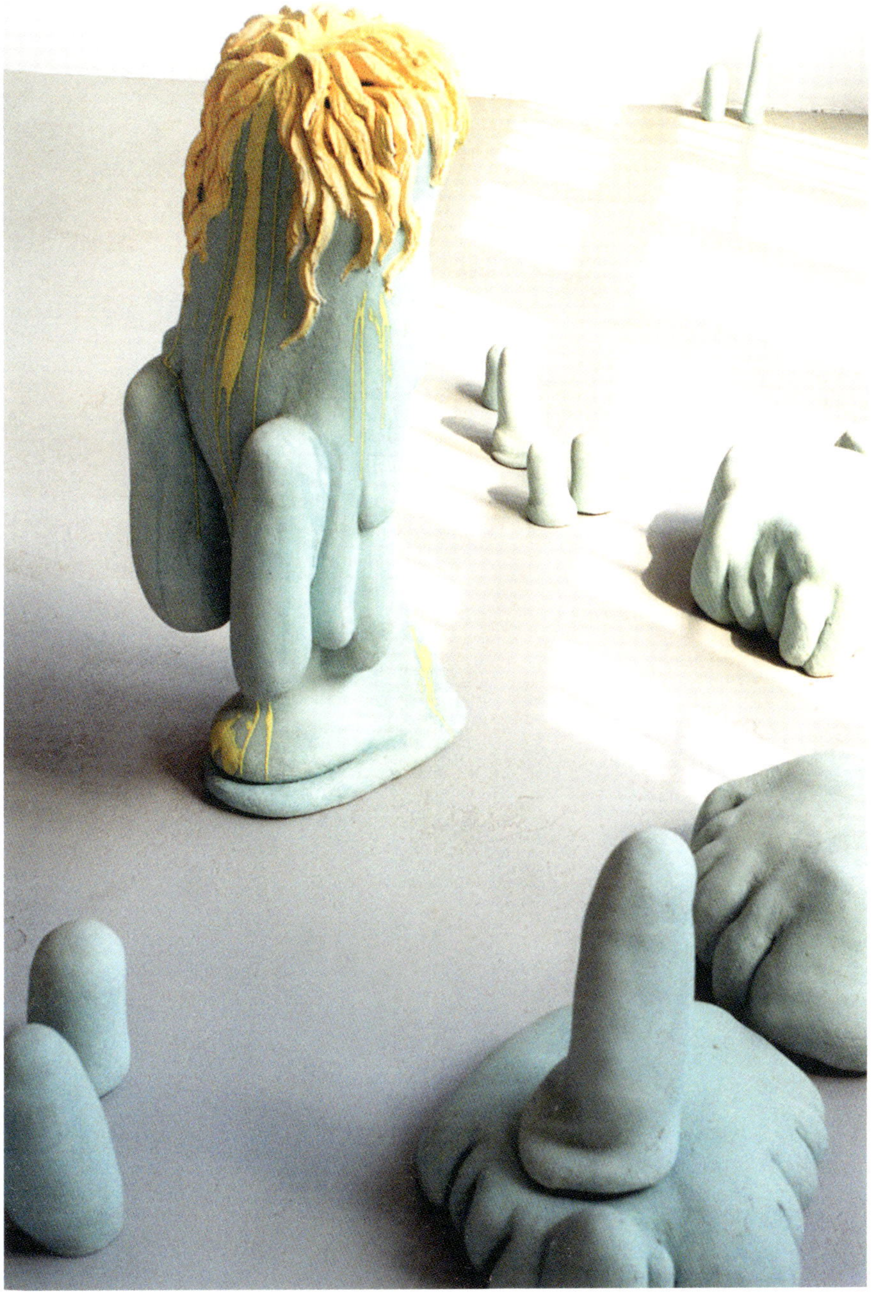

Nu glissant, 2003.
Céramique émaillée (19 éléments), 95 x 225 x 350 cm.
Exposition « Lignes singulières », centre d'art Le Triage, Nanterre, 2003.
Glazed ceramic (19 pieces), 37 2/5 x 88 3/5 x 137 13/16 in.
Exhibition "Lignes singulières", centre d'art Le Triage, Nanterre, 2003.

Nu montant, 2001
Céramique émaillée, 120 x 45 x 35 cm. Collection musées de Châteauroux.
Glazed ceramic (2 pieces), 47 ¼ x 17 ¾ x 13 ¾ in. Musées de Châteauroux collection.

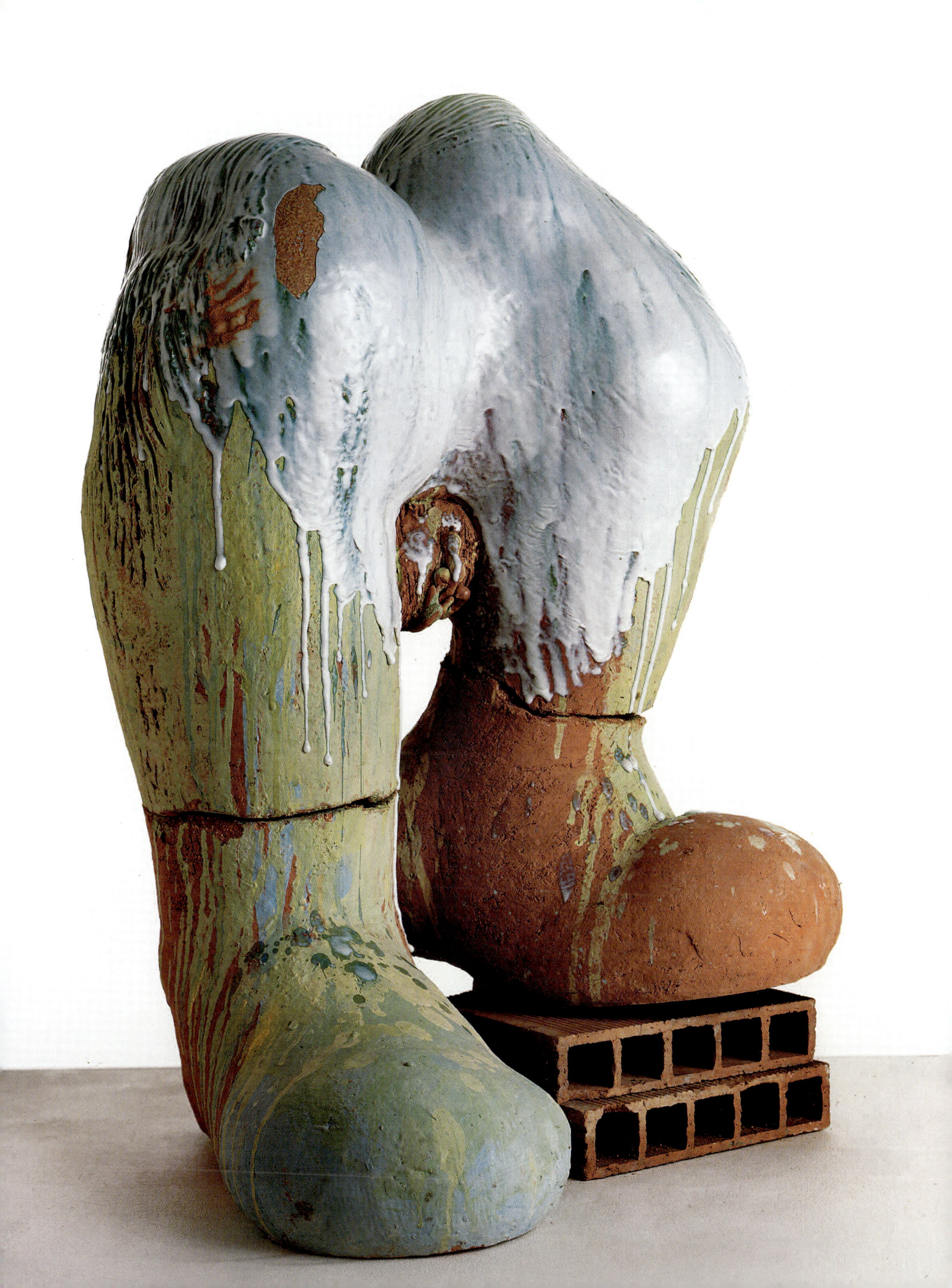

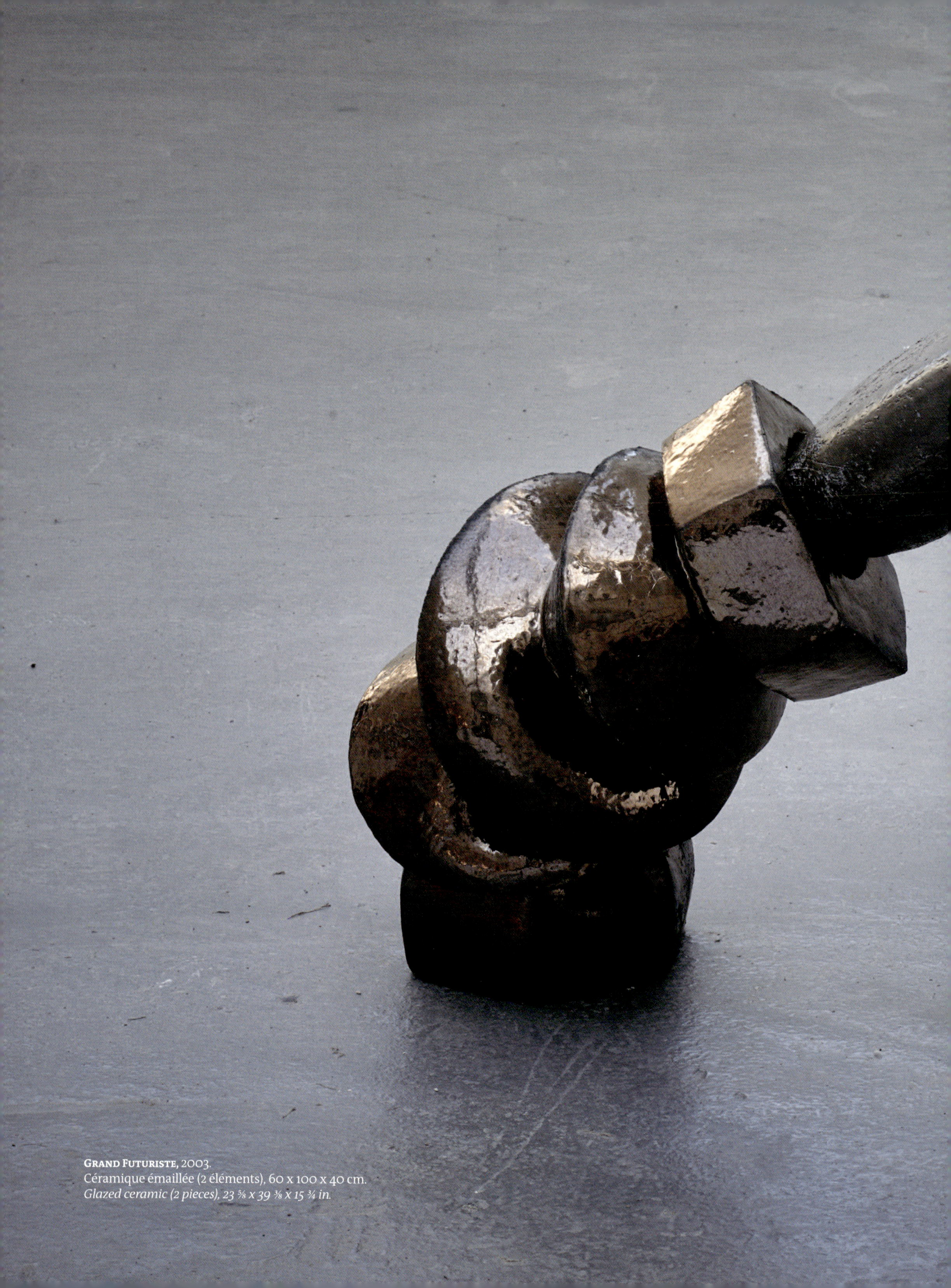

GRAND FUTURISTE, 2003.
Céramique émaillée (2 éléments), 60 x 100 x 40 cm.
Glazed ceramic (2 pieces), 23 ⅝ x 39 ⅜ x 15 ¾ in.

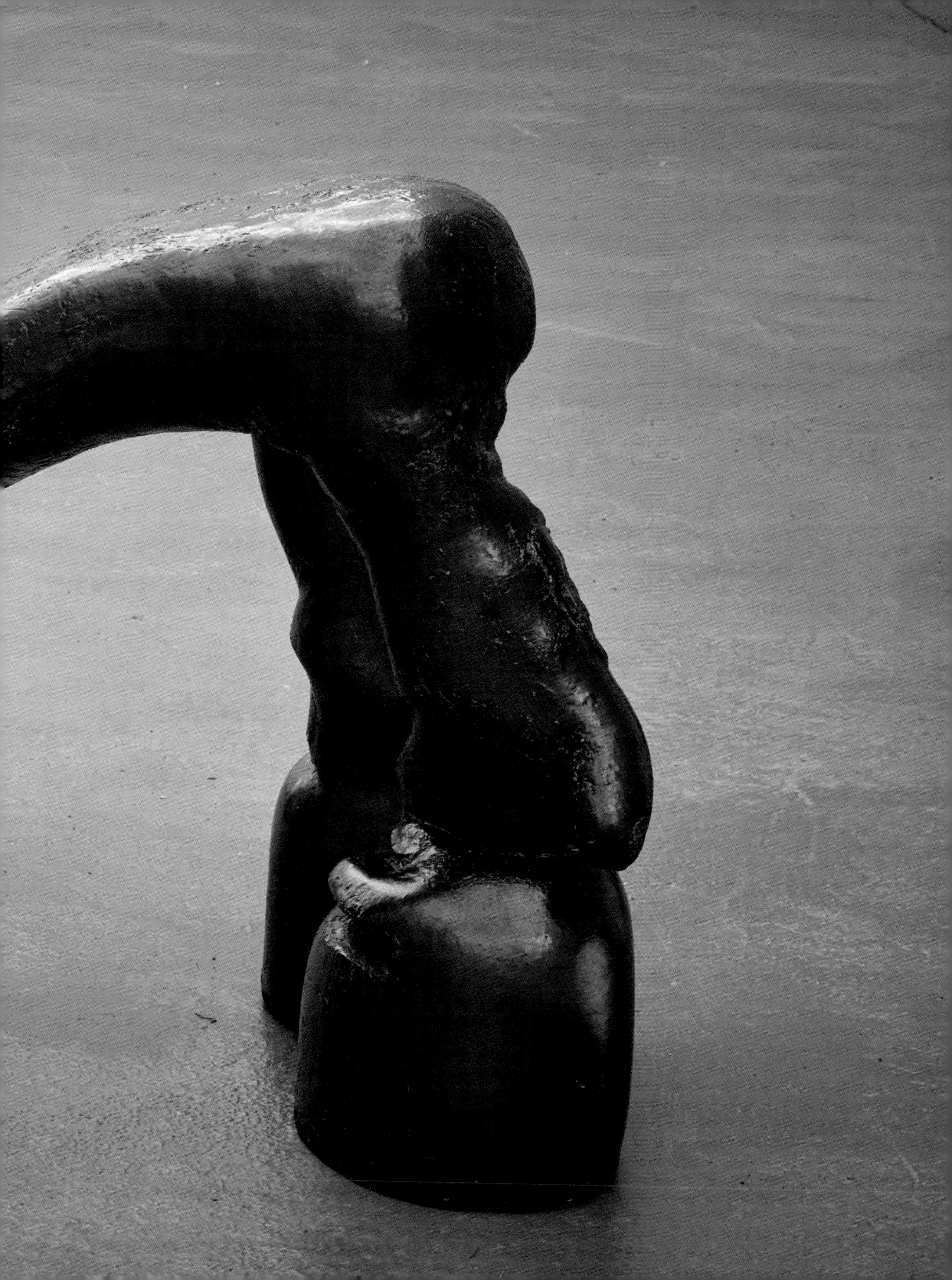

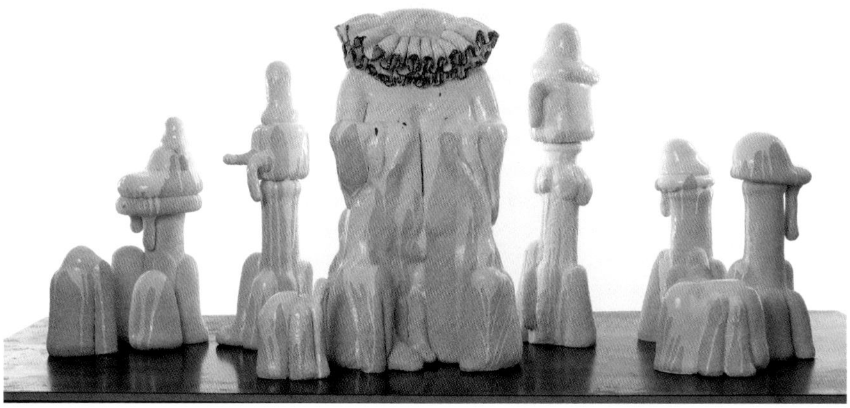

Ci-dessus, page de droite et pages suivantes
Above, right-hand page and following pages
Gilles, 2004.
Céramique émaillée (9 éléments) sur table en métal, 300 x 130 x 150 cm.
Musée de Picardie, Amiens. Don de la famille Thiroux, 2008.
Glazed ceramic (9 pieces) on metal table, 118 ⅛ x 51 $^{3}/_{16}$ x 59 $^{1}/_{16}$ in.
Musée de Picardie, Amiens. Gift of the Thiroux family, 2008.

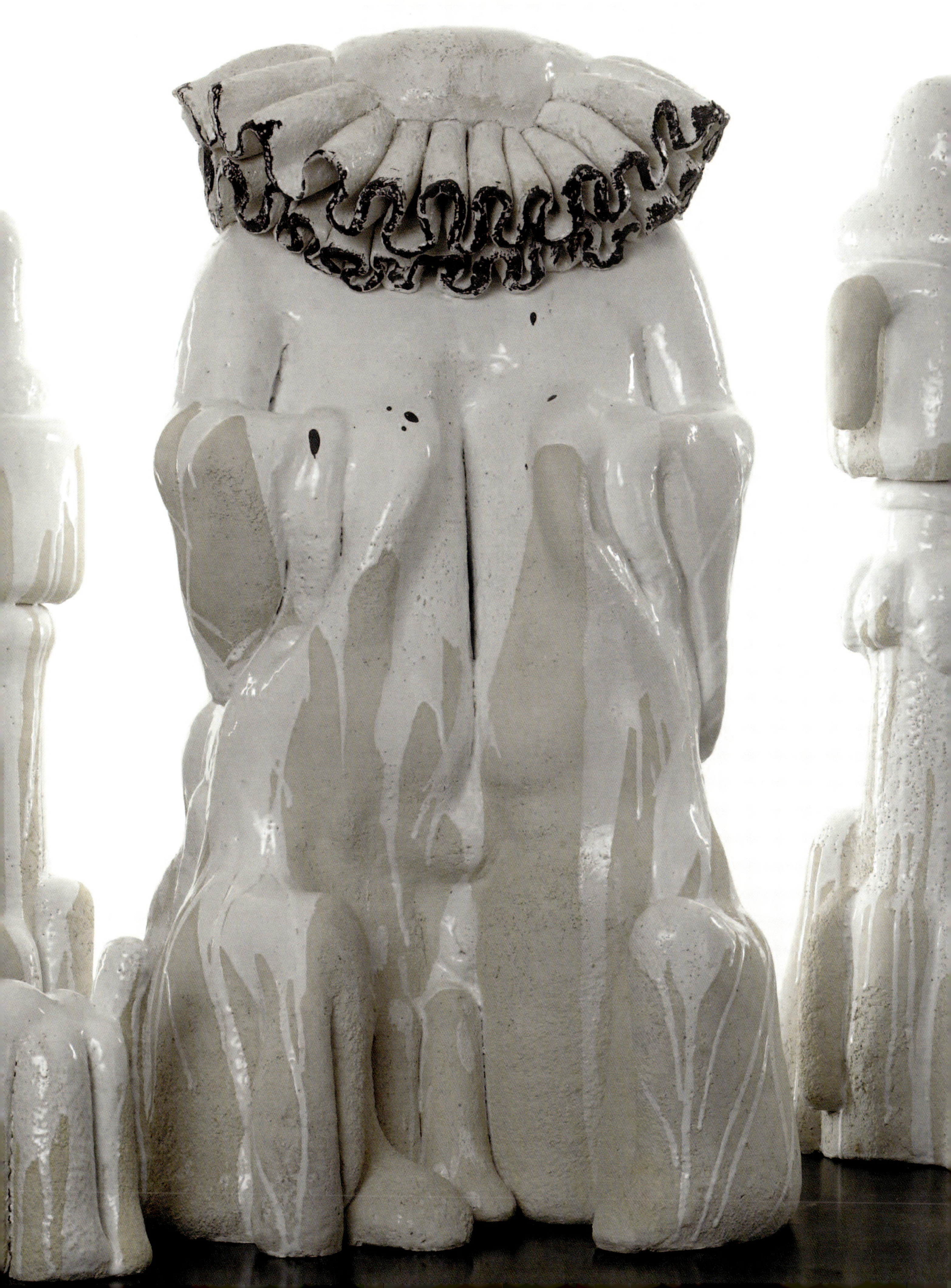

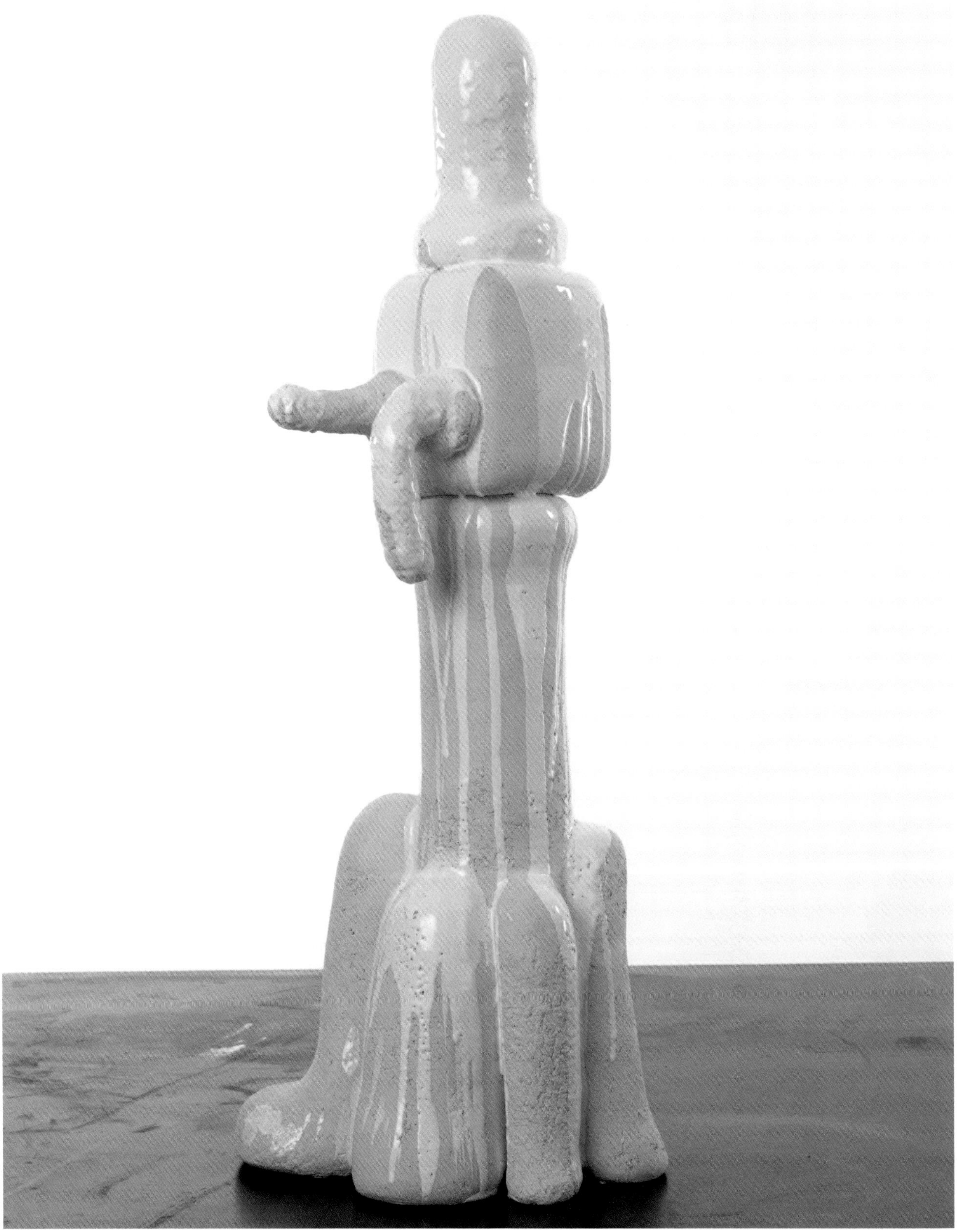

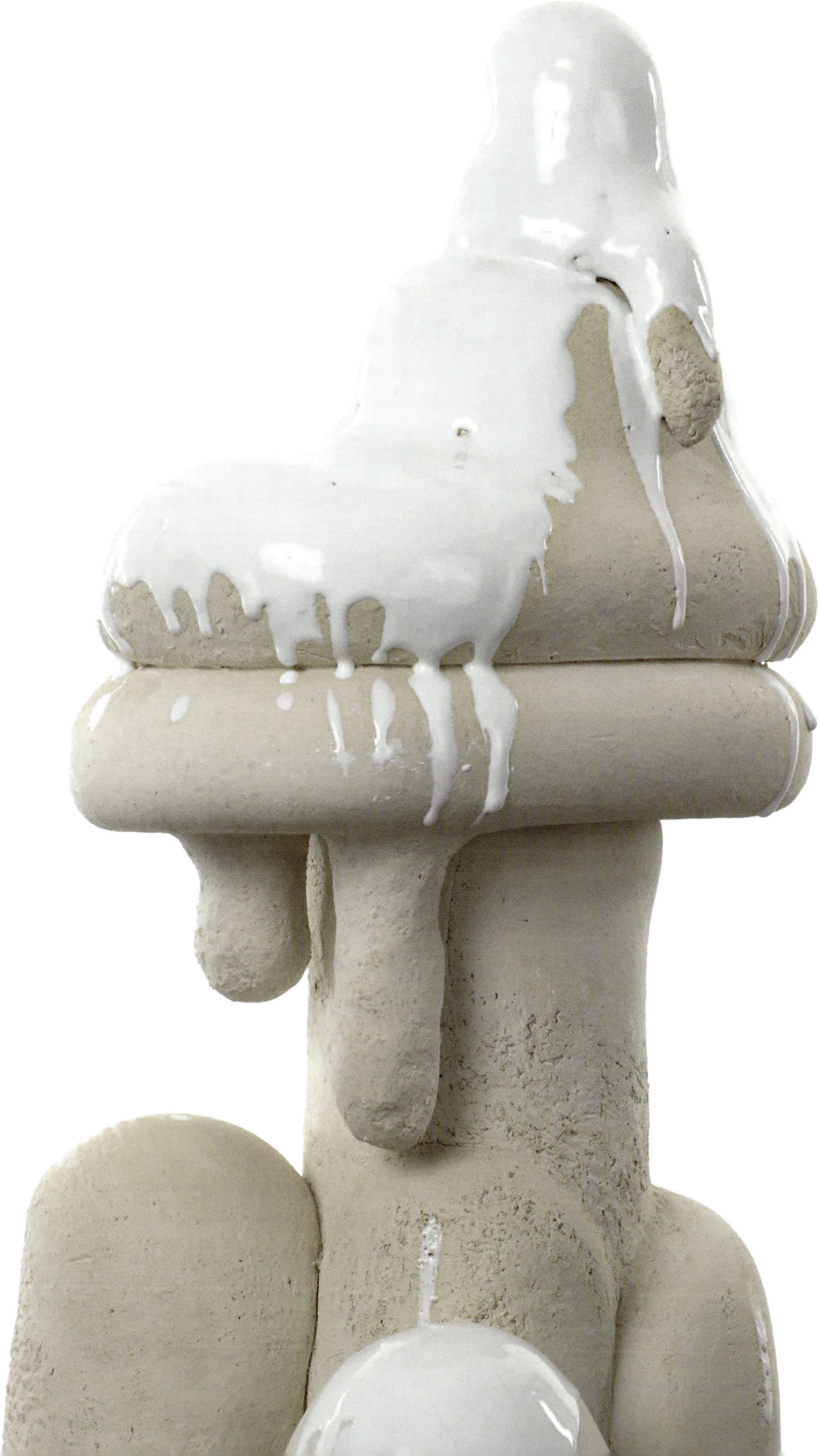

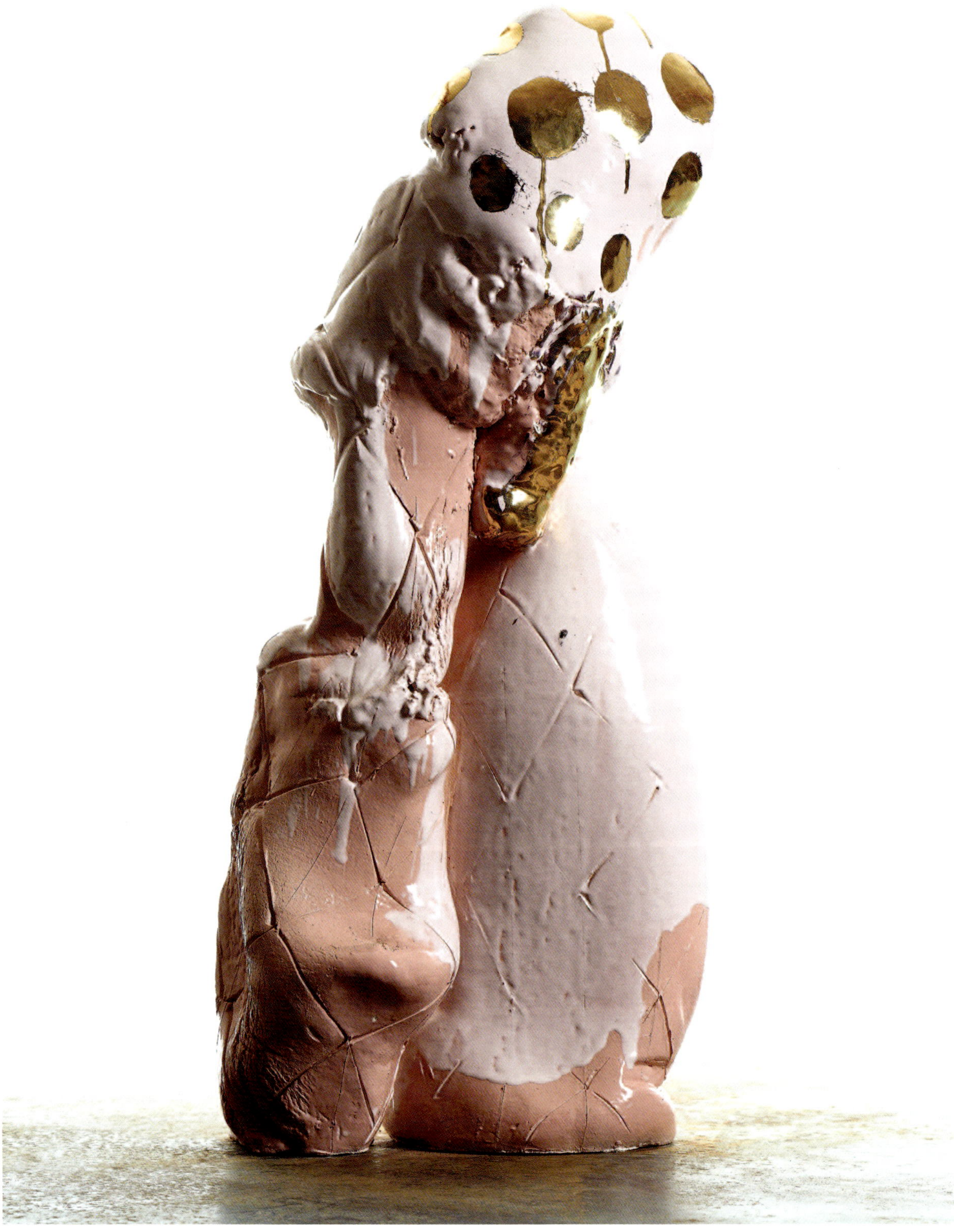

Arlequin n° 3, 2009.
Céramique émaillée, 102 x 40 x 44 cm. Collection Mardochée Franco, Paris.
Glazed ceramic, 40 3/16 x 15 3/4 x 17 5/16 in. Mardochée Franco collection, Paris.

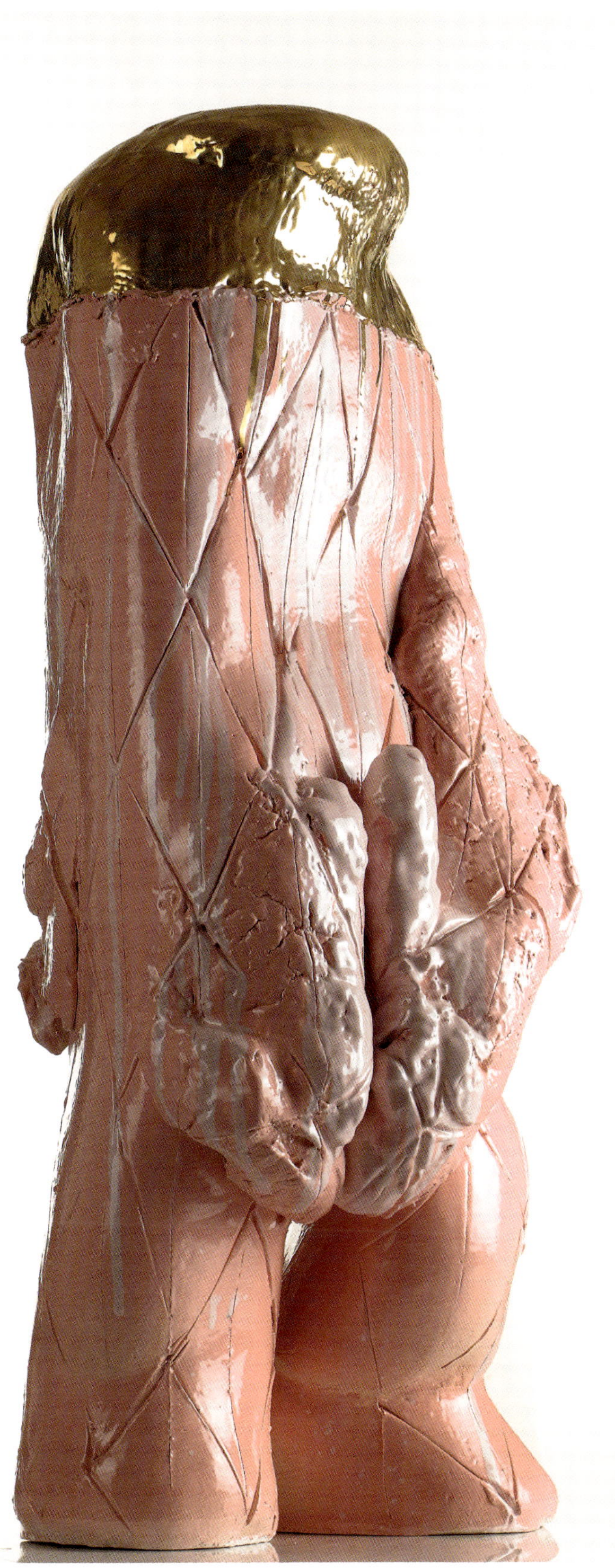

Arlequin n° 4-Two Thumbs Up, 2009.
Céramique émaillée, 90 x 45 x 32 cm. Collection particulière, Paris.
Glazed ceramic, 35 7⁄16 x 17 ¾ x 12 ⅝ in. Private collection, Paris.

Arlequin n° 2, 2009.
Céramique émaillée, 87 x 44 x 46 cm.
Glazed ceramic, 34 ¼ x 17 5/16 x 18 1/8 in.

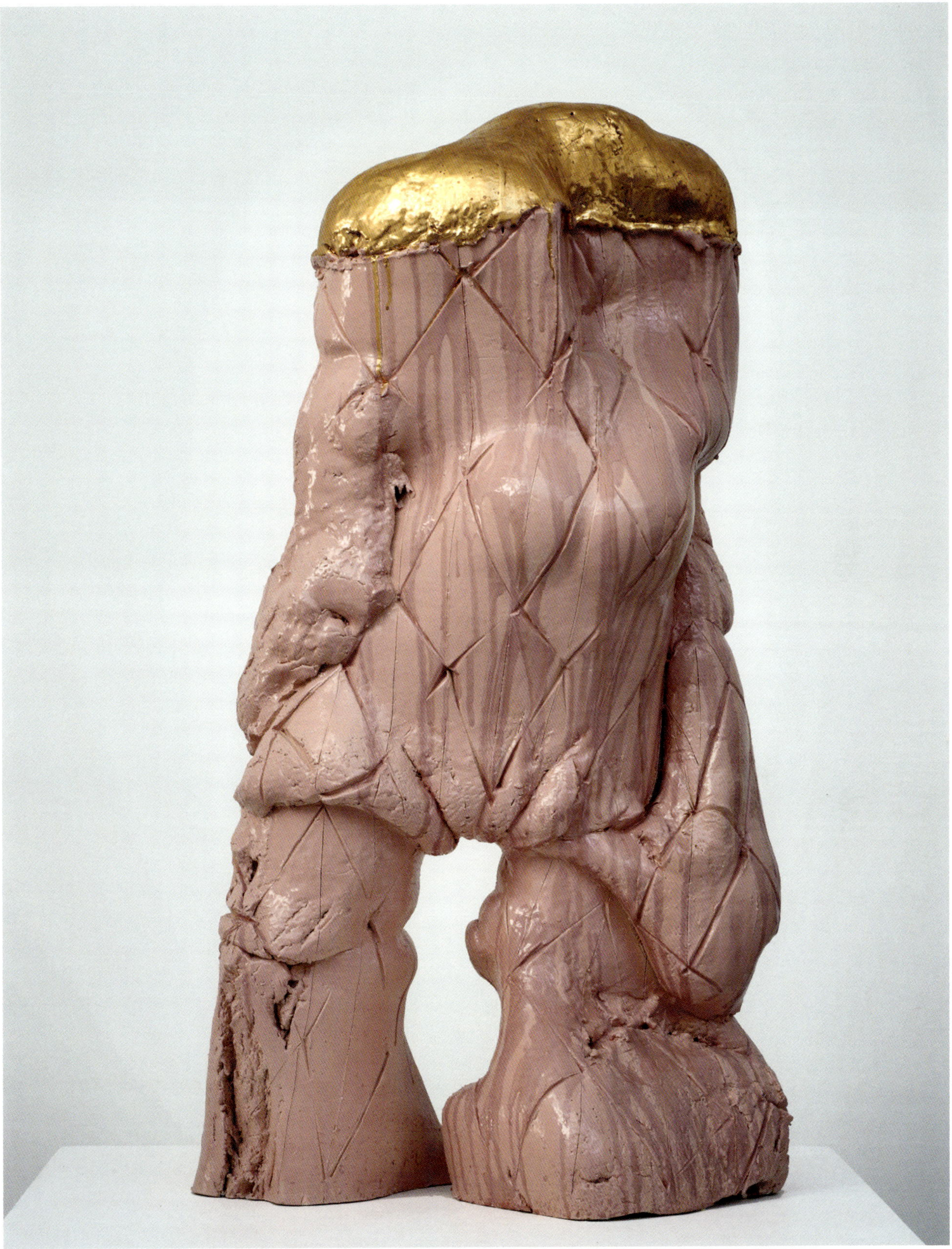

Cul / Jambes, 2009.
Céramique émaillée, 140 x 40 x 80 cm.
Exposition « Dreamtime 3, HabiteR », grotte du Mas-d'Azil, 2011.
Glazed ceramic, 55 ⅛ x 15 ¾ x 31 ½ in.
Exhibition "Dreamtime 3, HabiteR", grotte du Mas-d'Azil, 2011.

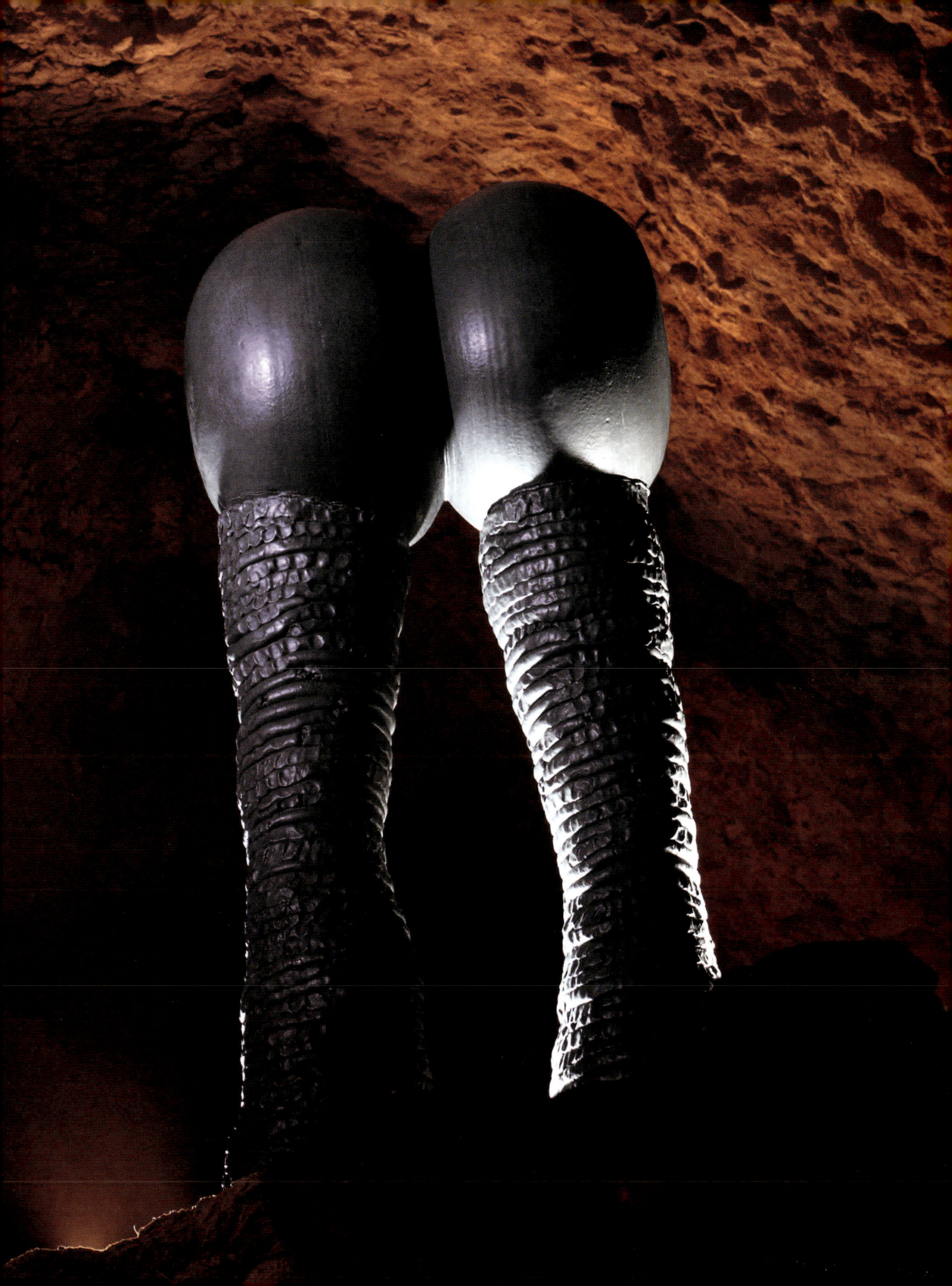

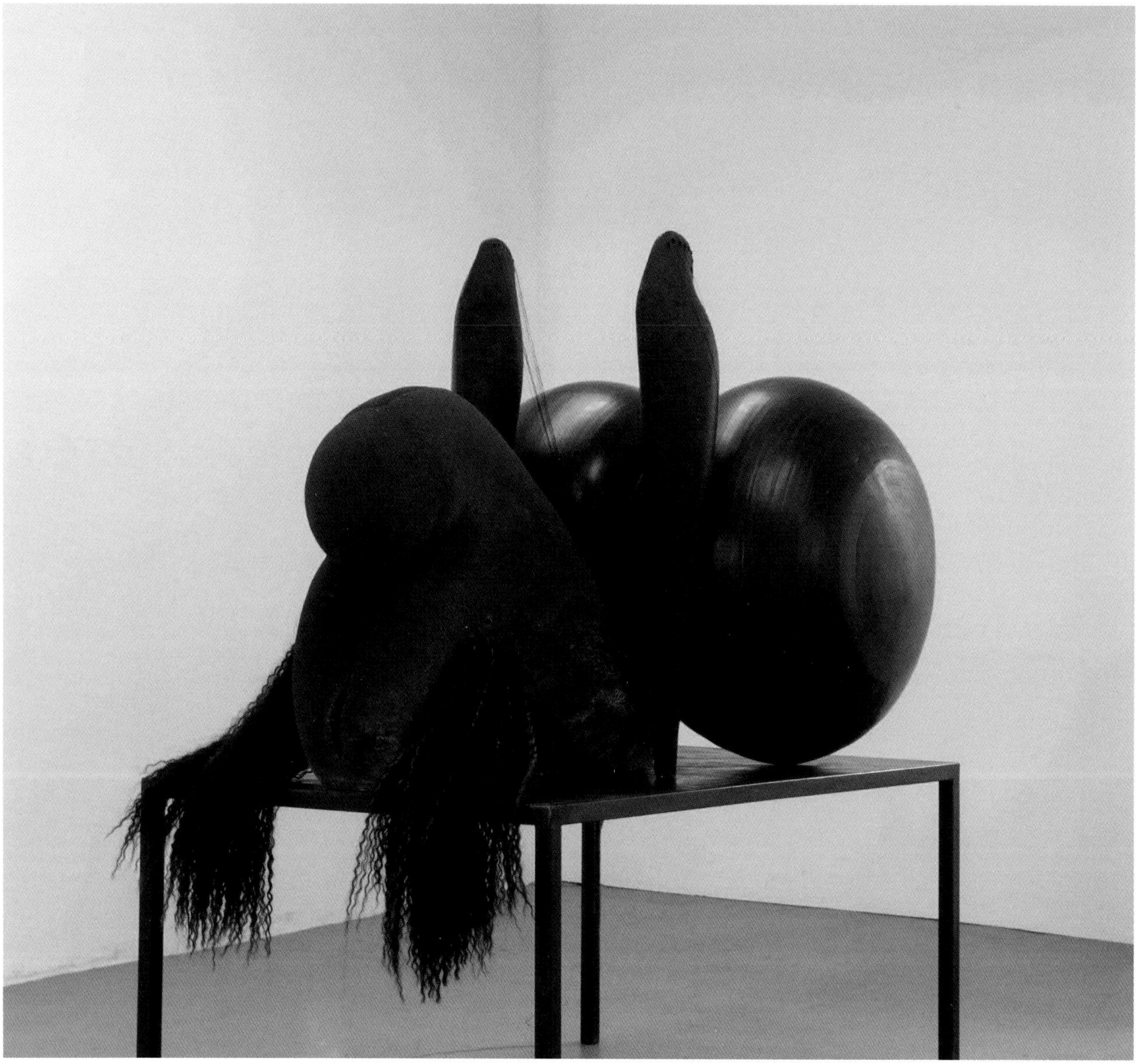

Sans titre, 2010-2012.
Céramique émaillée, fil de lin, cheveux synthétiques, table en métal, 78 x 35 x 60 cm.
Glazed ceramic, linen yarn, synthetic hair, metal table, 30 ¾ x 13 ¾ x 23 ⅝ in.

Acrobate, 2012.
Céramique émaillée, cheveux synthétiques, 160 x 65 x 66 cm.
Glazed ceramic, synthetic hair, 63 x 25 ⅝ x 26 in.

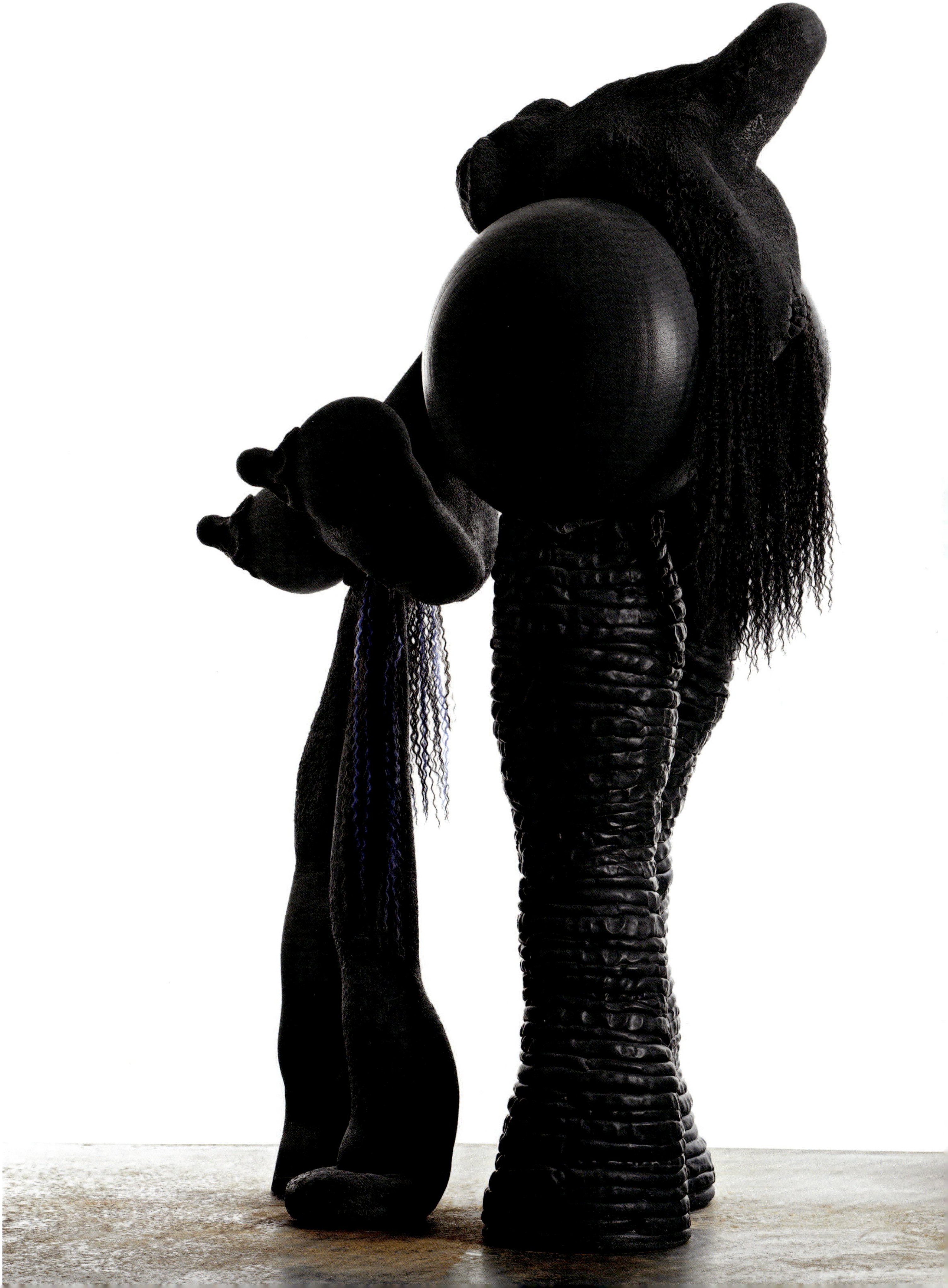

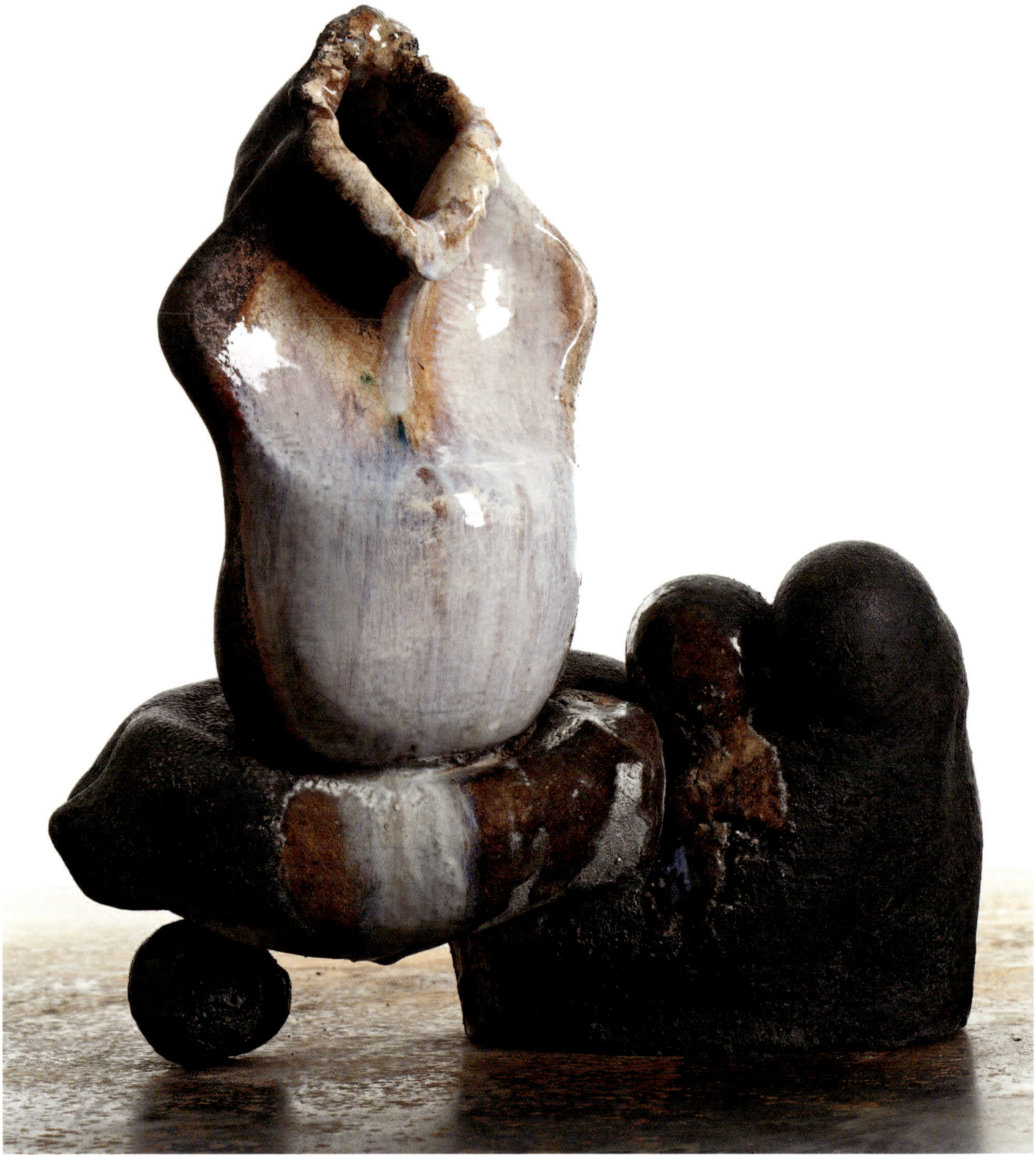

MÉDITERRANÉE, 2012.
Céramique émaillée, 46 x 33 x 44 cm. Collection particulière, Paris.
Glazed ceramic, 18 ⅛ x 13 x 17 ⅜ in. Private collection, Paris.

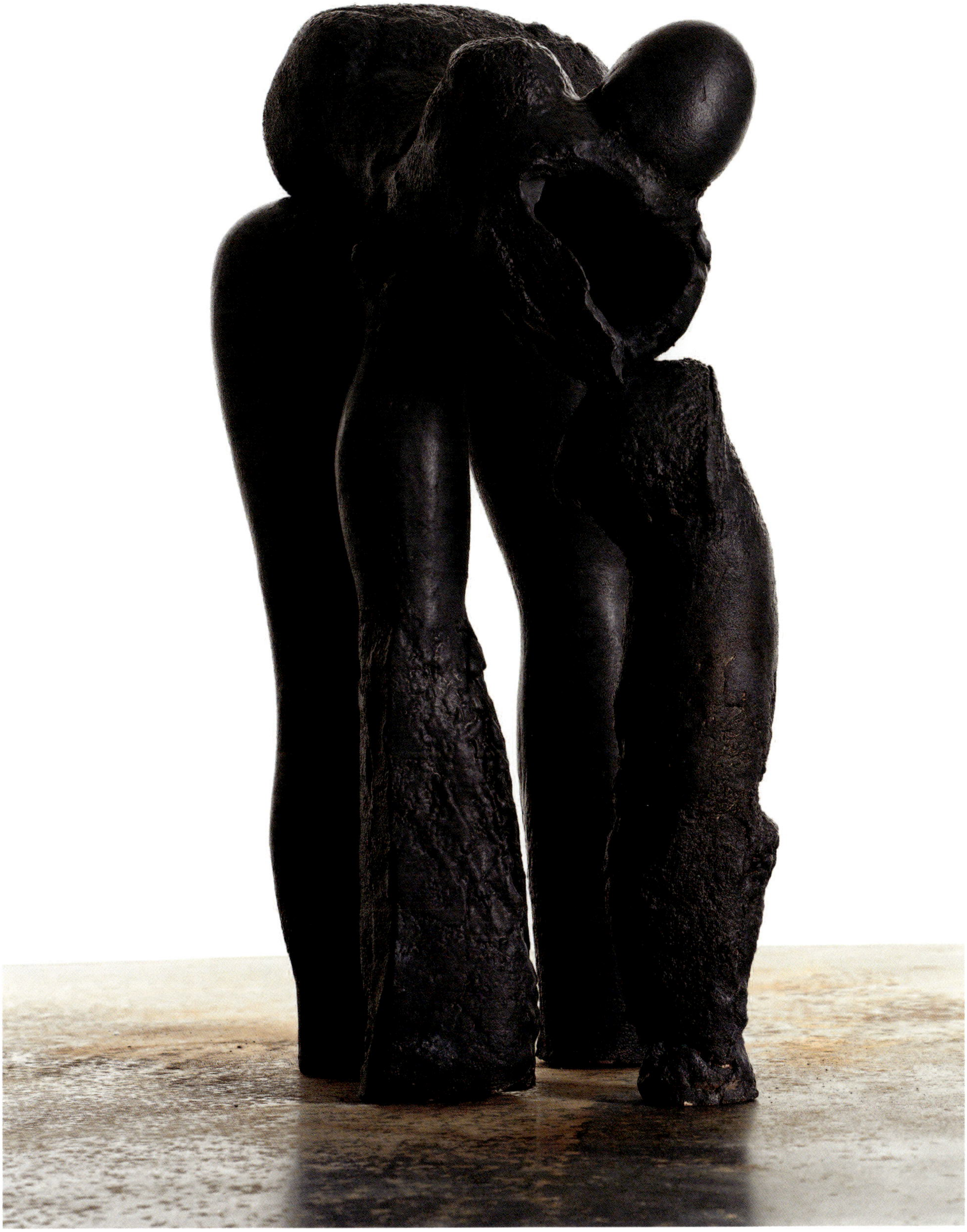

Petite Acrobate, 2012.
Céramique émaillée, 68 x 36 x 37 cm. Collection particulière, Paris.
Glazed ceramic, 26 ¾ x 14 ⅛ x 14 ⅝ in. Private collection, Paris.

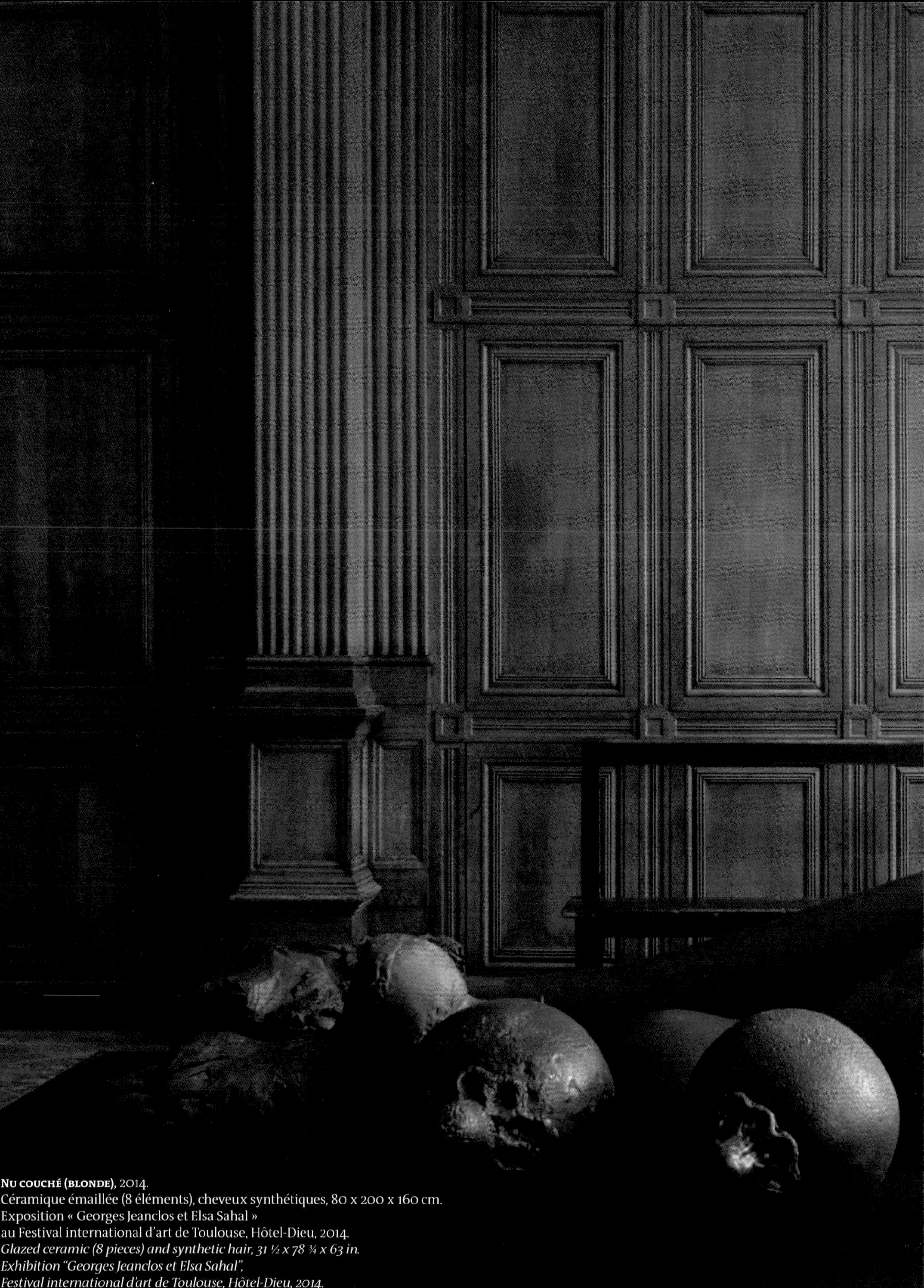

Nu couché (blonde), 2014.
Céramique émaillée (8 éléments), cheveux synthétiques, 80 x 200 x 160 cm.
Exposition « Georges Jeanclos et Elsa Sahal »
au Festival international d'art de Toulouse, Hôtel-Dieu, 2014.
Glazed ceramic (8 pieces) and synthetic hair, 31 ½ x 78 ¾ x 63 in.
Exhibition "Georges Jeanclos et Elsa Sahal",
Festival international d'art de Toulouse, Hôtel-Dieu, 2014.

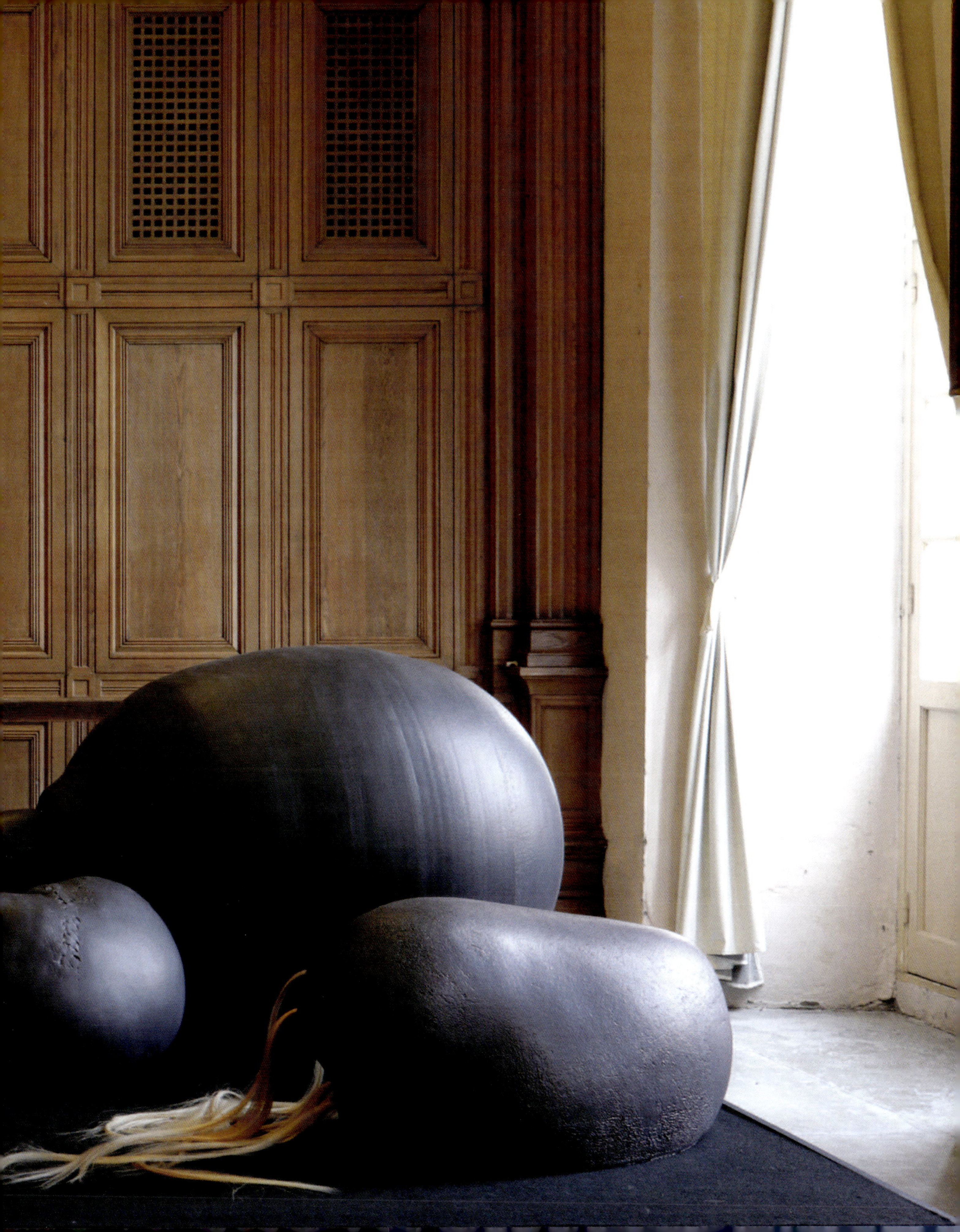

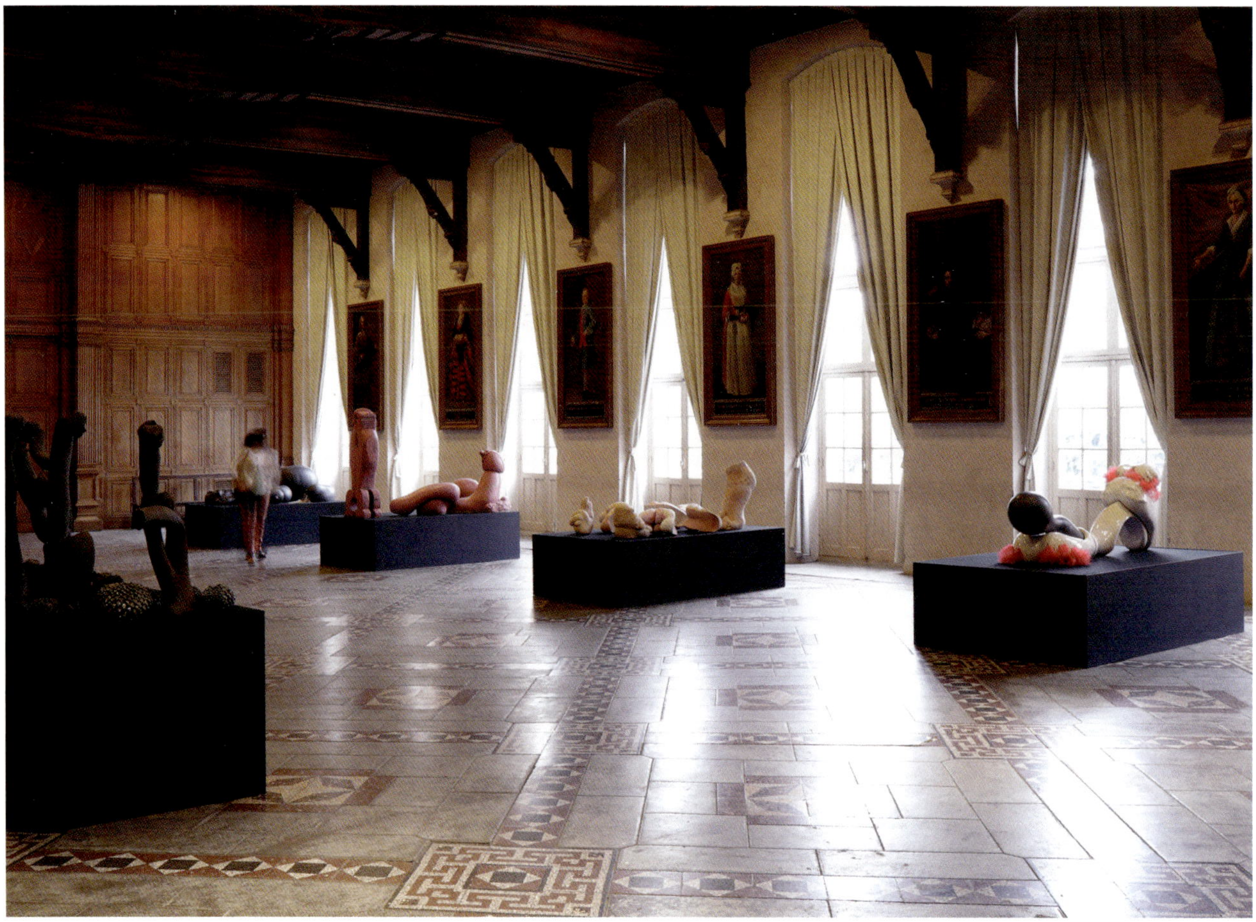

Exposition « Georges Jeanclos et Elsa Sahal », Festival international d'art de Toulouse, Hôtel-Dieu, 2014.
Exhibition "Georges Jeanclos et Elsa Sahal", Festival international d'art de Toulouse, Hôtel-Dieu, 2014.

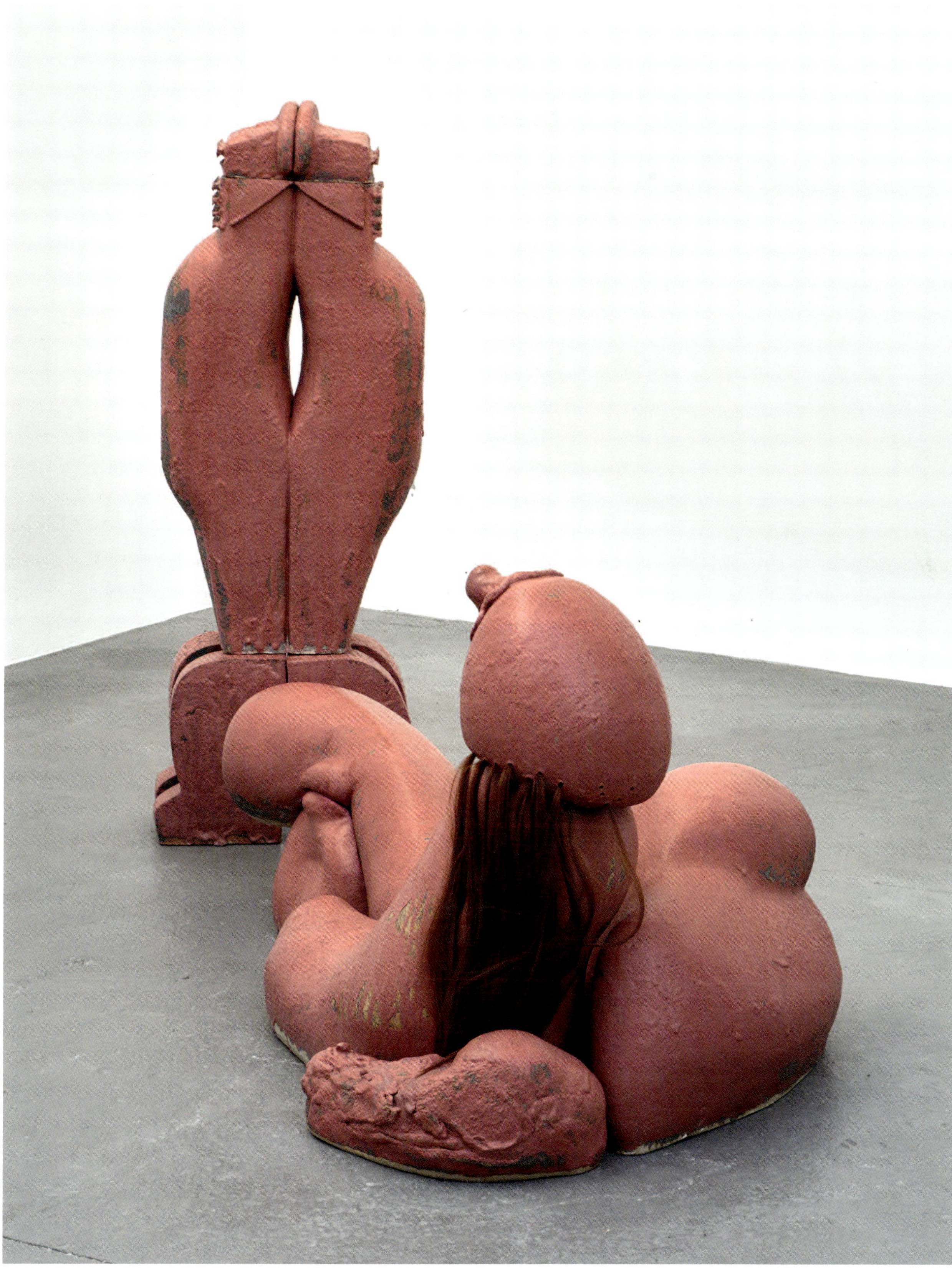

Nu couché (rousse), 2014.
Céramique émaillée (5 éléments), cheveux synthétiques, 137 x 224 x 120 cm.
Glazed ceramic (5 pieces) and synthetic hair, 54 x 88 ¼ x 47 ¼ in.

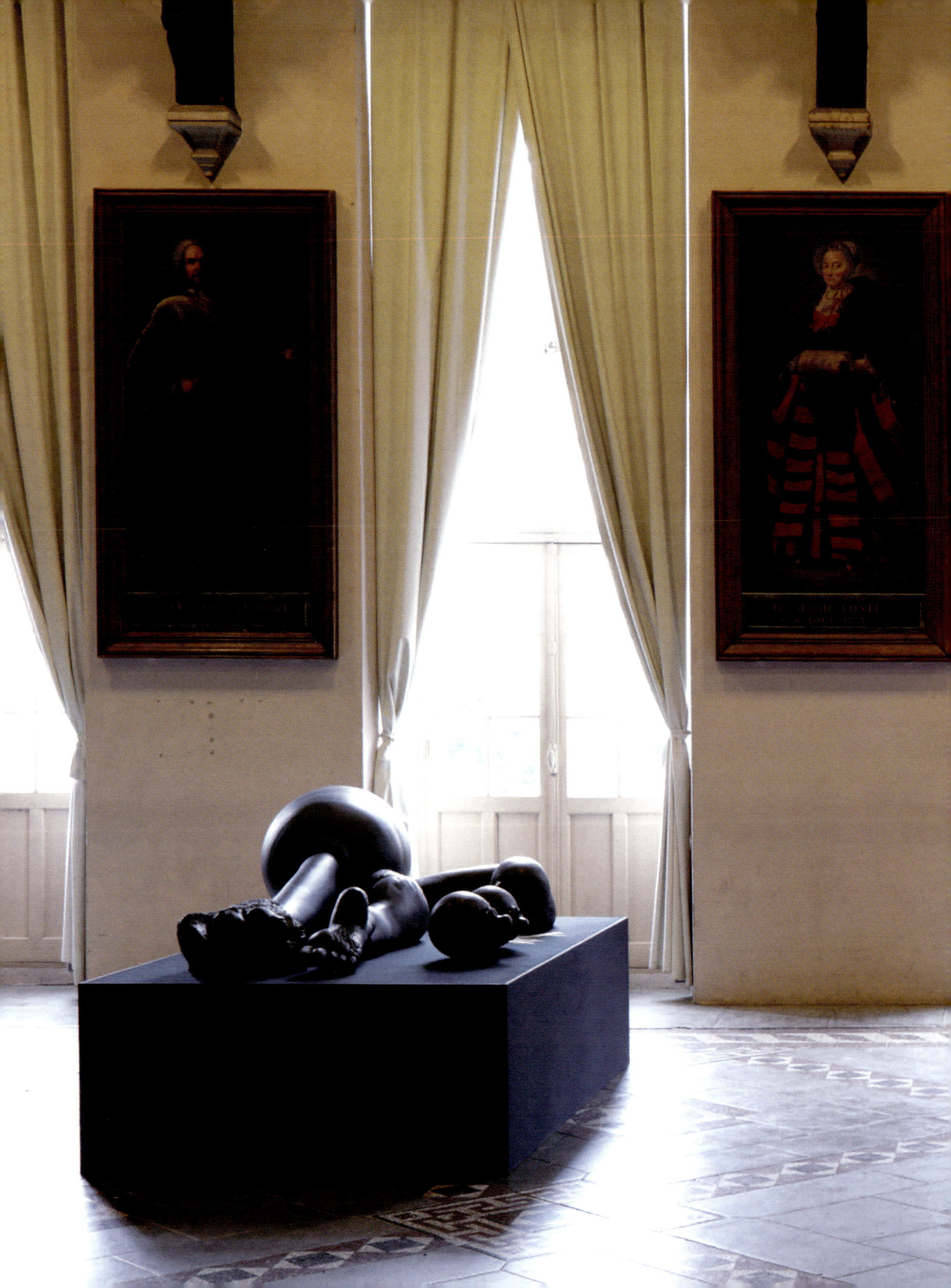

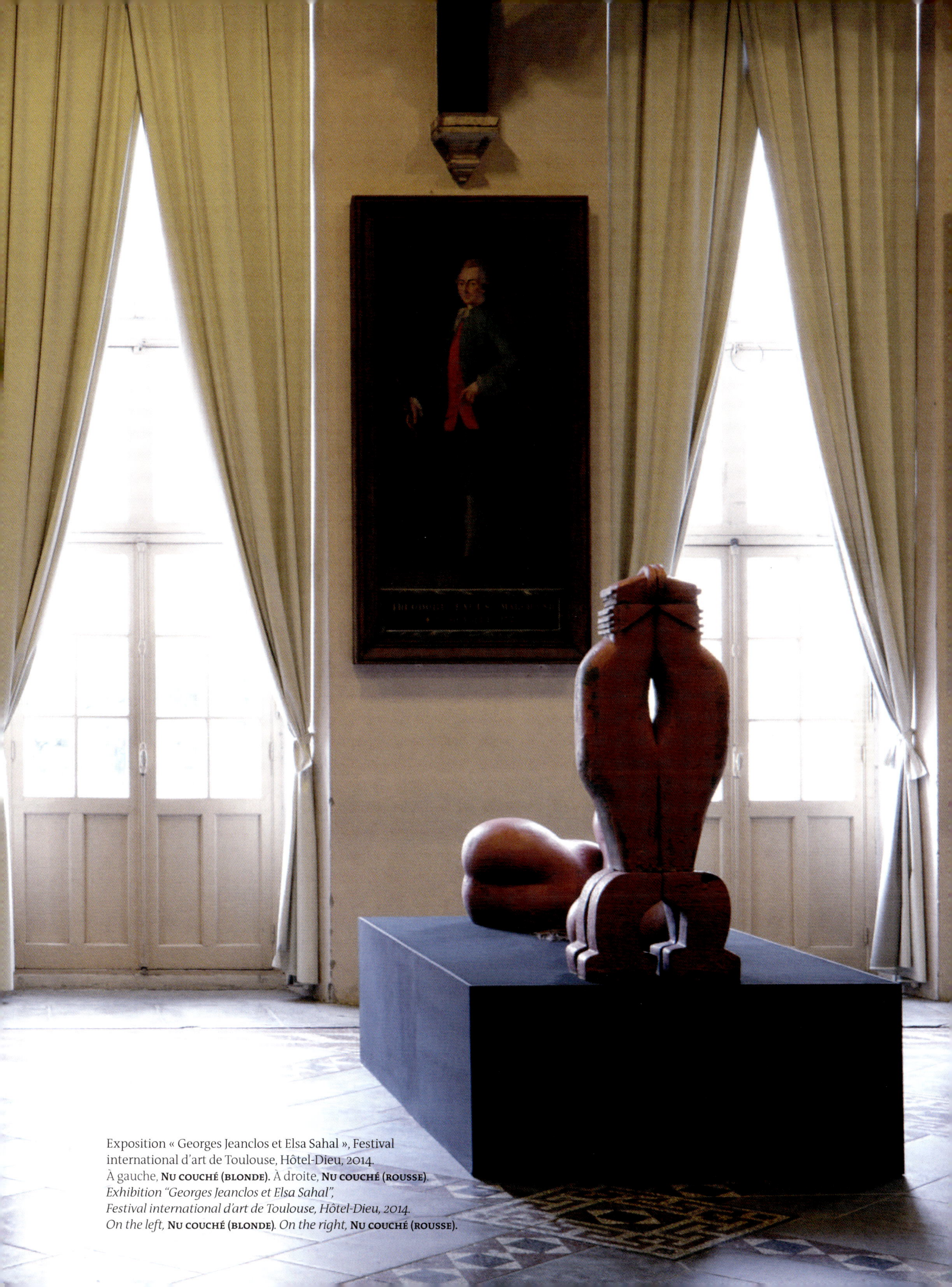

Exposition « Georges Jeanclos et Elsa Sahal », Festival international d'art de Toulouse, Hôtel-Dieu, 2014.
À gauche, **Nu couché (blonde)**. À droite, **Nu couché (rousse)**.
Exhibition "Georges Jeanclos et Elsa Sahal", Festival international d'art de Toulouse, Hôtel-Dieu, 2014.
On the left, **Nu couché (blonde)**. *On the right,* **Nu couché (rousse)**.

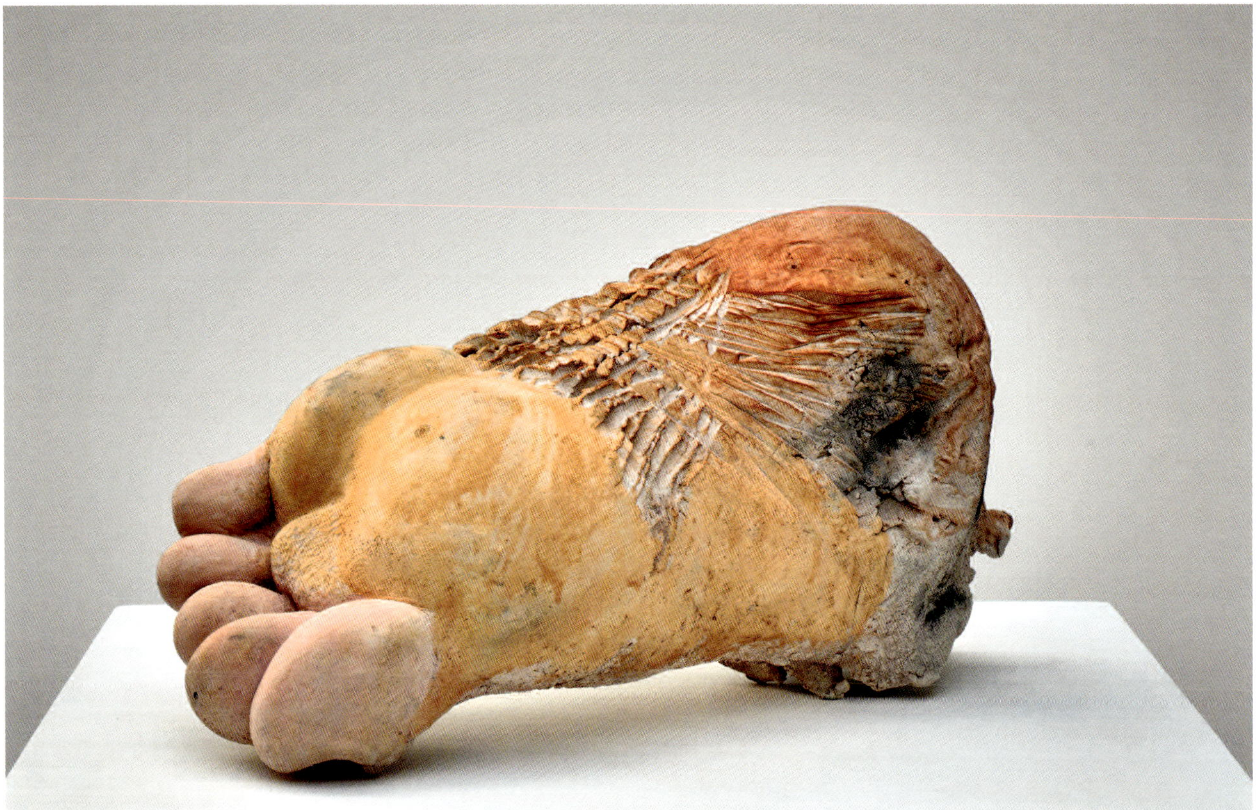

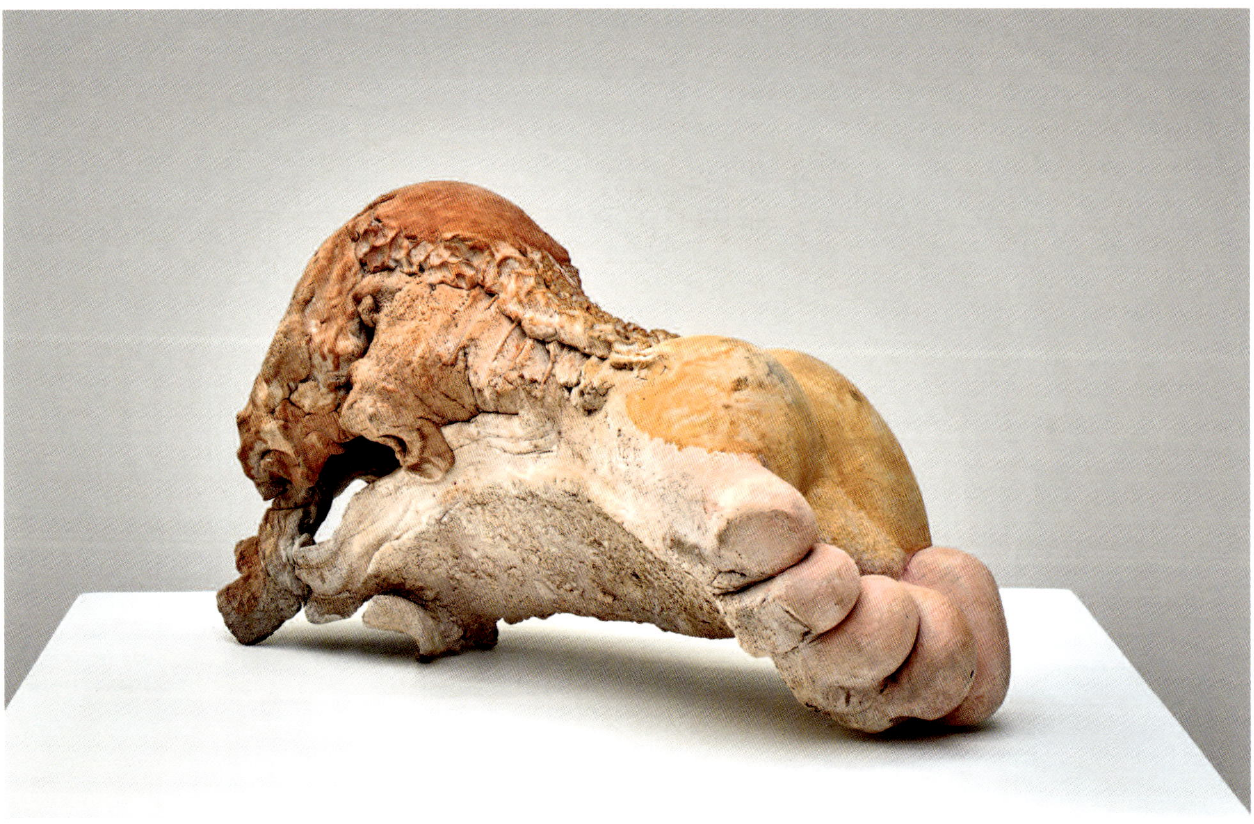

Pied maquillé, 2014.
Céramique, 31 x 28 x 57 cm.
Ceramic, 12 ¼ x 11 x 22 ½ in.

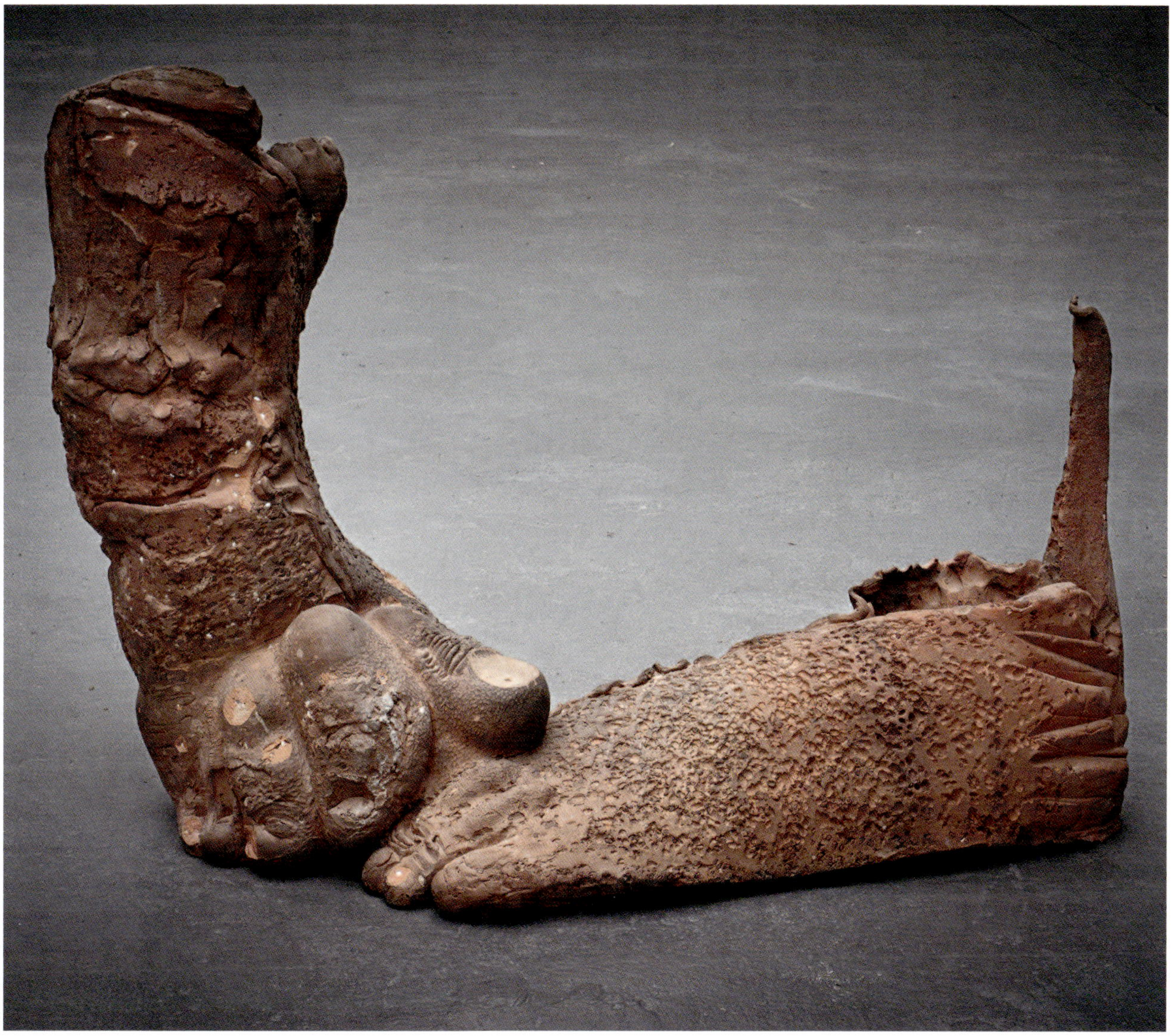

DEUX PIEDS, 2014.
Céramique, 64 x 84 x 36 cm.
Ceramic, 25 ¼ x 33 ⅛ x 14 ⅛ in.

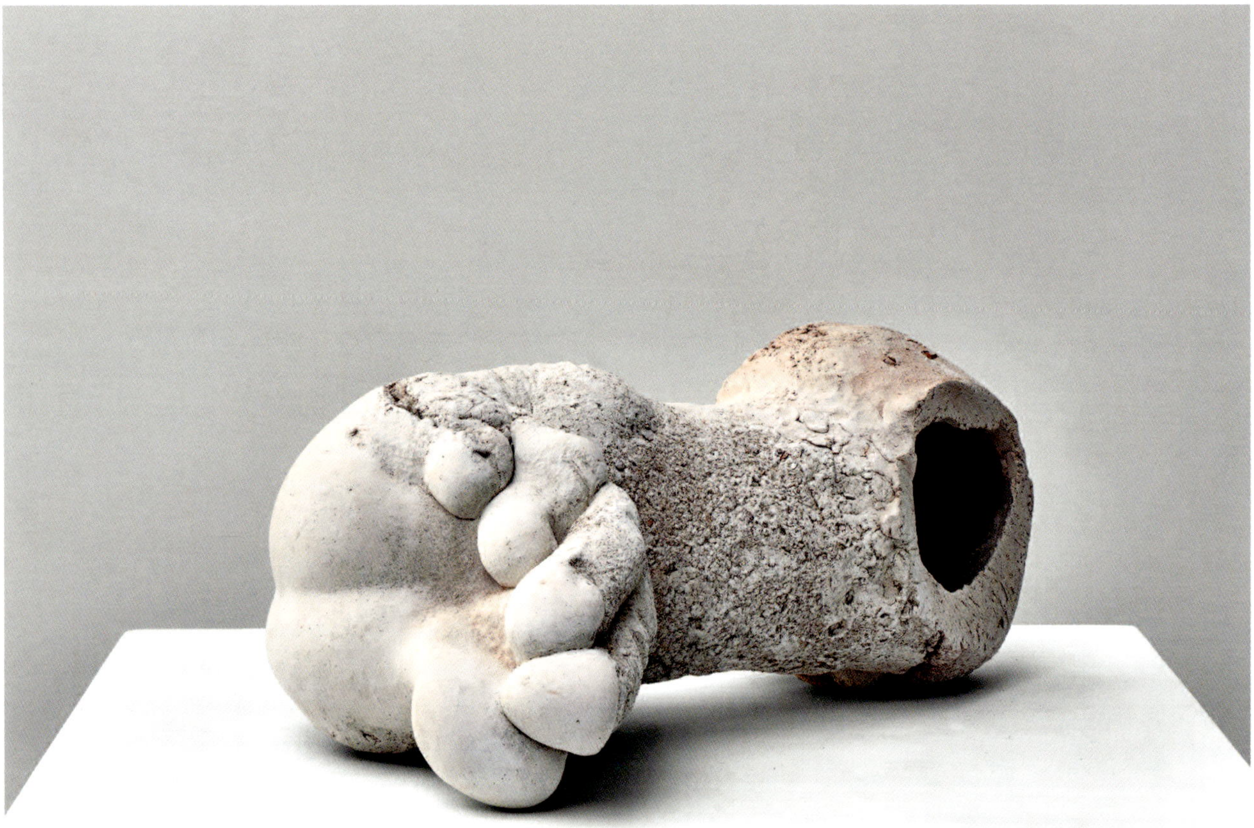

Pied couché n° 1, 2014.
Céramique, 22 x 58 x 35 cm.
Ceramic, 8 ⅝ x 22 ⅞ x 13 ¾ in.

Pied n° 5, 2014.
Céramique, 75 x 37 x 33 cm.
Ceramic, 29 ½ x 14 ⅝ x 13 in.

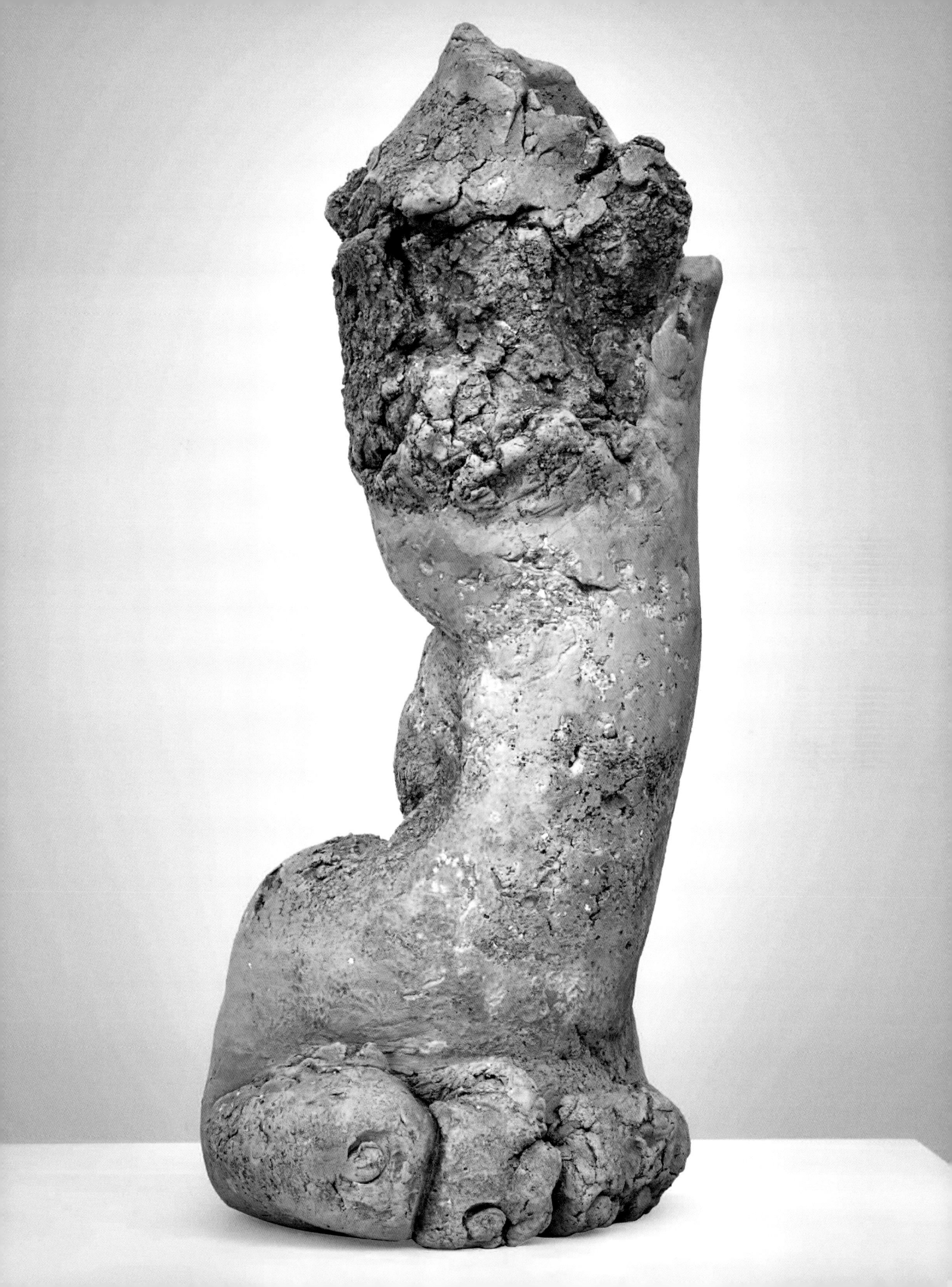

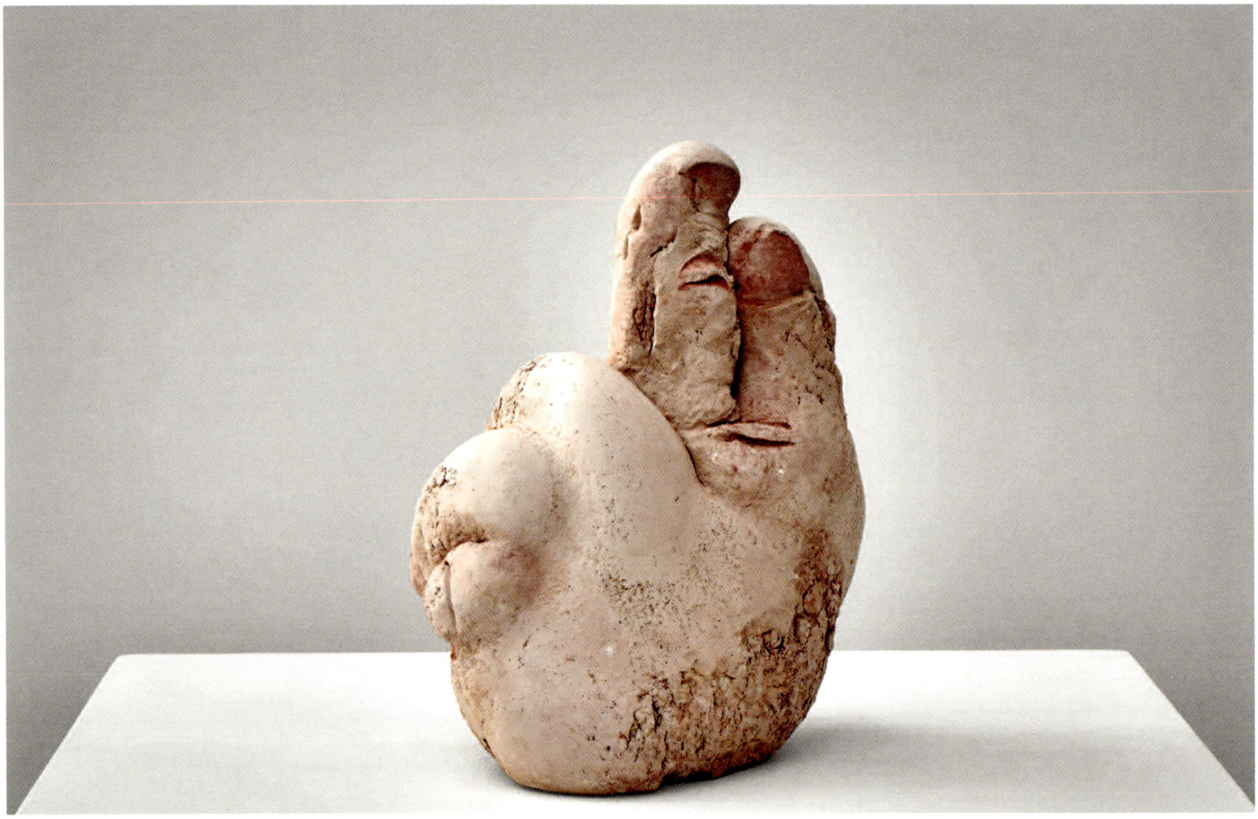

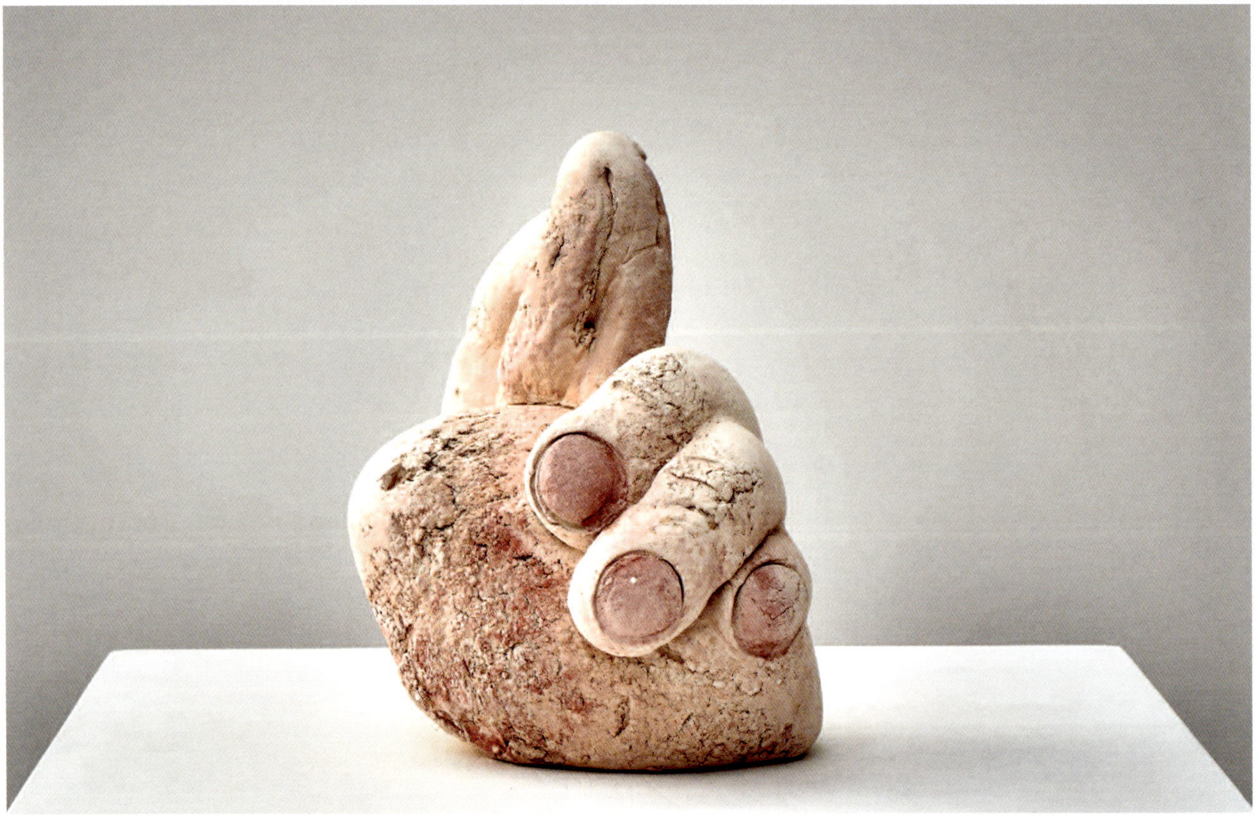

Main n° 1, 2014.
Céramique, 38 x 32 x 23 cm.
Ceramic, 15 x 12 ⅝ x 9 in.

Main n° 2, 2014.
Céramique, 36 x 41 x 25 cm.
Ceramic, 14 ⅛ x 16 ⅛ x 9 ⅞ in.

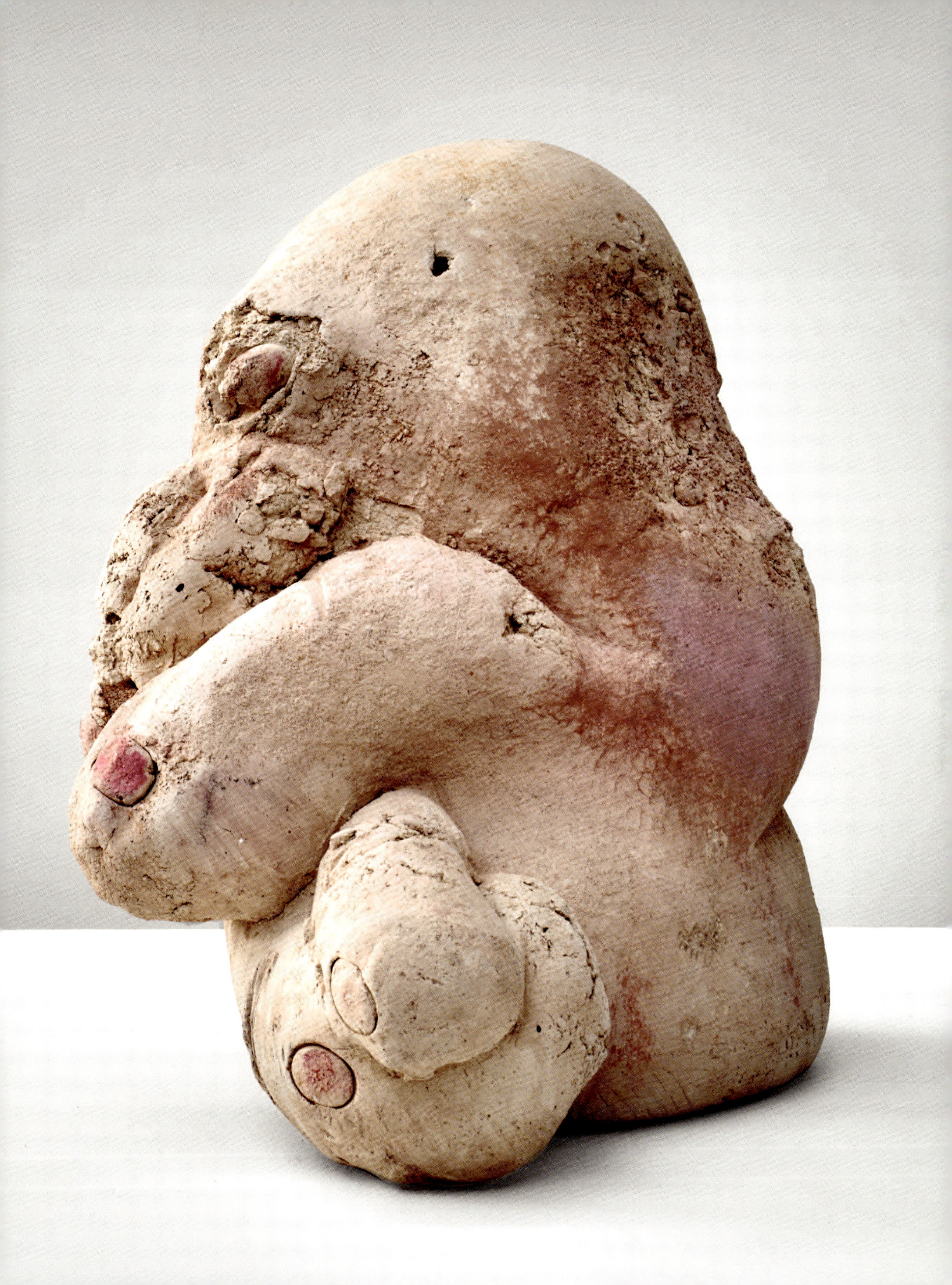

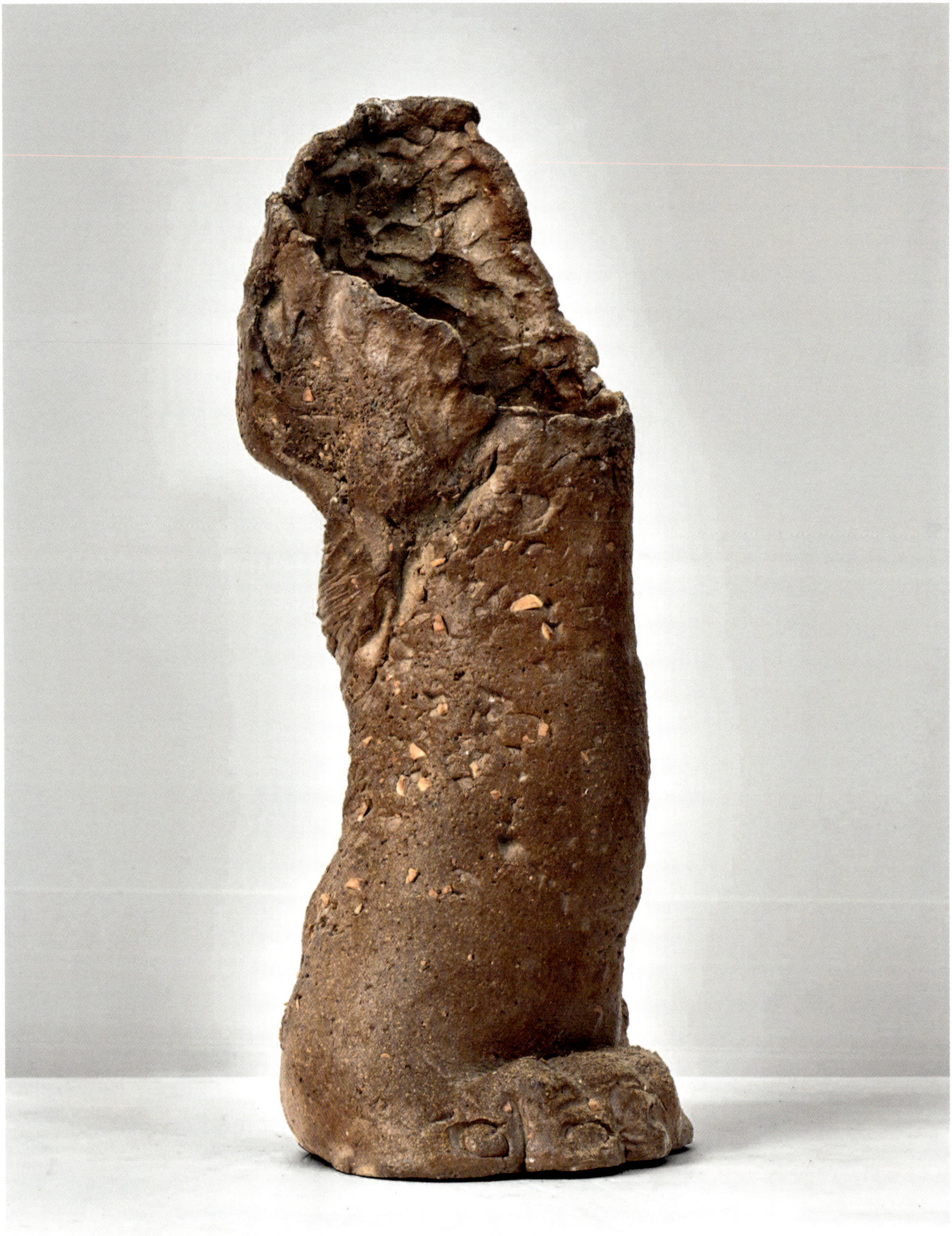

Pied n° 3, 2014.
Céramique, pierres, 57 x 25 x 19 cm.
Ceramic and stones, 22 ½ x 9 ⅞ x 7 ½ in.

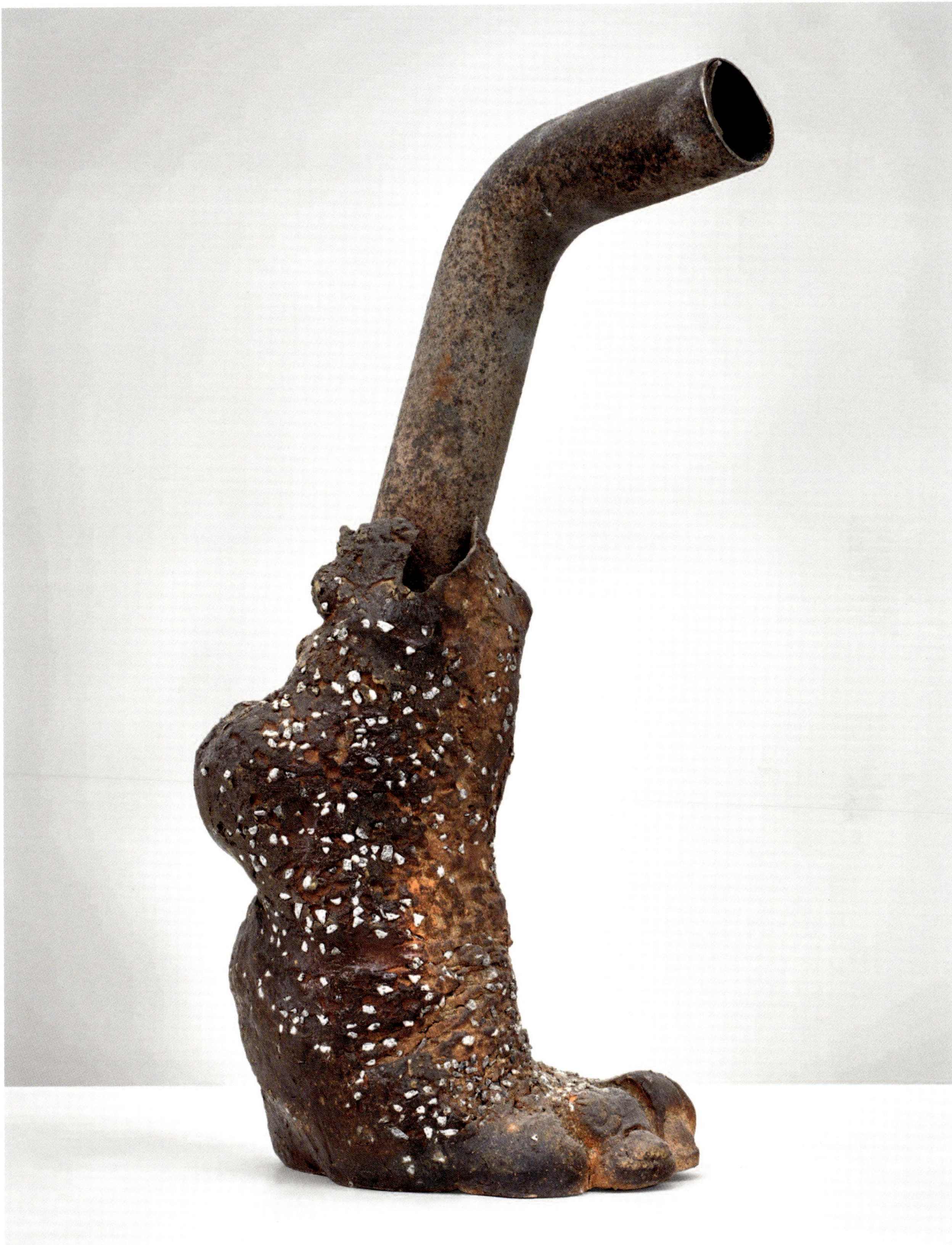

Pied n° 2, 2013.
Céramique, métal et pierres, 47 x 25 x 15 cm.
Ceramic, metal and stones, 18 ½ x 9 ⅞ x 5 ⅞ in.

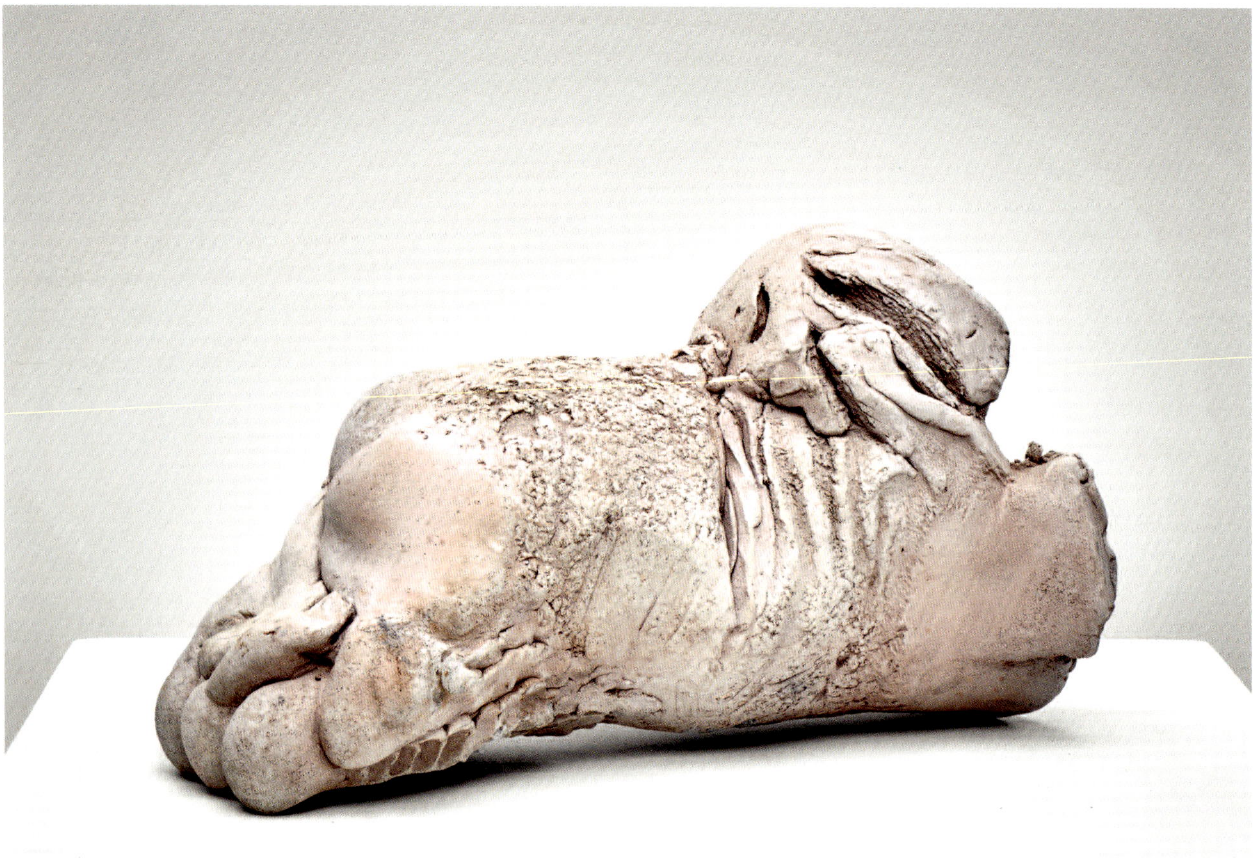

Pied couché n° 2, 2014.
Céramique, pierres, 25 x 49 x 26 cm.
Ceramic and stones, 9 ⅞ x 19 ¼ x 10 ¼ in.

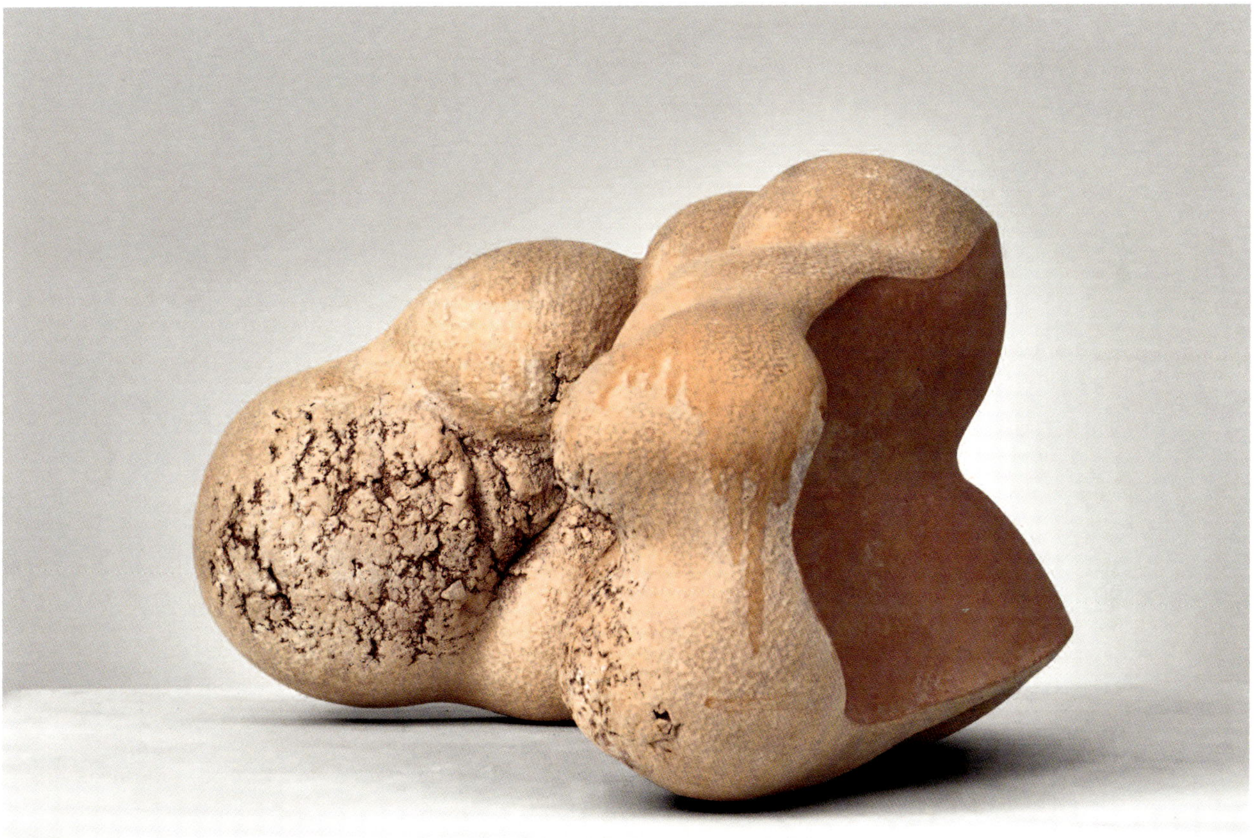

Bouche, 2014.
Céramique, 52 x 56 x 32 cm.
Ceramic, 20 ½ x 22 x 12 ⅝ in.

Masque, 2013.
Céramique émaillée, cheveux synthétiques, barre métallique et chaînes, 50 x 20 x 30 cm.
Glazed ceramic, synthetic hair, metal bar and chains, 19 ¾ x 7 ⅞ x 11 ¾ in.

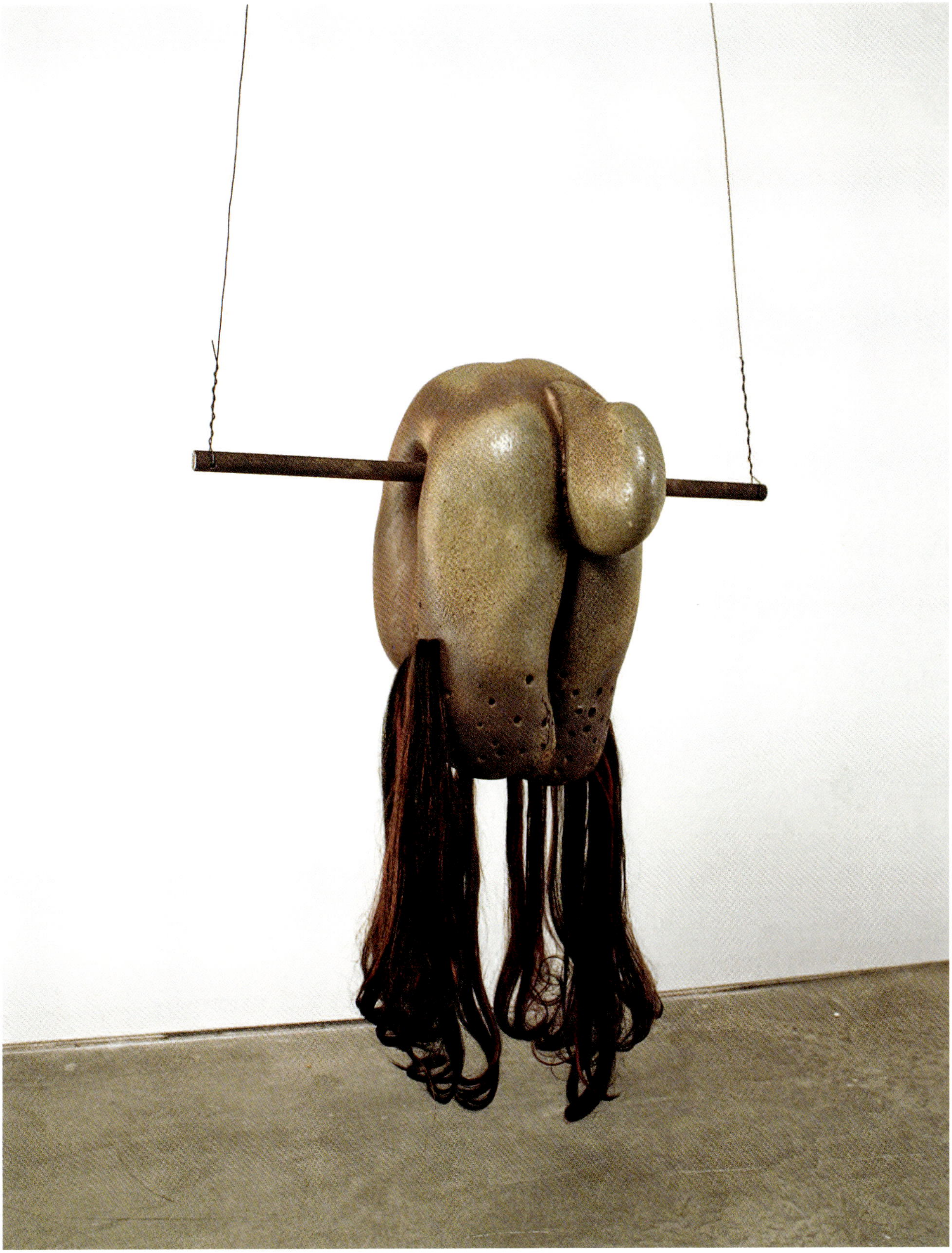

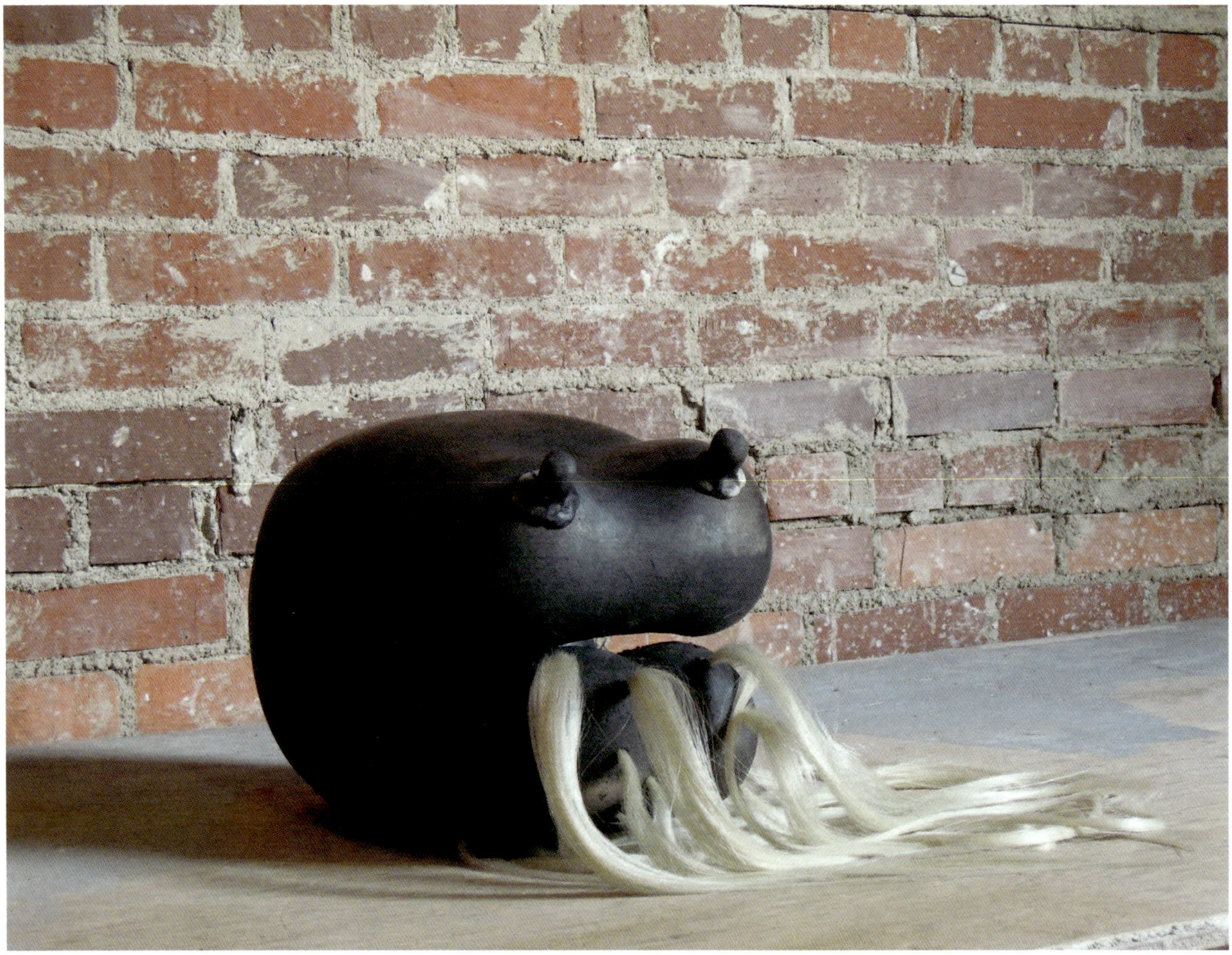

Blonde, 2013.
Céramique, cheveux synthétiques, 20 x 32 x 18 cm. Archie Bray Foundation for Ceramic Arts, Montana, États-Unis.
Ceramic, synthetic hair, 7 7/8 x 12 5/8 x 7 1/8 in. Archie Bray Foundation for Ceramic Arts, Montana, United States.

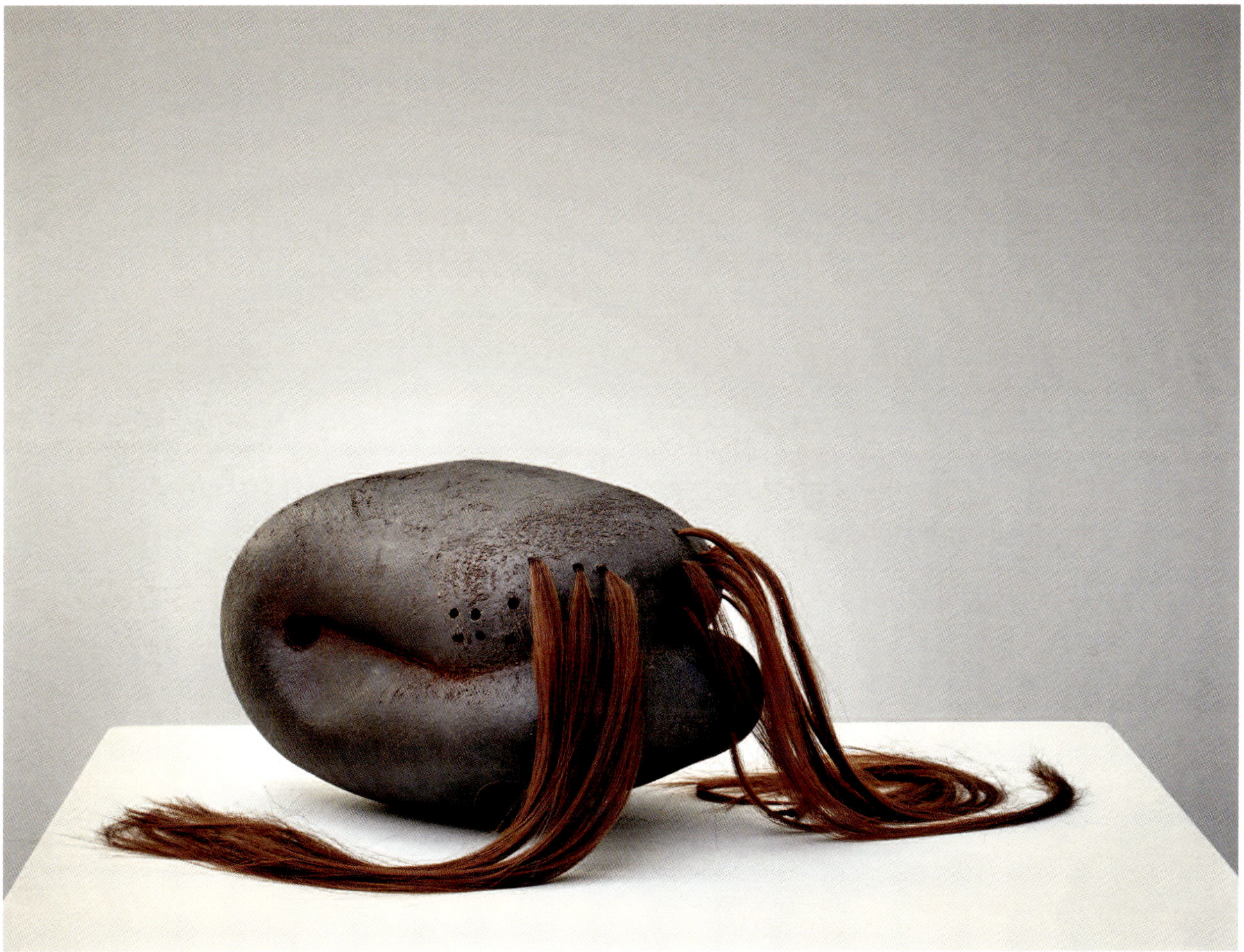

Plié, 2013.
Céramique, cheveux synthétiques, 20 x 32 x 18 cm.
Ceramic, synthetic hair, 7 ⅞ x 12 ⅝ x 7 ⅛ in.

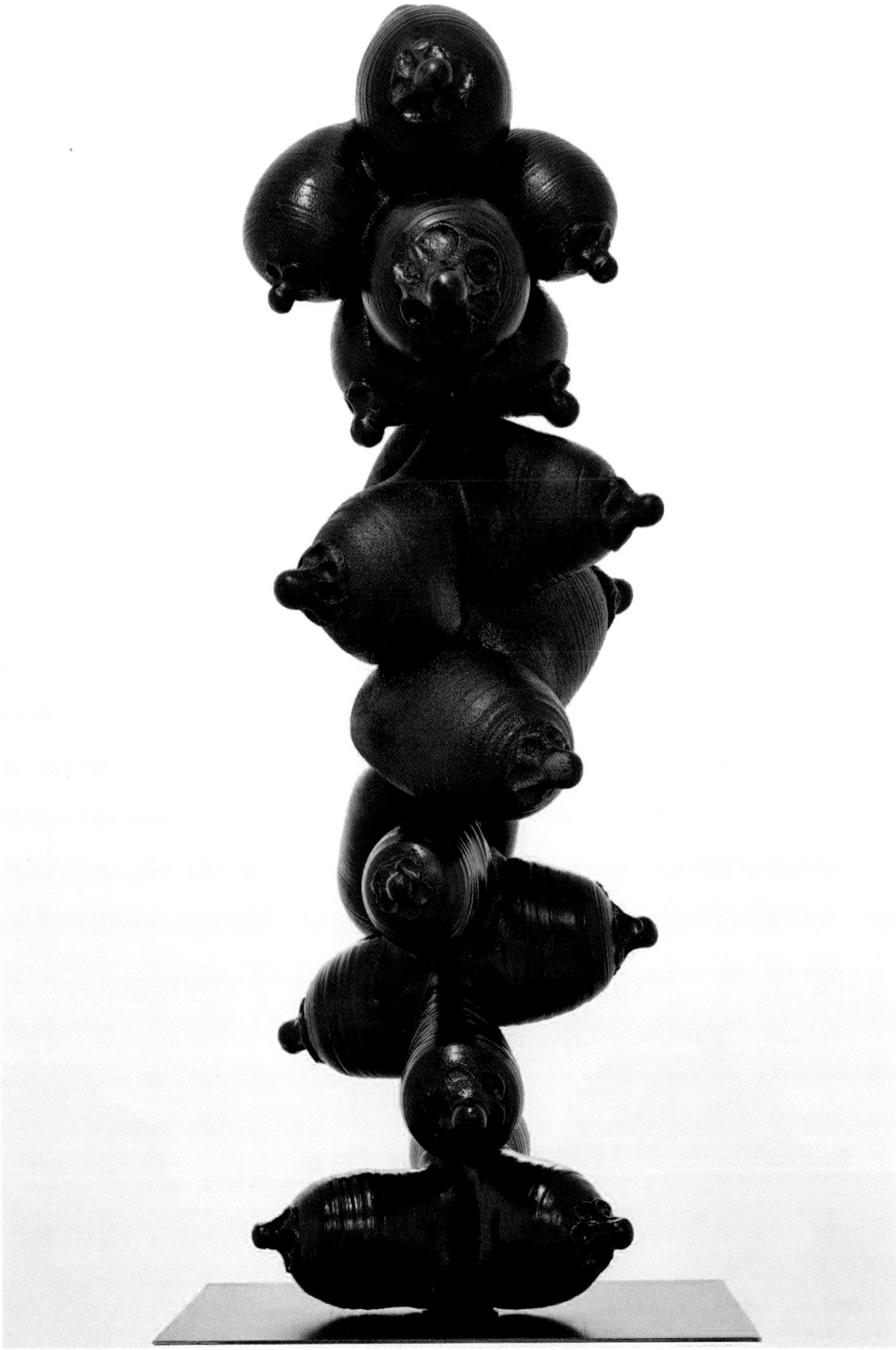

Vénus, 2014.
Céramique émaillée, 153 x 50 x 50 cm. Coproduction EAC-Les Roches.
Glazed ceramic, 60 ¼ x 19 ¾ x 19 ¾ in. Co-production EAC-Les Roches.

Page 130
Trukula Baubo, 2015.
Détail, céramique émaillée, 37 x 30 x 20 cm.
Detail, glazed ceramic, 14 ⅝ x 11 ¾ x 7 ⅞ in.

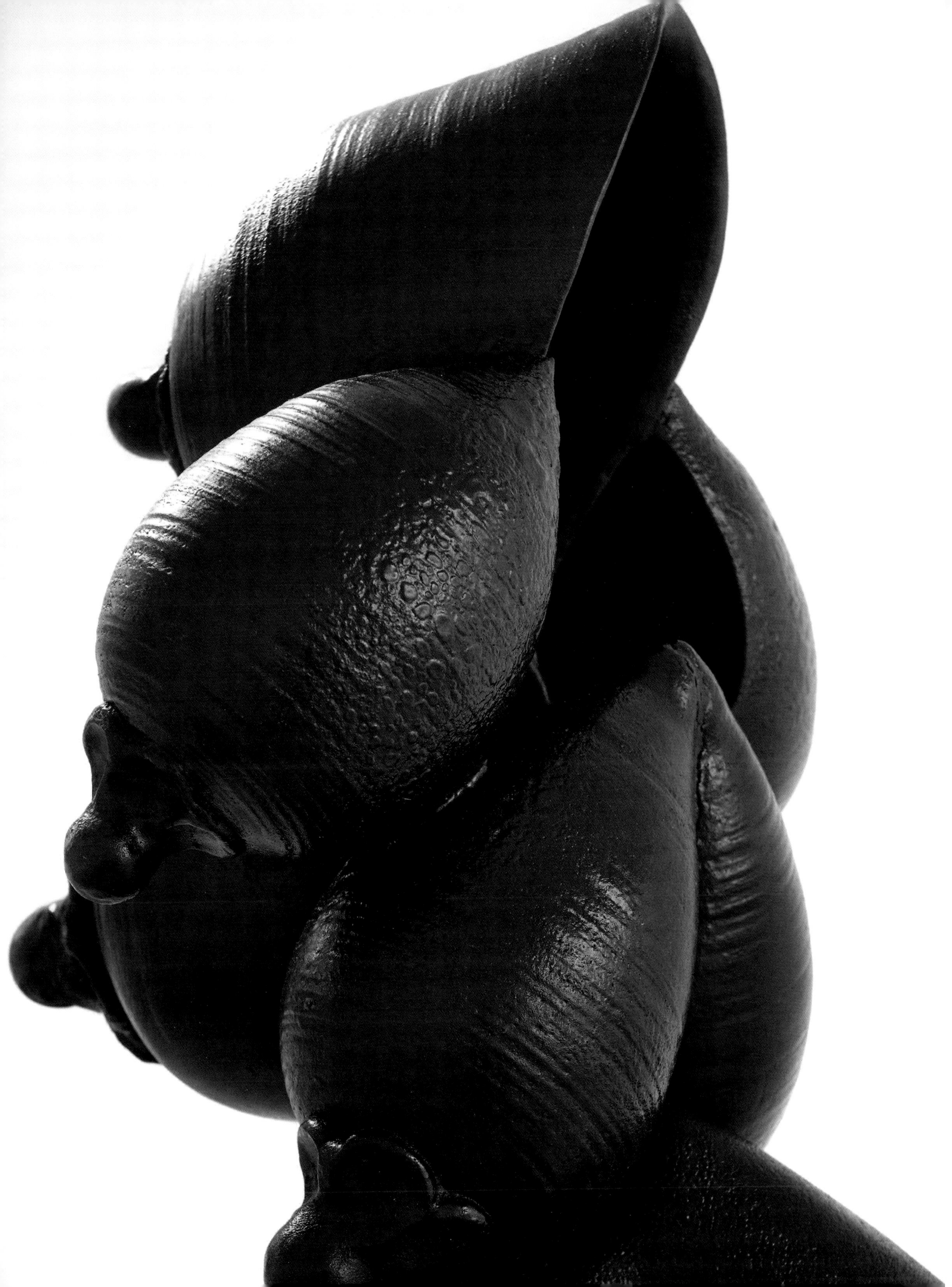

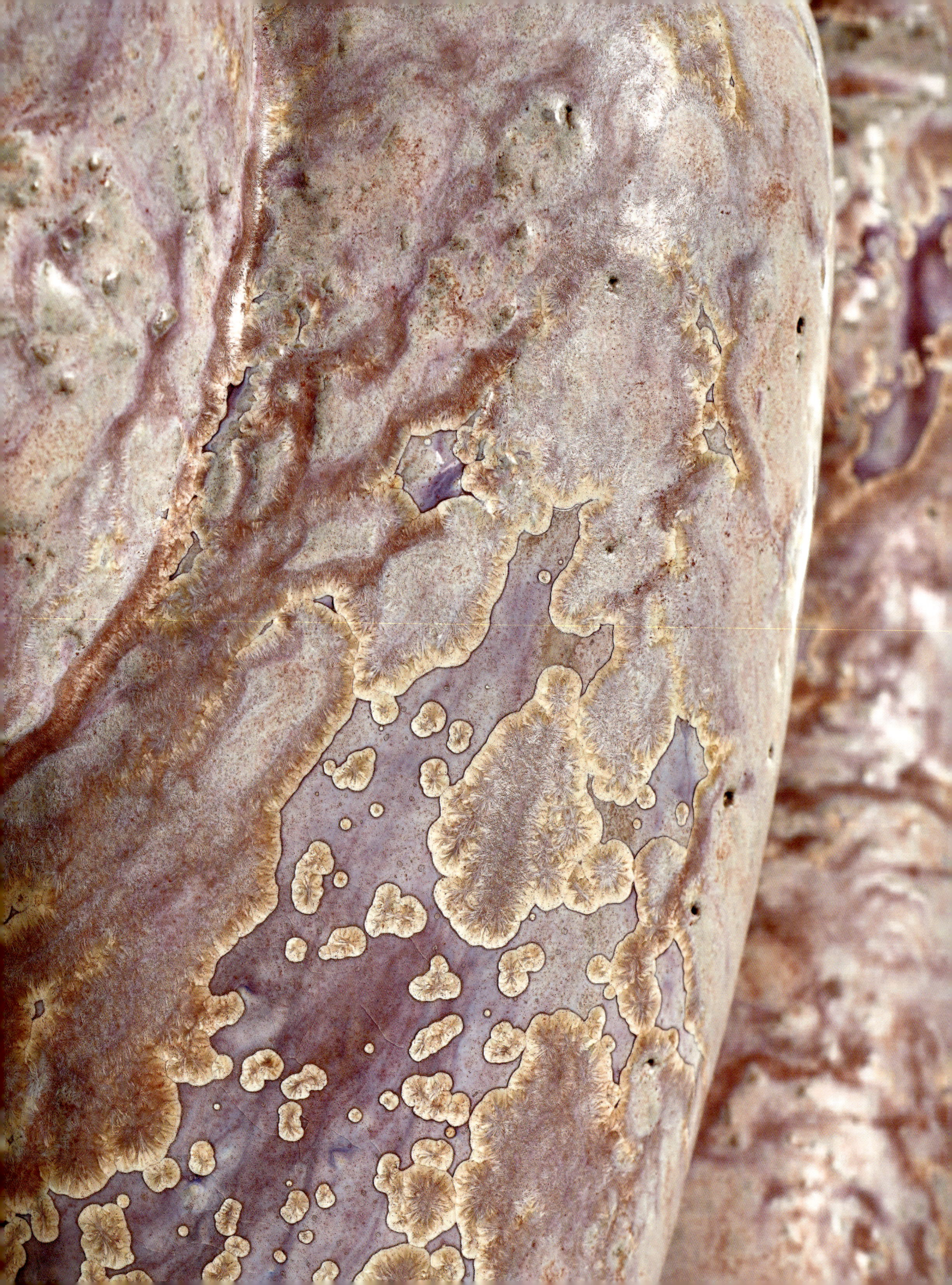

Clay women

Femmes d'argile

Mara Hoberman

Curateur indépendante, critique d'art
Independent curator and art critic

Over the course of more than a decade, ceramicist Elsa Sahal has conceived a universe whose diverse biomorphic population is rife with contradictions, both visual and conceptual. Improbably, her clay creations manage to be simultaneously abstract and representational, adorable and abject, graceful and gawky, childish and erotic, masculine and feminine, and pathetic and powerful.

If not always blatantly figural, Sahal's sculptures are insistently and explicitly corporeal. Typically headless, her representations of acrobats, clowns, hikers, and dancers flaunt toned muscles and humid skins while striking impossible contorted poses.

Over the years Sahal's repertoire of phallic tubes and thick-lipped orifices dribbled with pallid green, pink, and white glazes has evolved to include large-scale androgynous figures, which are sometimes colorful and shiny and, in other cases, finished with a matte black glaze. Despite certain cosmetic differences, the artist's attitude towards figurative representation—a complicated approach that seems indebted to Georges Bataille's concept of the *informe*—remains constant throughout her oeuvre.

From nascent works made in the early 2000s, just after graduating from the École Nationale Supérieure des Beaux-Arts de Paris where she studied with Georges Jeanclos and Erik Dietman, to her most recent sculptures, Sahal's studies of unnamable, unspeakable bodies continue to scandalize, surprise, and seduce.

In her 2011 "*Arlequins*" series, decapitated child-size figures etched with the Harlequin's emblematic diamond motif are coated with a glossy bubblegum-pink glaze. Thick dribbles of gleaming gold around the figures' neck stumps are emphatically painterly (recalling

En un peu plus d'une décennie, la céramiste Elsa Sahal a conçu un univers dont les divers éléments biomorphiques sont porteurs de contradictions tant visuelles que conceptuelles. Curieusement, ses créations d'argile réussissent à être à la fois abstraites et figuratives, adorables et abjectes, élégantes et dégingandées, masculines et féminines, pathétiques et percutantes. Si elles ne sont pas toujours à proprement parler figuratives, les sculptures d'Elsa Sahal sont résolument et explicitement organiques. Typiquement acéphales, ses acrobates, clowns, randonneurs et danseurs exhibent leurs muscles tonifiés et leur peau moite tandis qu'ils surprennent par l'absurdité de leurs postures convulsées.

Au fil du temps, son répertoire de tubes phalliques et d'orifices lippus enrobés d'émail vert pâle, rose et blanc s'est augmenté de grandes silhouettes androgynes, tantôt colorées et brillantes, tantôt recouvertes d'un vernis noir mat. Malgré certaines différences esthétiques, l'attitude d'Elsa Sahal envers la représentation figurative – une approche complexe qui semble dériver du concept d'informel de Georges Bataille – demeure inchangée dans son œuvre. De ses premières pièces réalisées au début des années 2000 (juste après être sortie diplômée de l'École nationale des beaux-arts de Paris où elle a étudié avec Georges Jeanclos et Erik Dietman) à ses sculptures les plus récentes, son exploration des corps repoussants et inqualifiables continue de scandaliser, surprendre et séduire.

Dans sa série *Arlequins* (2009), le motif en diamant emblématique d'Arlequin est gravé sur des silhouettes décapitées de la taille d'un enfant et recouvertes d'un émail rose chewing-gum brillant. Autour du moignon du cou coule un épais filet d'or étincelant, volontairement pictural (qui rappelle les projections de *drips* de

William Baziotes's drips and Jackson Pollock's pours), as well as undeniably scatological. Indeed, Sahal's glazing techniques often serve to (re)animate her fragmented figures. Alternately using mottled washes and thick glistening dribbles of color to coat her bodies of clay, she evokes biological moistures ranging from mild perspiration to blood and other oozy bodily secretions. If there ever was any doubt about the playfulness of Sahal's scatological humor, her anthropomorphic sculpture-fountain *Fontaine*, 2012, underscores the artist's cheeky wit and shows the influence of Dietman's hedonistic humor. Installed temporarily in the Tuileries gardens' Louvre-facing Vivier Nord basin during the FIAC art fair, this work appeared to be urinating into the former royal pools. Standing on two thick pillars encrusted with sea urchins and barnacles (perhaps a reference to legendary French ceramicist Bernard Palissy, who is known for his ceramics with animals and sea creatures and whose 16th-century workshop was a grotto beneath the Tuileries), Sahal's headless cartoonish body squirts a thin stream of water from a simplified but unmistakable pudendal cleft.

More willfully figural, the black forms, 2012, are also more sexualized thanks to knobby protuberances (alternately suggesting nipples and phalluses), and ambiguous cavities lined with black kinky hair. Large free-standing sculptures like *Acrobate*, which combines robust and wrinkly elephantine haunches, pert breasts, and buttocks made of two perfectly rounded orbs, are a perplexing hodge-podge of animal, human, and cyborg parts. Other works from this period, especially a series of small tabletop sculptures, *Autels* ("Altars"), 2012, recall Alberto Giacometti's "disagreeable objects" from the 1930s.

However, whereas Giacometti insisted his small wooden sculptures were worthless, Sahal's sculptures, even in their most diminutive iterations, inspire fetishistic reverence. The haptic, salacious, and fleshy appeal of Sahal's oeuvre reflects the artist's own intimate sensual relationship with soft malleable clay and drippy runny glazes.

In her most recent series, *Pole Dancers* and *Léda* (both 2015), Sahal puts a new spin on two classical sculptural subjects: the female nude and Greek mythology. Titled after the noble woman who was, according to ancient legend, seduced by Zeus in the form of a swan, Sahal's "Léda" sculptures are expressionistic avian forms that retreat inwards, tucking their exaggeratedly long necks in and around their bodies. In contrast to these titillating coquettish swans, Sahal's troupe of *Pole Dancers* comprises raunchy exhibitionists. As appealing as they are appalling, these humanoid amalgamations of breasts, feet, buttocks, and indeterminate fleshy masses balance precariously on vertical metal poles.

William Baziotes et de *pours* de Jackson Pollock) mais aussi indéniablement scatologique. De fait, les techniques d'émaillage d'Elsa Sahal servent souvent à (re)donner vie à ses silhouettes aux corps fragmentés. En utilisant tour à tour des badigeons bigarrés et d'épais filets de couleurs brillants pour recouvrir l'argile, elle évoque des fluides biologiques tels que la transpiration, le sang et autres sécrétions corporelles. Au cas où l'on douterait encore du caractère ludique de l'humour scatologique d'Elsa Sahal, sa sculpture anthropomorphique *Fontaine* (2012) souligne l'effronterie ironique de l'artiste et témoigne de l'influence de l'humour hédoniste de Dietman. Installée pendant la FIAC 2012 dans le bassin vivier nord du jardin des Tuileries, face au Louvre, cette œuvre donnait l'impression d'uriner dans l'ancien bassin royal. Un mince filet d'eau jaillit de la fente vulvaire schématique, mais parfaitement identifiable, d'un corps acéphale caricatural qui repose sur deux épais piliers incrustés d'oursins et de bernacles (peut-être une référence à Bernard Palissy, artiste du XVIe siècle passé à la postérité pour ses céramiques rehaussées d'animaux et de créatures marines, et qui avait installé un atelier dans une grotte émaillée sous les Tuileries).

Délibérément plus figuratives, les formes noires (2012) sont aussi plus sexuellement connotées par la présence de protubérances noueuses (suggérant tour à tour des mamelons et des phallus), de cavités équivoques bordées de poils noirs frisottés. De grandes sculptures comme *Acrobate*, qui accole des pattes éléphantines et ridées à des seins bombés et deux orbes parfaitement ronds en guise de fesses, proposent un assemblage singulier d'éléments animaux, humains et mécaniques. D'autres œuvres de cette même période, en particulier une série de petites sculptures intitulée *Autel* (2012), rappellent les *Objets désagréables* d'Alberto Giacometti des années 1930. Cependant, alors que ce dernier insistait sur le fait que ses petites sculptures en bois étaient sans valeur, celles d'Elsa Sahal, même dans leurs plus petites versions, inspirent la vénération fétichiste. L'œuvre haptique, salace et rebondie d'Elsa Sahal reflète sa relation intime et sensuelle avec l'argile, doux et malléable, et le vernis, mou et coulant.

Dans ses séries les plus récentes, *Pole Dancers* et *Léda* (2015), Elsa Sahal aborde sous un nouvel angle deux thèmes de la sculpture classique : le nu féminin et la mythologie grecque. Les sculptures de la série *Léda* – du nom de l'épouse de Tyndare, que Zeus séduisit en prenant l'apparence d'un cygne – sont des formes aviaires expressionnistes qui se replient vers l'intérieur, rentrant leur cou démesurément long ou s'en enveloppant le corps. Par opposition à ces cygnes aguicheurs et frémissants, la troupe des *Pole Dancers* se compose d'exhibitionnistes lascifs. Aussi attendrissantes que rebutantes, ces associations humanoïdes de seins, de pieds, de fesses et de masses de chair indéterminées évoluent en un équilibre précaire, juchées sur des barres métalliques verticales.

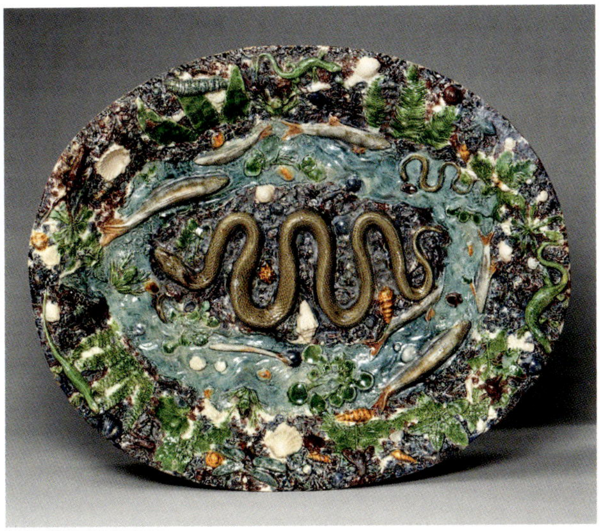

Bernard Palissy, plat, XVIe siècle, 51,5 x 42 x 6 cm.
Musée Gustave Moreau, Paris.
*Bernard Palissy, dish, XVIth century, 20 ⅛ x 16 ½ x 2 ⅜ in.
Musée Gustave Moreau, Paris.*

Pole Dancers

"To me, Art's subject is the human clay
And landscape but a background to a torso;
All Cezanne's apples I would give away
For one small Goya or a Daumier."

W. H. Auden, *Letter to Lord Byron* (1937)

In describing his preference for human painterly subjects, as opposed to landscapes or still lifes, W. H. Auden strikes an uncanny chord—nearly eighty years earlier—with respect to Sahal's sculptures. Auden's evocative phrase, "human clay," implies that (his) ideal artistic subjects are sculptable—that is to say, subjects that are themselves malleable and haptic. In this same spirit, Sahal finds inspiration in performers—dancers, acrobats, and clowns—who fantastically transform their own bodies as if they were made of modeling clay.

Sahal's "Pole Dancers" strike poses that are as provocative as they are ridiculous and as empowering as they are degrading. Collaged mismatched body parts (lots of legs and breasts), these Frankenstein's monster-esque forms evoke wild and dramatic movements: spinning, swooping, arching, gyrating, flexing, and stretching. In researching this series, Sahal looked at contemporary professional erotic dancers on the website for Eden's Pole (a pole dancing school and studio in France) and Auguste Rodin's terracotta sketches of

Pole Dancers

« Pour moi, le sujet de l'art est l'argile humaine,
Le paysage n'est qu'un fond pour un torse ;
Je donnerais toutes les pommes de Cézanne
Pour un petit Goya ou un Daumier. »

W. H. Auden, *Lettre à Lord Byron*, 1937

En marquant sa préférence pour les sujets picturaux humains, par opposition aux paysages et aux natures mortes, W. H. Auden trouve – près de quatre-vingts ans plus tard – un écho troublant dans les sculptures d'Elsa Sahal. En utilisant le terme évocateur d'« argile humaine », il sous-entend que, pour lui, le sujet artistique idéal peut être sculpté, c'est-à-dire qu'il est par essence malléable et haptique. Dans le même esprit, Elsa Sahal puise son inspiration chez les artistes – danseurs, acrobates et clowns – qui se contorsionnent de façon incroyable comme s'ils étaient en pâte à modeler.

Les *Pole Dancers* d'Elsa Sahal sont présentés dans des poses aussi provocantes qu'absurdes, aussi valorisantes que dégradantes. Assemblages de parties de corps dépareillées (des tas de seins et de jambes), ces formes monstrueuses dignes de Frankenstein évoquent des mouvements déchaînés et dramatiques : vrilles, descentes en piqué, courbures, toupies, flexions et étirements. Dans ses recherches pour cette série, Elsa Sahal a observé des danseurs érotiques professionnels sur le site internet d'Eden's Pole (une école et un studio de *pole dance* en France) et les esquisses en terre cuite de la danseuse et acrobate espagnole Alda Moreno réalisées par Auguste Rodin (*Mouvement de danse*, de A à I, vers 1911). Comme ce dernier – auquel Elsa Sahal fait clairement référence dans *Trukula Baubo*, une créature aux longues jambes dont la gauche est repliée en arrière, inspirée de *Mouvement de danse* –, Elsa Sahal ne se préoccupe pas du récit. Son but n'est pas de raconter une histoire ni même de créer un personnage, mais plutôt de susciter une réaction viscérale par ses représentations de la chair. Modelés sur de l'argile humaine et des humains d'argile, pour ainsi dire, ses corps disjoints suscitent le désir tout en choquant et en inspirant du dégoût et de la crainte mêlée d'admiration.

Dans *Vénus*, un totem en équilibre instable de seins empilés recouverts d'un vernis noir dont les gros mamelons dressés pointent dans toutes les directions, Elsa Sahal réduit le corps féminin à une seule de ses parties, répétée. En suggérant une danseuse tournoyant autour d'une barre (invisible dans le cas de cette sculpture) et dont les seins s'agitent en tous sens, l'objet de fétichisme satirique d'Elsa Sahal exprime le mouvement et l'émotion. Ouvertement sexuelle et sensuelle, *Vénus* est loin d'être impudique et frise le grotesque. Dans la lignée de Louise

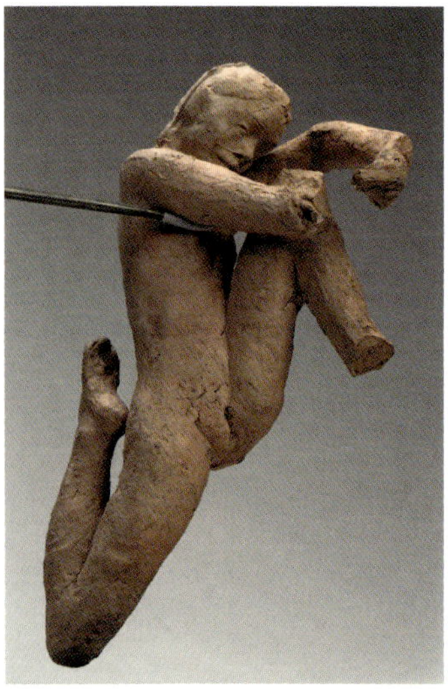

Auguste Rodin, **Mouvement de danse I,** vers 1911. Terre cuite, 23,50 x 8 x 12,50 cm. Musée Rodin, Paris.
Auguste Rodin, **Mouvement de danse I,** *c. 1911. Terracotta, 9 x 3 ⅛ x 4 ¾ in. Musée Rodin, Paris.*

Spanish dancer and acrobat Alda Moreno ("Dance Movements, A to I," c. 1911). Like Rodin—who Sahal cites directly in *Trukula Baubo*, a leggy creature whose backward-bending left leg is modeled on Rodin's *Mouvement de Danse*, c. 1911—Sahal does not concern herself with narrative. Her goal is not to tell a story or even create a character, but rather to provoke a visceral response through her expressionistic renderings of flesh. Modeled on human clay and clay humans, as it were, her disjointed bodies simultaneously elicit desire and disgust, shock and awe.

In *Venus*, a precarious totem pole of black-glazed breasts whose large erect nipples jut out in all directions, Sahal reduces the female body to a single repeated part. Suggesting a dancer whirling around a pole (unseen in the case of this sculpture) with breasts flapping every which way, Sahal's satirical fetish object conveys motion and emotion. Overtly sexual and sensual, *Venus* is far from immodest, and verges on grotesque. In the spirit of Louise Bourgeois, whose black-coated bronze sculpture *Tits*, 1967, likewise distills femininity into a kind of endless breast, Sahal reifies female objectification for her own amusement. Turning the Roman goddess of love, fertility, and beauty into a ludicrous monster, she combats the humiliation of being ogled—reduced to a single fetishized part—with feminist humor. The stacked breasts, which also appear like a tower of bulging panoptic eyes, meet the viewer's gaze at every vantage. In this respect, Sahal's *Venus*, which appears to look back at the viewer, is a foil to the demure female found in traditional representations like Botticelli's *Birth of Venus*, who attempts to hide her body and averts her eyes in shame.

Bourgeois – dont *Tits* (1967)[1], une sculpture en bronze recouverte de noir distille de la même façon la féminité en une sorte de sein infini –, Elsa Sahal réifie l'objectification de la femme pour son propre plaisir. En métamorphosant la déesse romaine de l'Amour, de la Fertilité et de la Beauté en un monstre ridicule, elle combat avec un humour féministe l'humiliation d'être lorgnée – réduite à une seule et unique partie fétichisée de son corps. Les seins empilés, qui ressemblent également à une tour d'yeux scrutateurs protubérants, rencontrent le regard du spectateur où qu'il se trouve. À cet égard, la *Vénus* d'Elsa Sahal, qui donne l'impression de se retourner pour suivre le spectateur des yeux, est aux antipodes de la femme réservée des représentations traditionnelles, telle *La Naissance de Vénus* de Botticelli, qui essaie de cacher sa nudité et de honte détourne le regard.

En ajoutant un élément supplémentaire de complexité à l'interprétation de cette sculpture, on peut aussi voir *Vénus* comme un phallus entièrement composé de seins. Dans la mythologie revisitée d'Elsa Sahal, *Vénus*, mère d'Hermaphrodite (ce n'est pas un hasard si ce personnage est à la fois masculin et féminin), porte également les attributs des deux sexes. De la même façon, Elsa Sahal mêle les anatomies mâle et femelle dans *Danaé* (2015). Sur cette sculpture, dont la surface recouverte d'un vernis vert a l'apparence de la patine du bronze oxydé, une partie ambiguë émerge entre deux jambes tronquées. Ce curieux appendice central possède à son extrémité deux seins qui pendent. Même si cette anatomie semble identifier cet étrange corps « tripode » comme féminin, la façon dont les seins sont attachés à l'appendice suggère un pénis et des testicules. Le sexe ambigu de cette créature suggère un autre lien avec Louise Bourgeois, dont la sculpture *Fillette* (1968) peut être vue comme un torse féminin (ce qu'indique le titre) ou, peut-être de façon plus convaincante, un phallus géant.

Les titres de *Danaé* et des autres *Pole Dancers* recouverts de vernis vert viennent du roman *Les Guérillères* de Monique Wittig (1969), dans lequel l'auteur interroge la construction sociale de la féminité et de la femme tout en imaginant une société dominée par la femme, libérée du patriarcat et des valeurs hétéronormatives. Comme dans les écrits de Monique Wittig, l'exploration et la mise en cause des notions traditionnelles de la sexualité et du genre sont un thème récurrent dans l'œuvre d'Elsa Sahal. Ni vraiment masculines ni vraiment féminines, ses perversions polymorphes comprennent les attributs des deux sexes. Vues sous l'angle de l'art classique, ses sculptures reconsidèrent les représentations gréco-romaines comme la statue de l'*Hermaphrodite endormi* conservée au Louvre. La culture contemporaine, cependant, fournit un nouveau vocabulaire pour décrire les corps difficilement classables d'Elsa Sahal : transgenre, transition, *genderqueer*, intersexuation.

Les objectifications et les abjectifications d'Elsa Sahal sont également redevables aux artistes d'après guerre comme Jean Fautrier, Jean Dubuffet et Alina Szapocznikow,

Adding another layer of complexity to the interpretation of this sculpture, *Venus* can also be seen as a phallus made up entirely of breasts. In Sahal's revisionist mythology, Venus, mother of Hermaphroditus (not coincidentally the god-goddess endowed with male and female genitals) also bears attributes of both sexes. Sahal similarly combines male and female anatomies in *Danae*, 2015. In this sculpture, whose green-glazed surface resembles the patina of oxidized bronze, an ambiguous body part appears in between a pair of truncated straddled legs. This odd central appendage has two breasts hanging off the bottom. Though this anatomy would seem to identify the strange tripod body as female, the way in which the breasts are attached to the appendage suggests a penis with hanging testicles. The ambiguous sexuality of this creature suggests another link to Bourgeois whose 1968 *Fillette* can be seen as a female torso (as the title suggests) or, and perhaps more convincingly, a giant hanging phallus.

The title for *Danae* and Sahal's other green-glazed "Pole Dancers" comes from Monique Wittig's 1969 novel "Les Guérillères," in which the author questions the social construct of femininity and womanhood while imagining a female-dominated society freed from patriarchal and hetero-normative values. As in Wittig's writings, expansion and confusion of traditional notions of sexuality and gender is a major theme throughout Sahal's oeuvre. Not convincingly male or female, her polymorphous perversions contain attributes of both sexes. Considered in a Classical context, her sculptures harken back to Greco-Roman representations like the marble *The Sleeping Hermaphrodite* and *Statue d'un hermaphrodite* in the collection of the Louvre. Contemporary culture, meanwhile, provides new vocabulary to describe Sahal's not easily classifiable bodies: transgender, transitioning, genderqueer, intersex.

Sahal's bodily objectifications and abjectifications are also indebted to postwar artists like Jean Fautrier, Jean Dubuffet, and Alina Szapocznikow, whose representations of the body as ravaged and destroyed—abject to the point of becoming abstract—described a morbid postwar reality. Sahal's work resonates particularly strongly with Szapocznikow's sculptures of disembodied lips, breasts, and other female parts. Both artists' ambiguous abstractions represent femininity as a complex surreal construct. Szapocznikow's *Grandes Ventres*, 1968, in which two corpulent female torsos could also be seen as giant lips, presages Sahal's ambiguous *Bobby Démone*, a strange crustacean-like form that also suggests multiple female body parts. Concave on one side and convex on the other, *Bobby Démone* looks like a protuberant breast from one side and a penetrable vulva from the other.

Formally, if not conceptually, Sahal's sculptures are also reminiscent of some of Szapocznikow's most disturbing sculptures. *Dollybird Sparkle*, for example, appears as raw, exposed, and badly deformed as

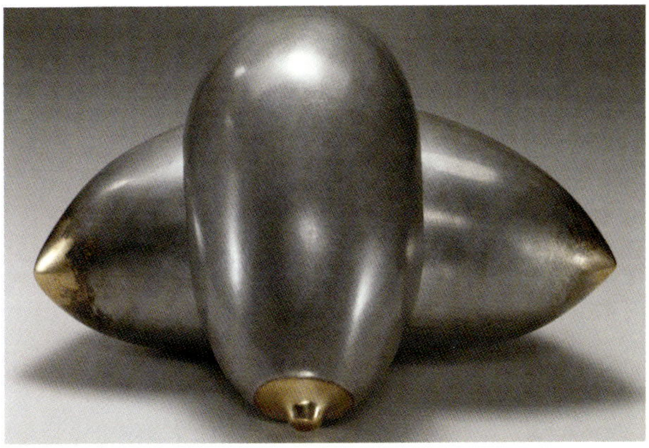

Louise Bourgeois, **Le Trani Épisode**, 1971. Bronze, nitrate d'argent et patine dorée 19,1 x 26,7 x 26,7 cm. Collection The Easton Foundation.
Louise Bourgeois, **Le Trani Épisode**, *1971. Bronze, silver nitrate and gold patina, 7 ½ x 10 ½ x 10 ½ in. Collection The Easton Foundation.*

dont les représentations du corps aussi ravagé que détruit – abjects au point d'en devenir abstraites – décrivaient une réalité morbide propre à l'époque. L'œuvre d'Elsa Sahal entre particulièrement en résonance avec les sculptures d'Alina Szapocznikow figurant des lèvres, des seins et d'autres parties du corps féminin indépendamment de ce même corps. Les abstractions ambiguës des deux artistes représentent la féminité comme une construction surréaliste complexe. Les *Ventres* (1968) d'Alina Szapocznikow, deux grands torses de femme que l'on peut également voir comme des lèvres géantes, présagent l'ambigu *Bobby Démone* d'Elsa Sahal, une curieuse forme en coquillage qui suggère aussi de multiples parties du corps féminin. À la fois concave et convexe, *Bobby Démone* ressemble d'un côté à un sein protubérant et de l'autre à une vulve ouverte.

Formellement, sinon conceptuellement, les sculptures d'Elsa Sahal rappellent d'autres œuvres plus dérangeantes d'Alina Szapocznikow. *Dollybird Sparkle*, par exemple, apparaît aussi cru, dénudé et déformé que *Dervish* (1960). Toutefois, alors que les artistes d'après guerre représentaient le corps comme une victime violée et détruite (les sculptures d'Alina Szapocznikow ont souvent un rapport avec ses propres traumatismes ; après avoir été internée en camp de concentration pendant la guerre, elle a lutté contre un cancer à la fin de sa vie), Elsa Sahal considère la fragmentation comme une façon de discréditer et tourner en dérision l'objectification féminine et la construction sociale de la féminité.

Les titres des *Pole Dancers* confirment ce fond humoristique. *Dollybird Sparkle* et *Bobby Démone*, par exemple, ont été trouvés sur un site internet qui aide les danseurs de cabaret amateurs à choisir un nom de scène. D'autres titres sont des références anecdotiques

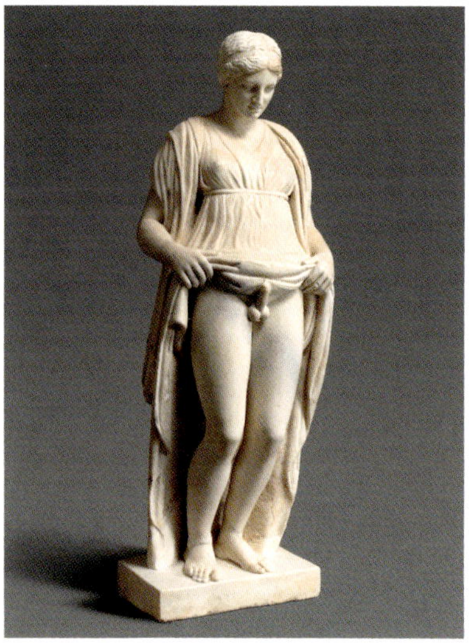

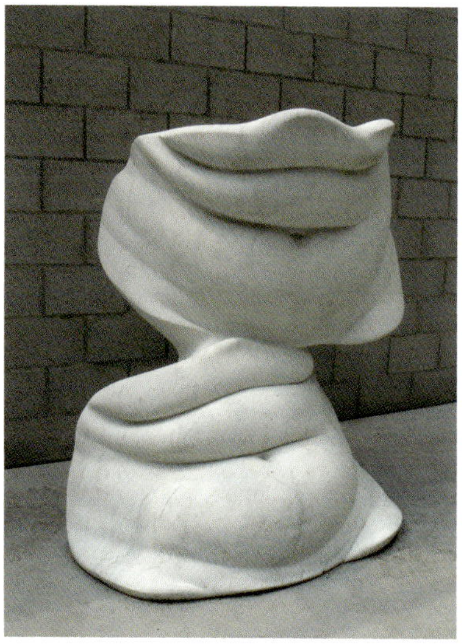

Hermaphrodite, IIe siècle. Marbre, 150 cm. Musée du Louvre, Paris.
Hermaphrodite, *IIth century. Marble, 59 in. Musée du Louvre, Paris.*

Alina Szapocznikow, **Grands Ventres,** vers 1968. Marbre. Kröller-Müller Museum, Otterlo.
Alina Szapocznikow, **Grands Ventres,** *c. 1968. Marble. Kröller-Müller Museum, Otterlo.*

Page suivante
Following page
Baubo, IVe-IIe siècle av. J.-C. Terre cuite, 9 cm. Antikensammlung der Staatlichen Museen zu Berlin.
Baubo, *IV-II century B.C. Terracotta, 3 ½ in. Antikensammlung der Staatlichen Museen zu Berlin.*

Szapocznikow's *Dervish*, 1960. However, whereas the postwar artists represented the body as a violated and destroyed victim (Szapocznikow's works are often related to her own trauma, having been interned in concentration camps during the war, and battled cancer later in life), Sahal sees fragmentation as a way to undermine and ridicule female objectification and the social construct of femininity.

The titles of Sahal's "Pole Dancers" confirm their humorous undertones. *Dollybird Sparkle* and *Bobby Démone*, for example, were named using a website that helps amateur burlesque dancers formulate their names. Other titles have silly anecdotal references like *Marie Rose Poum fesses* (Marie Rose pouf butt), which was the name of a doll that belonged to the grandfather of one of Sahal's friends. Still others, like *Trukula Baubo*, playfully mix and match names from mythology and reality. In this case the first name is a reference to Trucula Bonbon, a dancer at the Crazy Horse cabaret in Paris in the 1970s and 1980s. Sahal replaces the erotic dancer's last name with Baubo, a reference to a bawdy female character in Greek mythology. According to legend, Baubo was able to cheer up the goddess Demeter (who was depressed after the death of her daughter, Persephone) by pulling up her skirt and showing off her nude nether regions.

Baubo is typically depicted as a face above two chubby bare legs where the vagina also serves as the chin. Combining elements of both exhibitionist namesakes, *Trukula Baubo* is a pair of contorted legs with serpentine breasts that rise out of the crotch like a pair of periscopes. As in *Venus*, the breasts appear from certain angles like bulging eyeballs, here a clear reference to Baubo's crotch-as-face persona. Silly and scurrilous, Sahal's unique sense of humor softens the initially gruesome and repugnant impression of her sculptures.

loufoques, comme *Marie Rose poum fesses*, d'après le nom d'une poupée ayant appartenu au grand-père d'une amie d'Elsa Sahal. D'autres encore, tel *Trukula Baubo*, associent malicieusement mythologie et réalité. En l'occurrence, ce dernier est une référence à Trucula Bonbon, danseuse au cabaret parisien du Crazy Horse dans les années 1970 et 1980. Elsa Sahal a changé le nom de la danseuse en Baubo, une figure féminine grivoise de la mythologie grecque. Selon la légende, Baubo réussit à dérider la déesse Déméter (déprimée après la mort de sa fille Perséphone) en entrouvrant son habit et en découvrant son intimité. Traditionnellement, Baubo est représentée par un visage sur deux jambes potelées où le vagin fait également office de menton. *Trukula Baubo*, qui associe ainsi les noms de deux exhibitionnistes, représente une paire de jambes tordues avec des seins sinueux qui surgissent de l'entrecuisse tels deux périscopes. Comme pour *Vénus*, sous certains angles, les seins ressemblent à des yeux exorbités, référence manifeste à la représentation de Baubo. Loufoque et scabreux, le sens de l'humour singulier d'Elsa Sahal adoucit la première impression d'aversion et de répulsion que donnent ses sculptures.

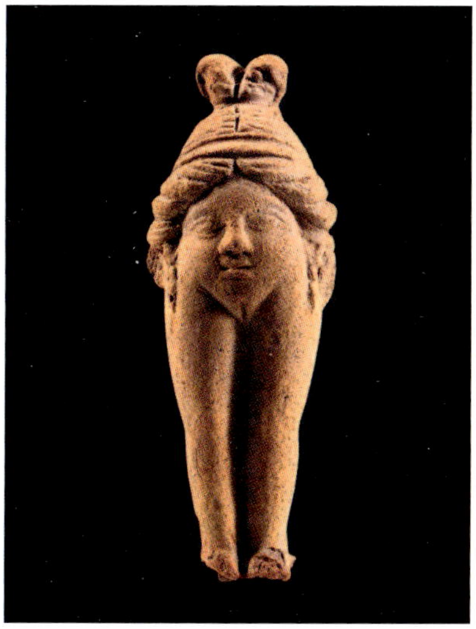

Leda

"How can those terrified vague fingers push
The feathered glory from her loosening thighs?
And how can body, laid in that white rush,
But feel the strange heart beating where it lies?"

W. B. Yeats, *Leda and the Swan*

The myth of "Leda and the Swan" has provided artists with a titillating subject material since ancient times. Following Greco-Roman interpretations, Renaissance painters (Leonardo da Vinci), Impressionists (Paul Cézanne), Modernists (Constantin Brâncusi), Surrealists (Salvador Dalí), and Abstract Expressionists (Cy Twombly) have retold this erotic tale. The many stylistically diverse depictions of woman and swan also range widely in terms of how they interpret the nature of their mythic sexual encounter. Some artists portray a romantic consensual seduction, whereas others depict a violent rape. Sahal, for her part, reinterprets the myth as an autoerotic fantasy using her characteristic uncanny blend of representational and abstract imagery. Only subtle telltale features, notably the long graceful necks and areas of pockmarks redolent of fresh-plucked feathers, identify her sinuous white-glazed forms as swans.

Calling to mind certain marble bird carvings by Barbara Hepworth and Jacob Epstein, Sahal's biomorphic abstractions flaunt curvaceous silhouettes. Unlike the elegant avian couple in Hepworth's *Doves (Group)*, 1927, or the geometric lovebirds in Epstein's *Doves*, 1914-1915, Sahal's sculptures represent bodies in motion—

Léda

« Comment ces doigts terrifiés et perdus pourraient-ils
Repousser de ses cuisses qui s'écartent cette gloire
emplumée ?
Et comment pourrait le corps, couché dans ce flot de
blancheur,
Ne pas sentir battre, sur sa couche, ce cœur étranger ? »

W. B. Yeats, *Léda et le Cygne*[2]

Depuis l'Antiquité, le mythe de Léda et du cygne n'a cessé de fournir aux artistes un sujet d'inspiration. Après les représentations gréco-romaines, les peintres de la Renaissance (Léonard de Vinci), les impressionnistes (Paul Cézanne), les modernistes (Constantin Brancusi), les surréalistes (Salvador Dalí) et les expressionnistes abstraits (Cy Twombly) se sont emparés de ce récit érotique. Les nombreuses représentations stylistiquement différentes de la femme et du cygne varient considérablement selon la façon dont chaque artiste interprète la nature de ces amours mythiques. Si certains dépeignent une rencontre romantique animée d'une séduction réciproque, d'autres mettent en scène un viol pur et simple. Elsa Sahal, quant à elle, réinterprète le mythe sous la forme d'une fiction autoérotique en s'appuyant sur son art aussi personnel que troublant de mélanger l'imagerie figurative et abstraite. Seuls de subtils détails significatifs, notamment les longs cous gracieux et certaines parties grêlées qui évoquent des plumes tout juste arrachées, permettent de découvrir que ces formes sinueuses recouvertes d'un vernis blanc sont des cygnes.

Rappelant certaines sculptures d'oiseaux en marbre de Barbara Hepworth et Jacob Epstein, les abstractions biomorphiques exhibent des silhouettes girondes. Contrairement à l'élégant couple d'oiseaux de Barbara Hepworth, *Doves (Group)* (1927), ou aux inséparables géométriques de Jacob Epstein, *Doves* (1914-1915), les sculptures d'Elsa Sahal représentent des corps en mouvement, amorphes, enchevêtrés, lascifs, déformés. On retrouve ces caractéristiques dans *Leda and the Swan* de Cy Twombly (1962). À l'aide de touches vigoureuses semblables à des graffitis, Twombly représente un acte charnel débridé. Sur la toile, la composition forme un tout compact, informe et flou où l'on distingue des plumes ébouriffées, du sang, des cœurs et même un phallus. Saisissant un sentiment similaire de folle passion dans laquelle deux corps frémissant se fondent l'un dans l'autre, la *Léda Twice* d'Elsa Sahal se compose de deux longs cous enroulés qui s'enveloppent et s'enchevêtrent l'un l'autre tel un ruban de Möbius. Dans une vaine tentative de démêler le début de la fin (ou les têtes et les queues) de cette étreinte passionnée, le spectateur tourne autour de la sculpture en suivant ses courbes

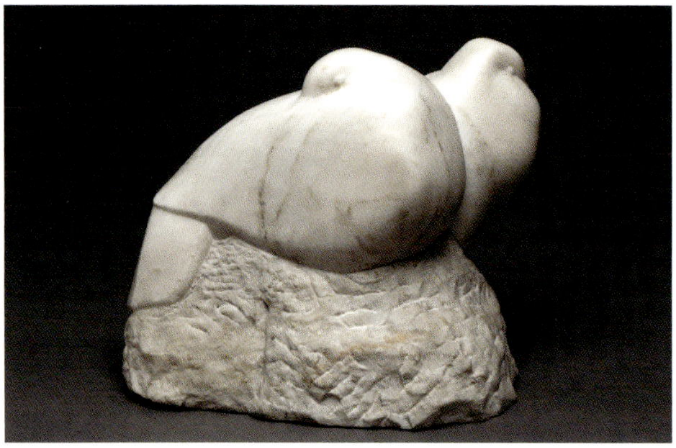

Barbara Hepworth, **Doves (Group)**, 1927. Marbre, 29 x 33 x 21,5 cm.
Manchester City Galleries.
Barbara Hepworth, **Doves (Group)**, *1927. Marble, 11 ⅜ x 13 x 8 ¼ in.*
Manchester City Galleries.

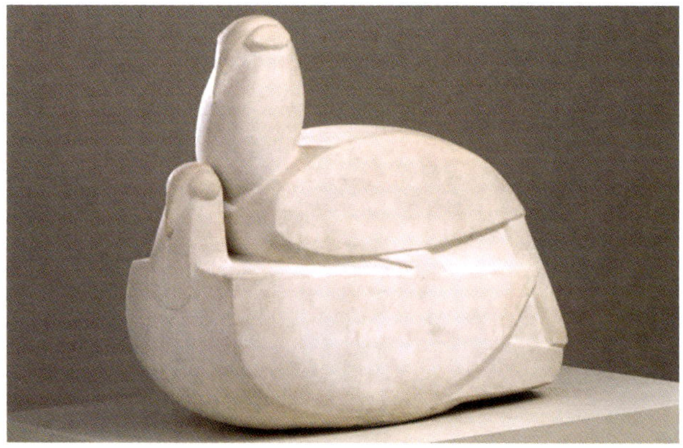

Jacob Epstein, **Doves**, 1914-1915. Marbre, 64,8 x 78,7 x 34,3 cm.
Tate, Londres.
Jacob Epstein, **Doves**, *1914-1915. Marble, 25 ⅝ x 31 ⅛ x 13 ⅜ in.*
Tate, London.

amorphous, entangled, raunchy, and distorted. These qualities are also found in Twombly's painting *Leda and the Swan*, 1962. Using vigorous graffiti-like strokes, Twombly represents a frantic sexual encounter. The composition is filled with flying feathers, blood, hearts, and a phallus, which all appear as a single blurry mass. Capturing a similar sense of wild passion in which two writhing bodies blend into one, Sahal's *Léda Twice* has two long coiling necks that wrap around and flow into each other like an endless Möbius strip. Trying in vain to find the beginning or end (or make heads or tails) of this passionate embrace, the viewer circles the sculpture, tracing its elegant curves around and around. For an even more dizzying effect, *Léda Twice*, which hangs from a rope, can be spun to activate the couple's spiraling embrace. Neither frontal nor staid, this sculpture attempts to illustrate a state of constant motion in which concepts of up, down, front, and back lose all rational meaning.

Whereas the poem by W.B. Yeats at the top of this section clearly describes the encounter between Leda and Zeus as a rape, Sahal's interpretation of the Greek myth is more ambiguous and more radical. Her *Léda Dakota*, for instance, represents only one body. With its long neck tucked up inside itself between its de-feathered haunches, this work recalls Gustav Klimt's drawing of a woman masturbating, *Liegender Halbakt (masturbierend)*, 1912/13. Considered in this context, *Léda Dakota* suggests an autoerotic reading of the ancient myth. Instead of representing a sexual conquest, Sahal's Leda takes on the characteristics of her (imagined) seducer in her own masturbatory fantasy. In this marvelous revisionist mythology, Leda and the swan are one and the same. The depiction of Leda as both giver and receiver of intense sexual pleasure is an empowering and compelling alternative interpretation with which the artist aims to seduce the viewer.

The sensuousness of Sahal's sculptures reflects the artist's "elemental pleasure"[1] in working intimately with her chosen material. Although her oeuvre exudes energy

élégantes. Pour donner vie à l'étreinte effrénée de ce couple et produire un effet encore plus étourdissant, il suffit de faire tourner *Léda Twice*, qui est suspendue à une corde. Ni frontale ni figée, cette sculpture tente d'illustrer un état de mouvement perpétuel dans lesquels les concepts de haut, bas, face et dos perdent toute signification rationnelle.

Alors que le poème de W. B. Yeats, cité en préambule de cette partie, décrit clairement le viol de Léda par Zeus, l'interprétation par Elsa Sahal de ce mythe grec est plus ambiguë et plus radicale. Sa *Léda Dakota*, par exemple, représente un seul corps. Avec son long cou enfoui en lui-même entre des hanches déplumées, cette œuvre rappelle *Liegender Halbakt* (1912-1913) de Gustav Klimt, un dessin où l'on voit une femme se masturber. Vue sous cet angle, *Léda Dakota* suggère une lecture autoérotique du mythe. Au lieu de représenter une conquête sexuelle, la *Léda Dakota* d'Elsa Sahal s'approprie les caractéristiques de son séducteur (imaginaire) dans son propre fantasme masturbatoire. Dans cette relecture du mythe, Léda et le cygne ne font qu'un. En faisant de Léda la seule bénéficiaire d'un plaisir sexuel intense, l'artiste propose une autre interprétation valorisante et percutante dans le but de séduire le spectateur.

La sensualité des sculptures d'Elsa Sahal reflète le « plaisir originel[3] » de l'artiste à travailler charnellement ses matériaux d'élection. Bien que son œuvre respire vitalité et spontanéité, chaque pièce est le résultat d'un processus de fabrication qui demande beaucoup de travail et de temps, qui exige d'attendre pendant des jours ou des semaines que certaines parties de la sculpture sèchent complètement avant de rajouter de l'argile humide. En défiant constamment les lois de la gravité, ce qui lui permet d'obtenir des formes qui menacent de s'effondrer, Elsa Sahal construit minutieusement d'ambitieuses silhouettes presque grandeur nature, qui démentent la modestie de ses matériaux associés à des travaux d'enfants et à des esquisses d'artistes.

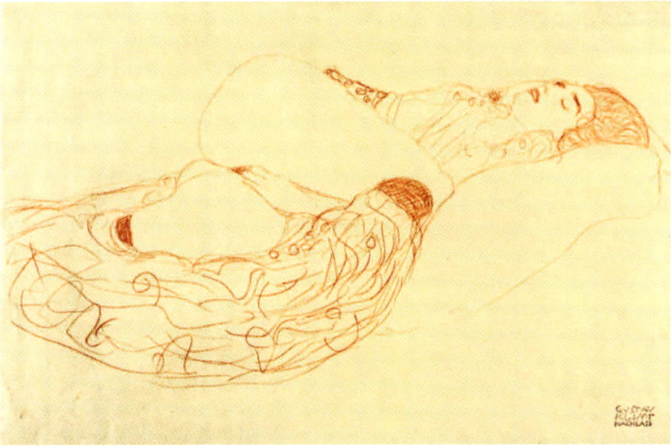

Gustav Klimt, **Liegender Halbakt (masturbierend)**, 1912-1913.
Crayon sur papier, 36,1 x 56 cm. Leopold Museum, Vienne.
Gustav Klimt, **Liegender Halbakt (masturbierend)**, *1912-1913.*
Pencil on paper, 14 ⅛ x 22 in. Leopold Museum, Vienna.

and spontaneity, each piece is the result of a labor-intensive and time-consuming process of hand building, which requires waiting days or weeks for sections of the sculpture to dry completely before adding more wet clay. Constantly working against gravity, which causes the drying forms to want to collapse, Sahal painstakingly builds ambitious, nearly life-size figures that belie her material's humble associations with children's crafts and artists' sketches.

What Sahal describes as clay's "pathetic"[2] quality is precisely what makes her sculptures so empathetic. Unlike metal or stone or plastic, clay holds traces of the artist's touch—in Sahal's case, her caress. Sahal herself describes her efforts in the studio as "not unlike a night of love. There is a struggle going on, but also shared, parallel pleasures."[3] With this frank allusion to sexual intimacy, Sahal thrusts her viewer into the role of an unwitting voyeur. Our delight in the sculptures' bizarre titillating bodies is heightened by the subtle traces of hands and fingers embedded in the clay—evidence of the artist's pounding, molding, and smoothing actions. The movements described by the sculptures become conflated with those performed by the artist. Perhaps more clearly than anything else, Sahal's sculptures represent the artist's own pure pleasure in working with clay.

Endnotes

1 Elsa Sahal, interview with Gaël Charbau (*Elsa Sahal: Sculptures*. Fondation d'entreprise Ricard: Paris, 2008)
2 Ibid.
3 Ibid.

Ce qu'Elsa Sahal décrit comme la « piètre[4] » qualité de l'argile est précisément ce qui confère à ses sculptures une telle empathie. Contrairement au métal, à la pierre ou au plastique, l'argile conserve la trace du toucher de l'artiste – en l'occurrence, la caresse. Elsa Sahal décrit elle-même ses efforts dans son atelier comme « pas différents d'une nuit d'amour. Il est question de lutte, mais aussi de plaisirs partagés et simultanés[5] ». Par cette allusion sans détour à l'intimité sexuelle, Elsa Sahal pousse le spectateur à endosser le rôle du voyeur malgré lui. Le délice que nous éprouvons en contemplant les corps étranges et frémissants de ses sculptures est rehaussé par les traces ténues de ses mains et de ses doigts enfoncés dans l'argile – preuves de son travail de pétrissage, de modelage et de lissage. Les mouvements que décrivent les sculptures se confondent avec ceux de l'artiste à l'œuvre. Peut-être que plus que toute autre chose, les sculptures d'Elsa Sahal représentent le pur plaisir de l'artiste à travailler l'argile.

Notes

1 *Nichons* (ndt).
2 Traduction de Jean Briat.
3 Elsa Sahal, interview avec Gaël Charbeau, dans *Elsa Sahal : sculptures*, Fondation d'entreprise Ricard, Paris, 2008.
4 *Ibid.*
5 *Ibid.*

Pages suivantes
Études pour la série **Pole Dancers**.
Following pages
Studies for the **Pole Dancers** *series.*

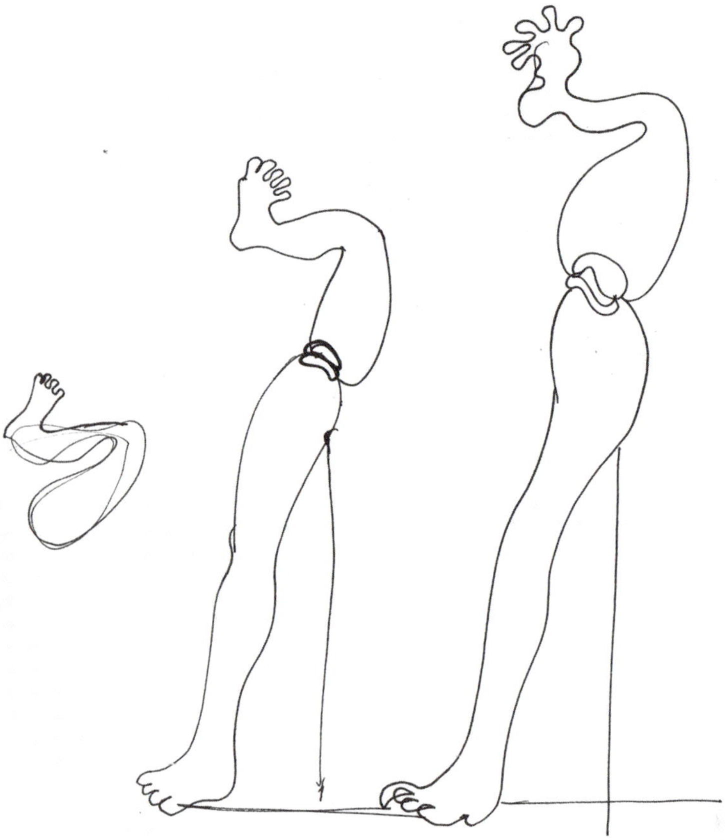

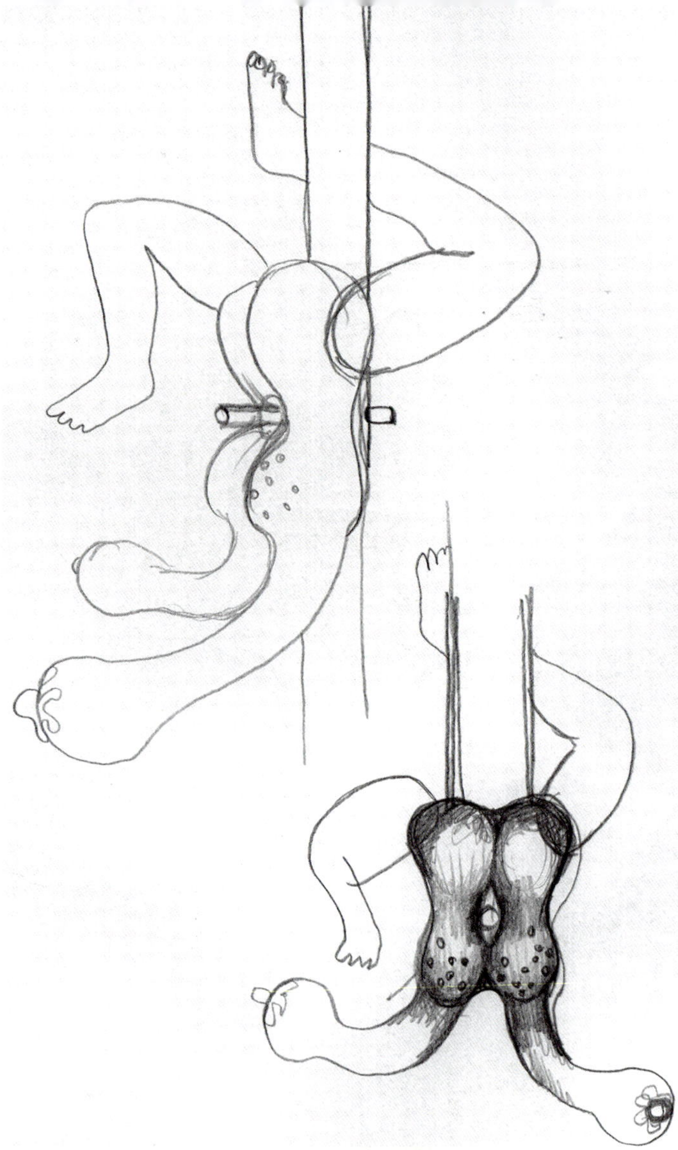

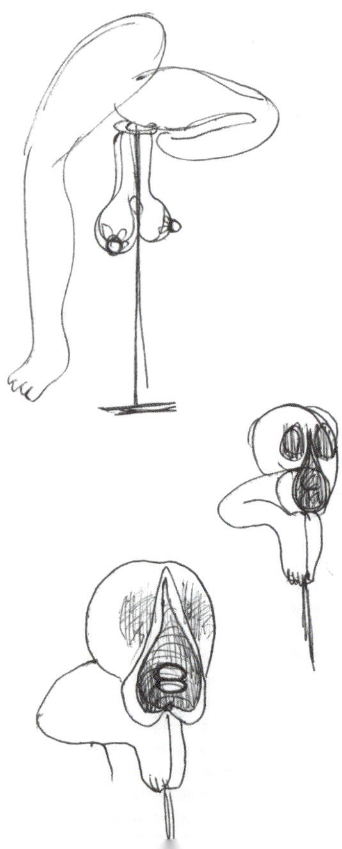

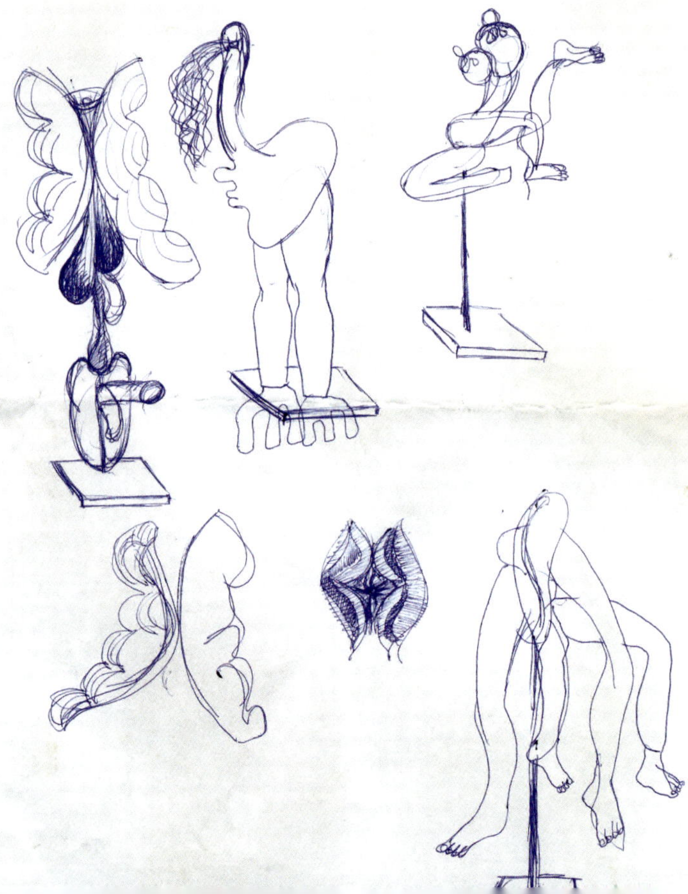

femminus ceramicus

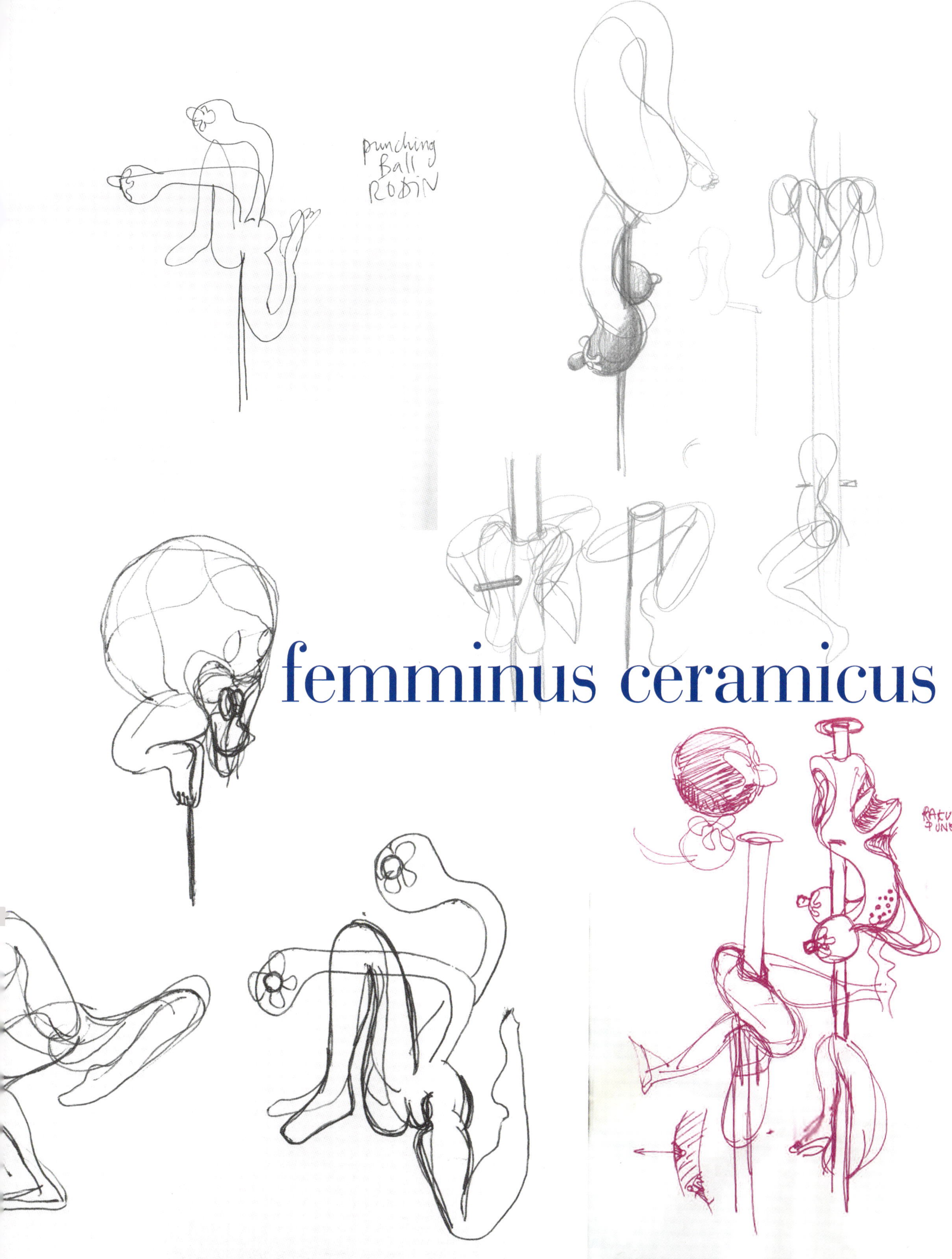

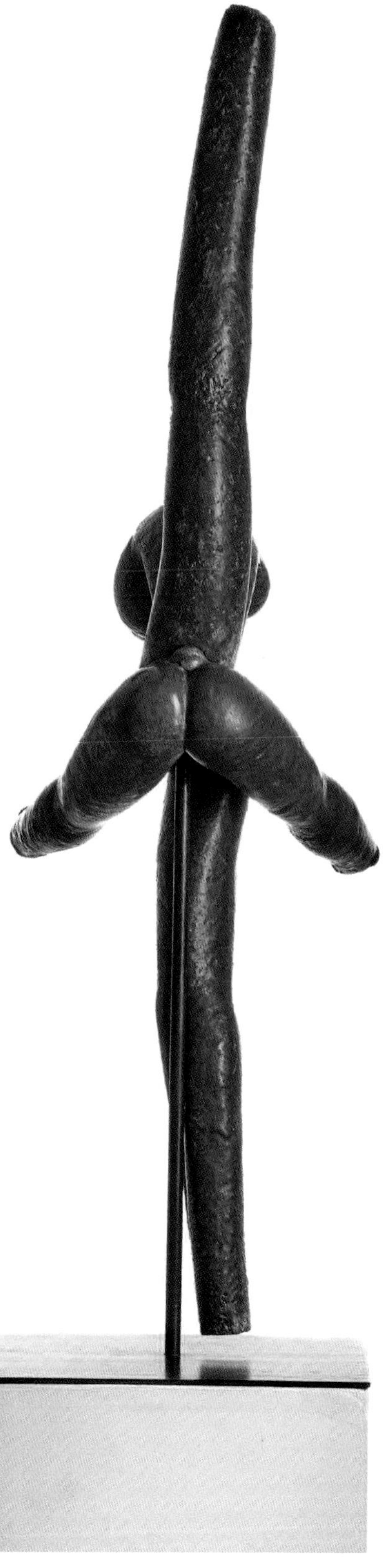

Aliénor, 2015.
Céramique émaillée, 98 x 36 x 34 cm.
Glazed ceramic, 38 ⅝ x 14 ⅛ x 13 ⅜ cm.

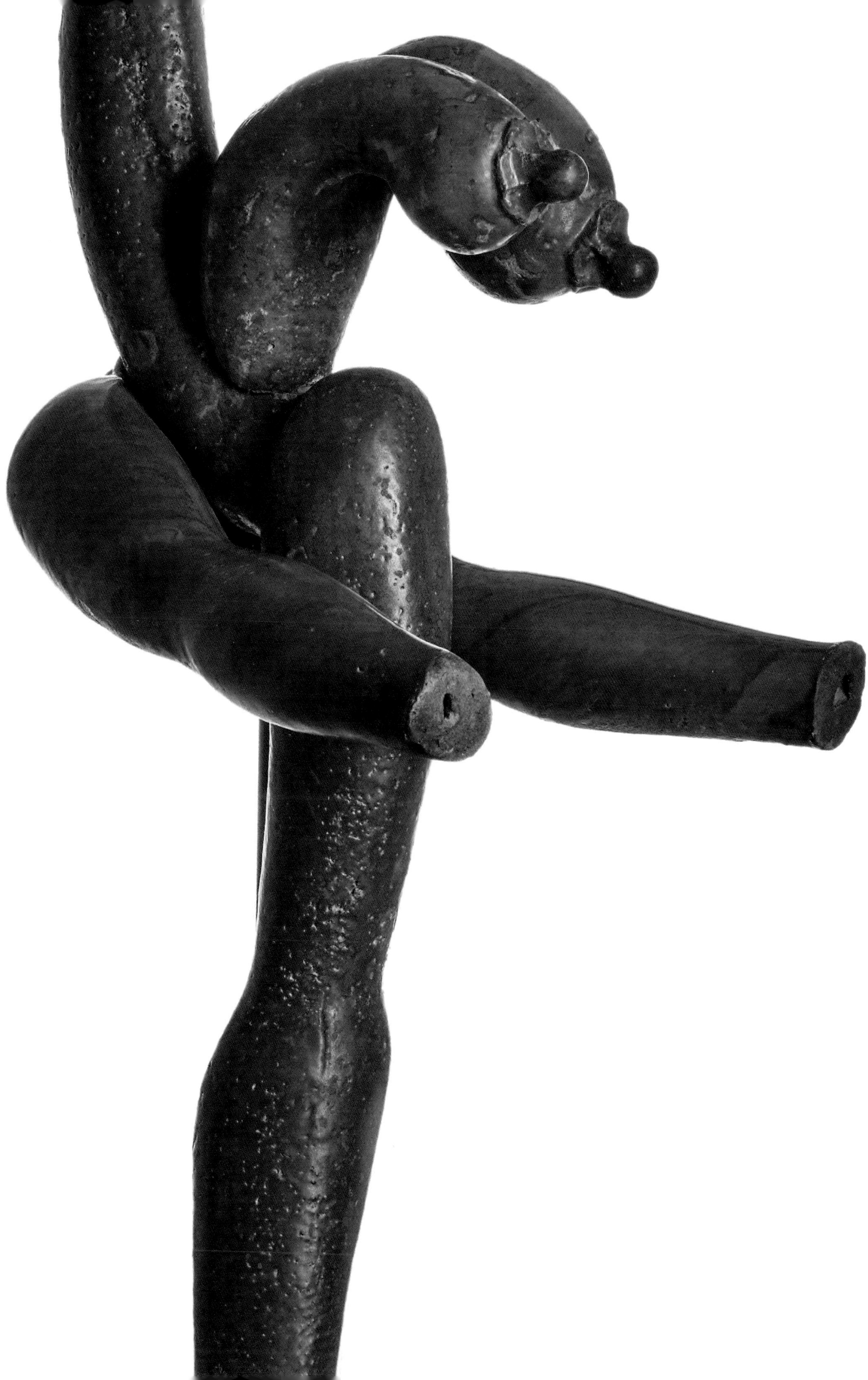

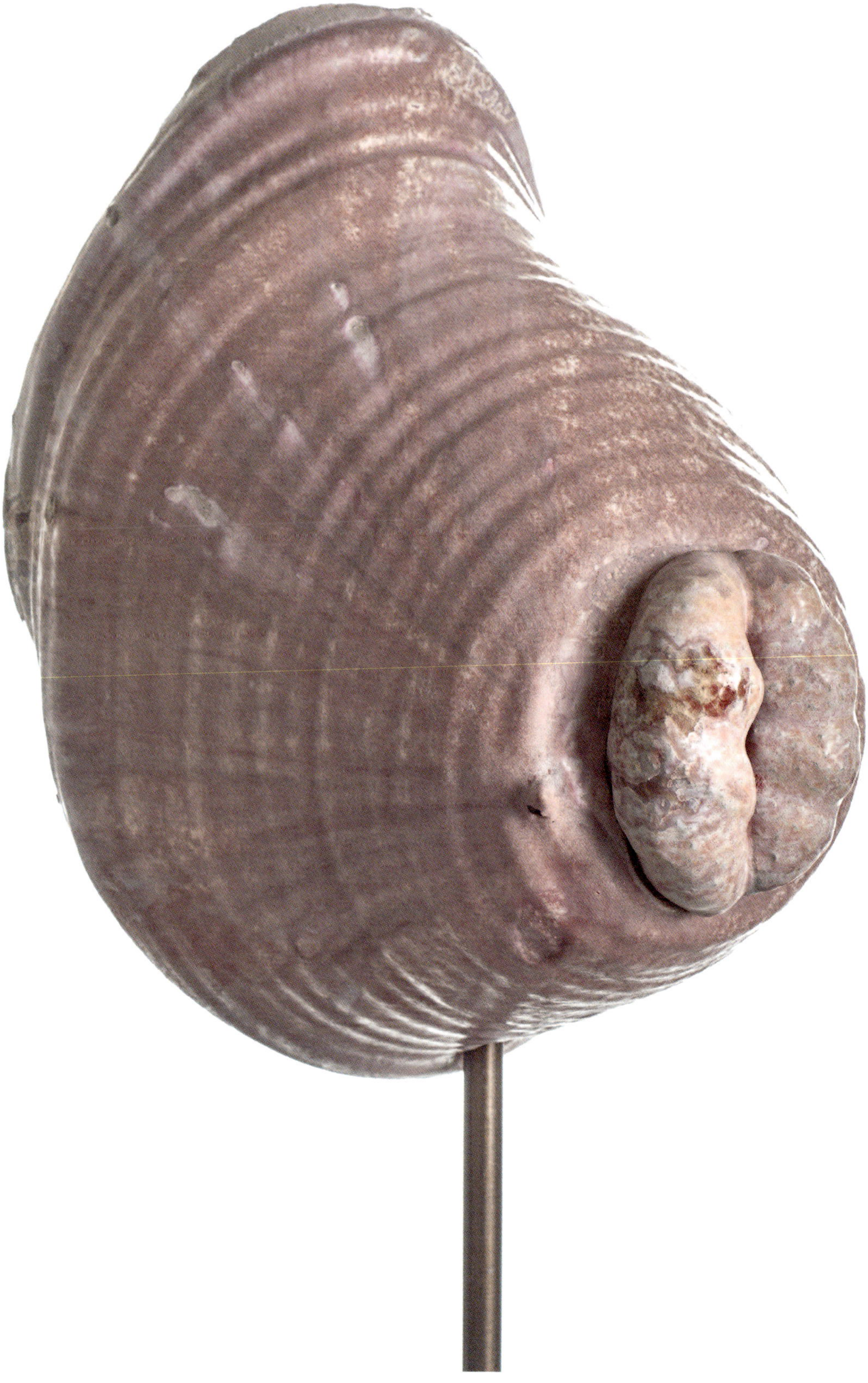

Bobby Démone, 2015.
Céramique émaillée, 35 x 30 x 20 cm. Collection particulière, Paris.
Glazed ceramic, 13 ¾ x 11 ¾ x 7 ⅞ in. Private collection, Paris.

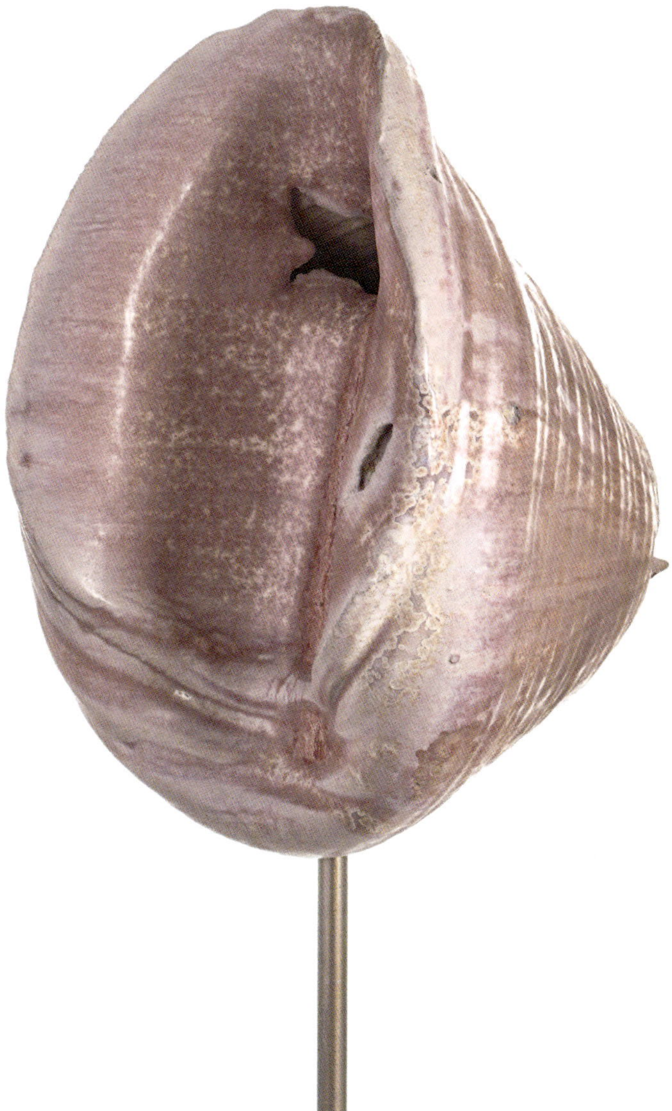

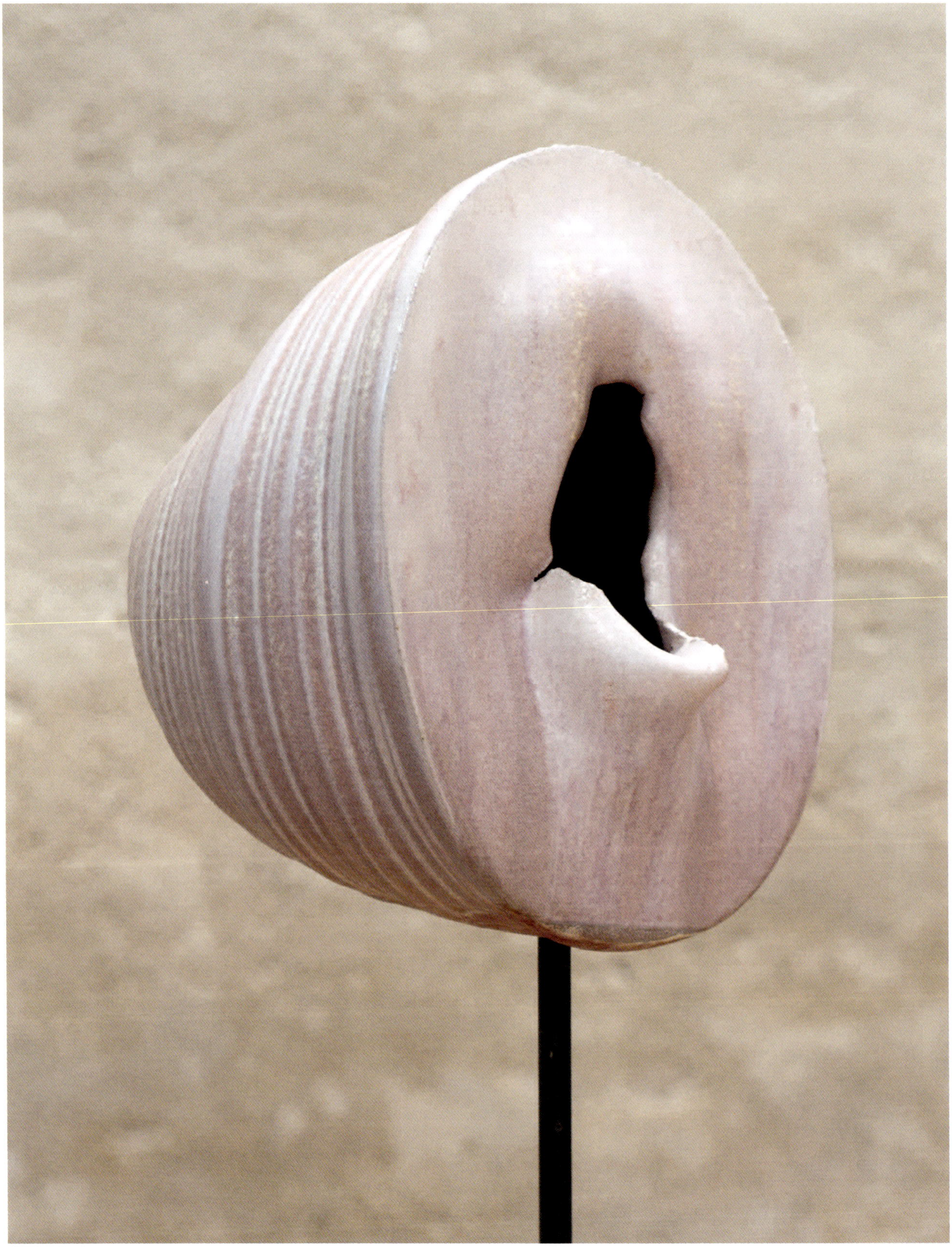

Cat Mallow, 2015.
Céramique émaillée, 35 x 32 x 27 cm.
Glazed ceramic, 13 ¾ x 12 ⅝ x 10 ⅝ in.

Amarante, 2015.
Céramique émaillée, 38 x 40 x 26 cm.
Glazed ceramic, 15 x 15 ¾ x 10 ¼ in.

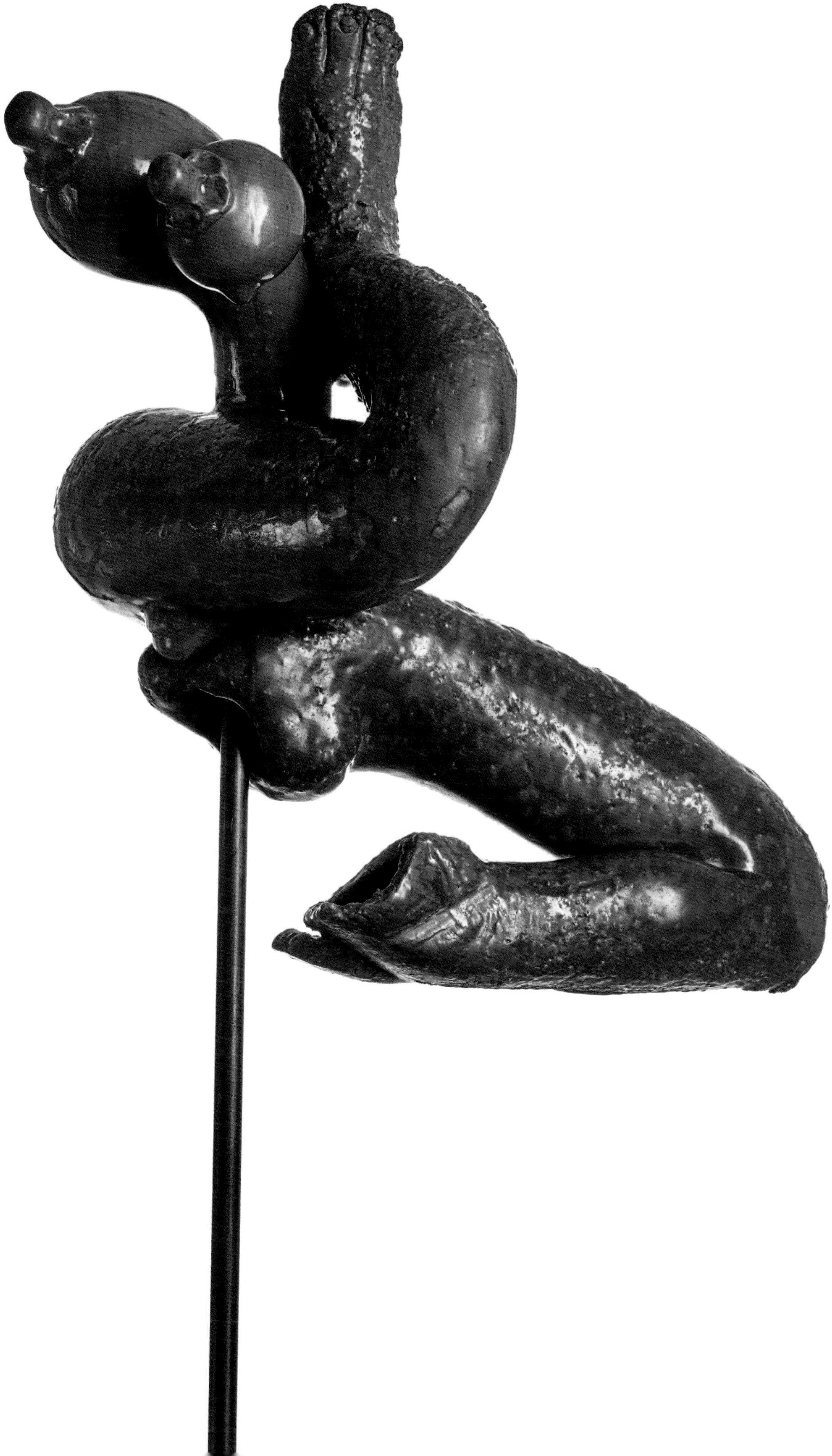

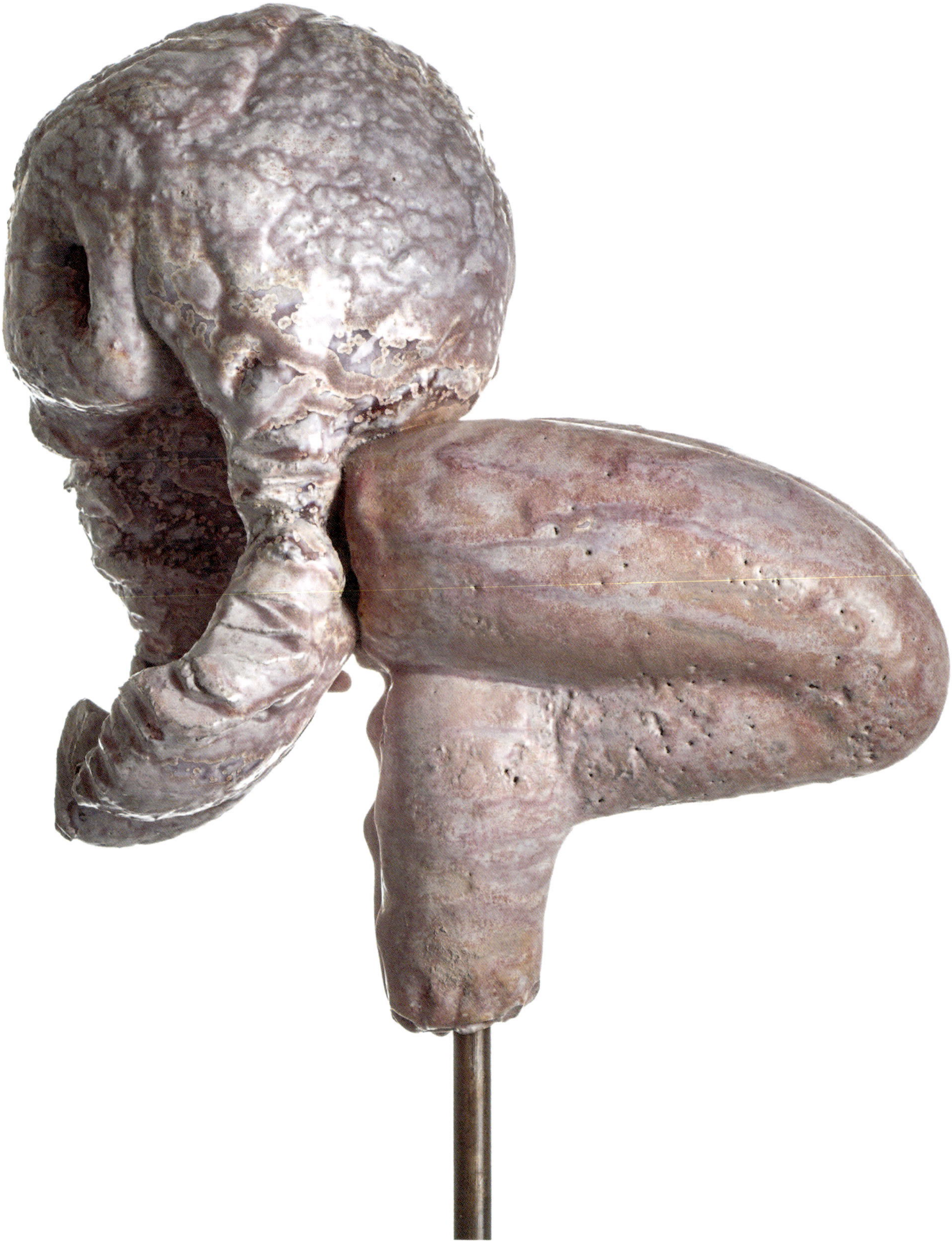

Dame Skull, 2015.
Céramique émaillée, 30 x 30 x 17 cm. Collection De Bonrepos, Paris.
Glazed ceramic, 11 ¾ x 11 ¾ x 6 ¾ in. De Bonrepos collection, Paris.

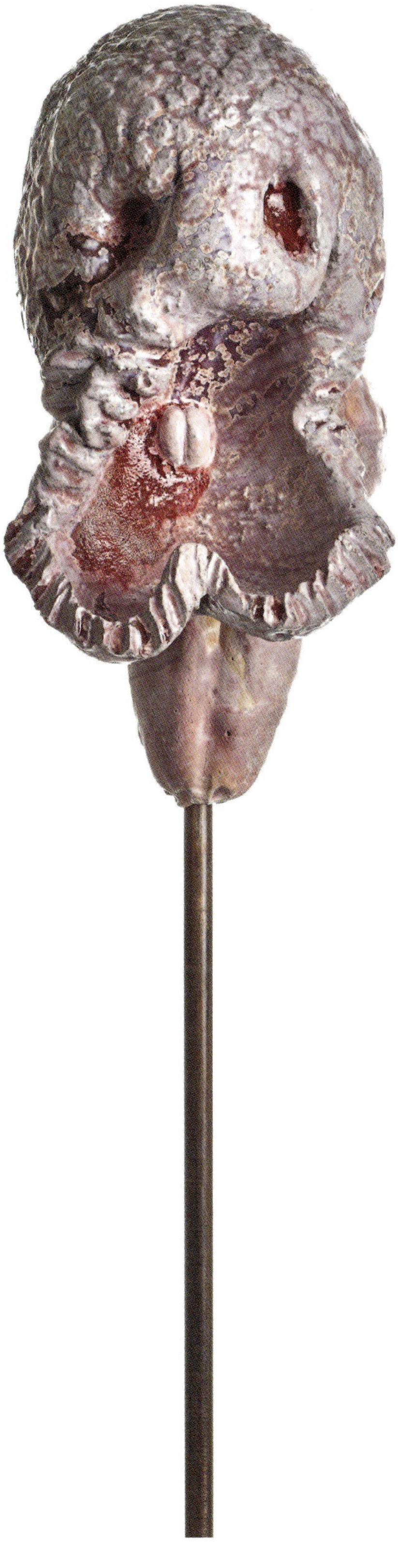

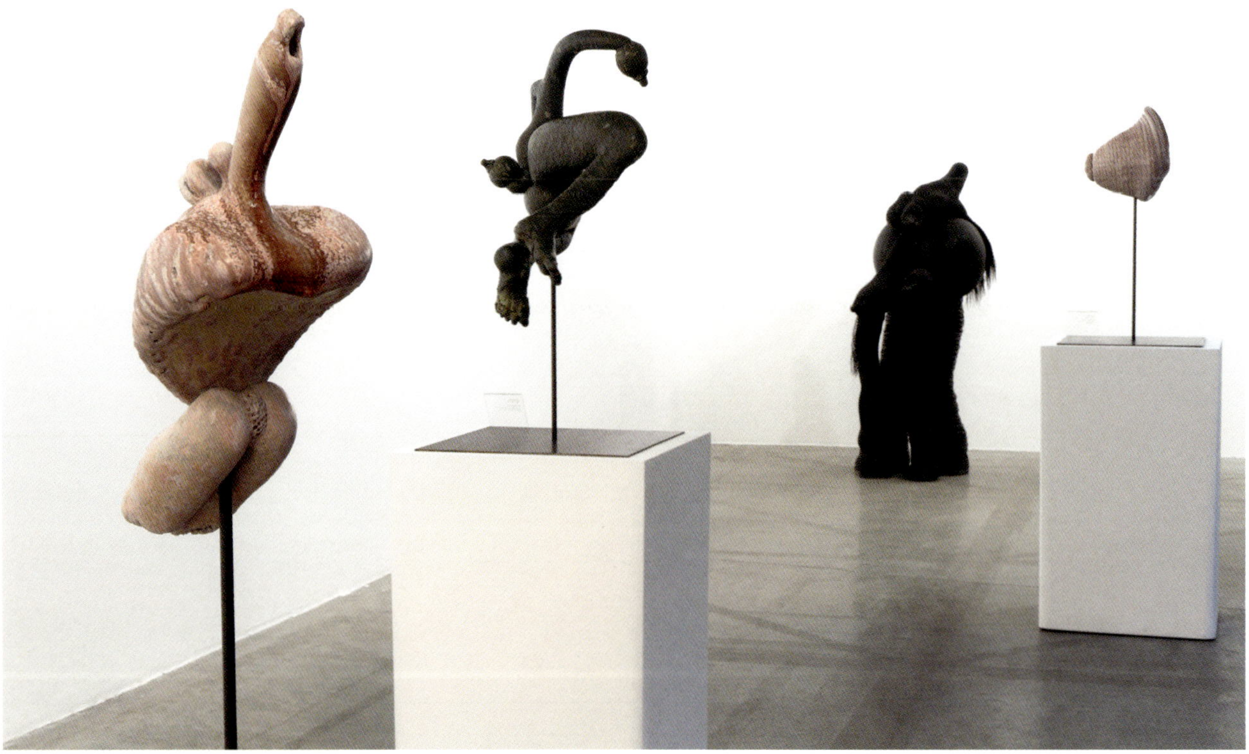

Exposition « Ceramix, de Rodin à Schütte », La Maison Rouge, fondation Antoine de Galbert, Paris, 2016.
Exhibition "Ceramix, from Rodin to Schütte", La Maison Rouge, fondation Antoine de Galbert, Paris, 2016.

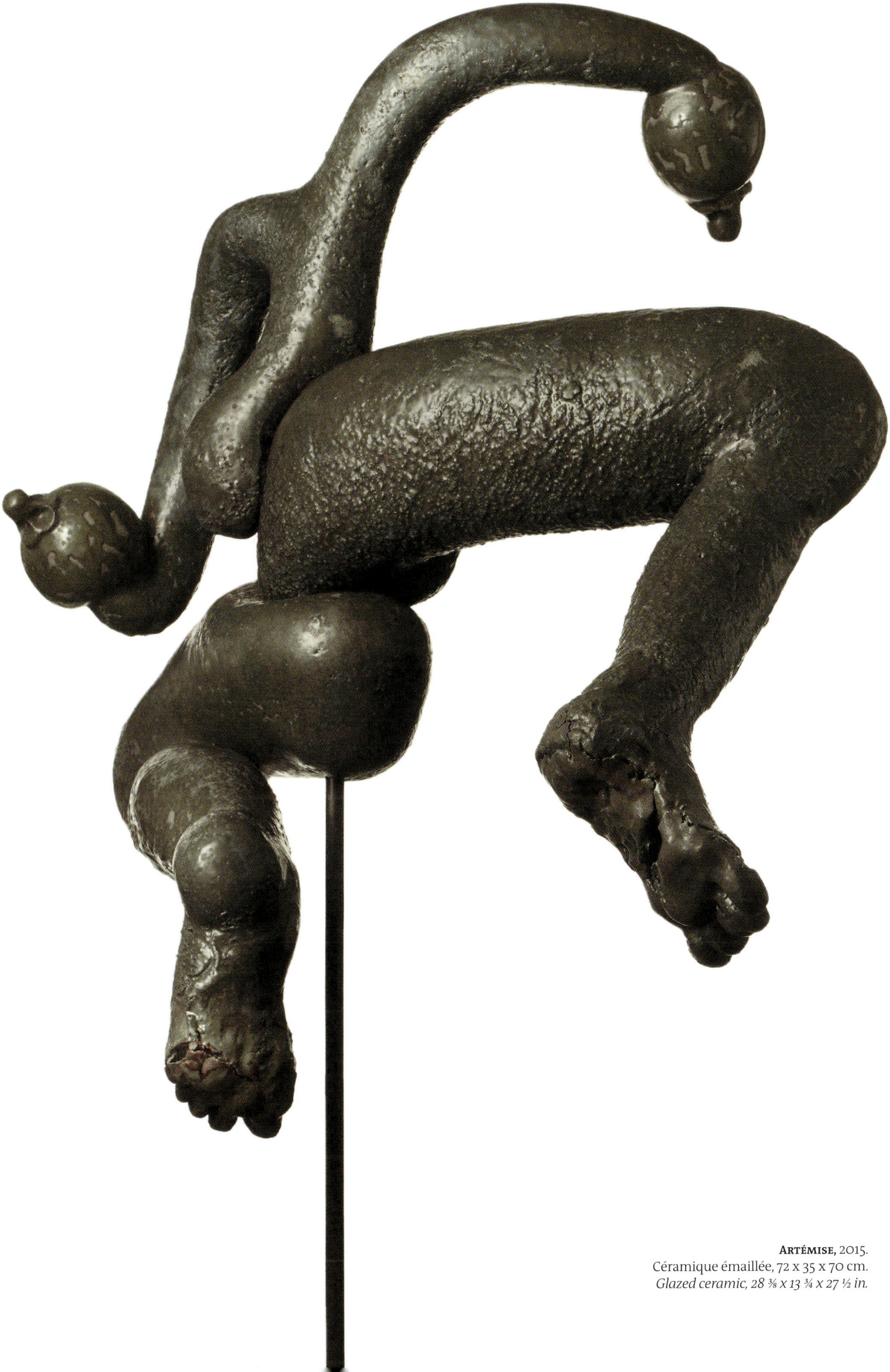

Artémise, 2015.
Céramique émaillée, 72 x 35 x 70 cm.
Glazed ceramic, 28 ⅜ x 13 ¾ x 27 ½ in.

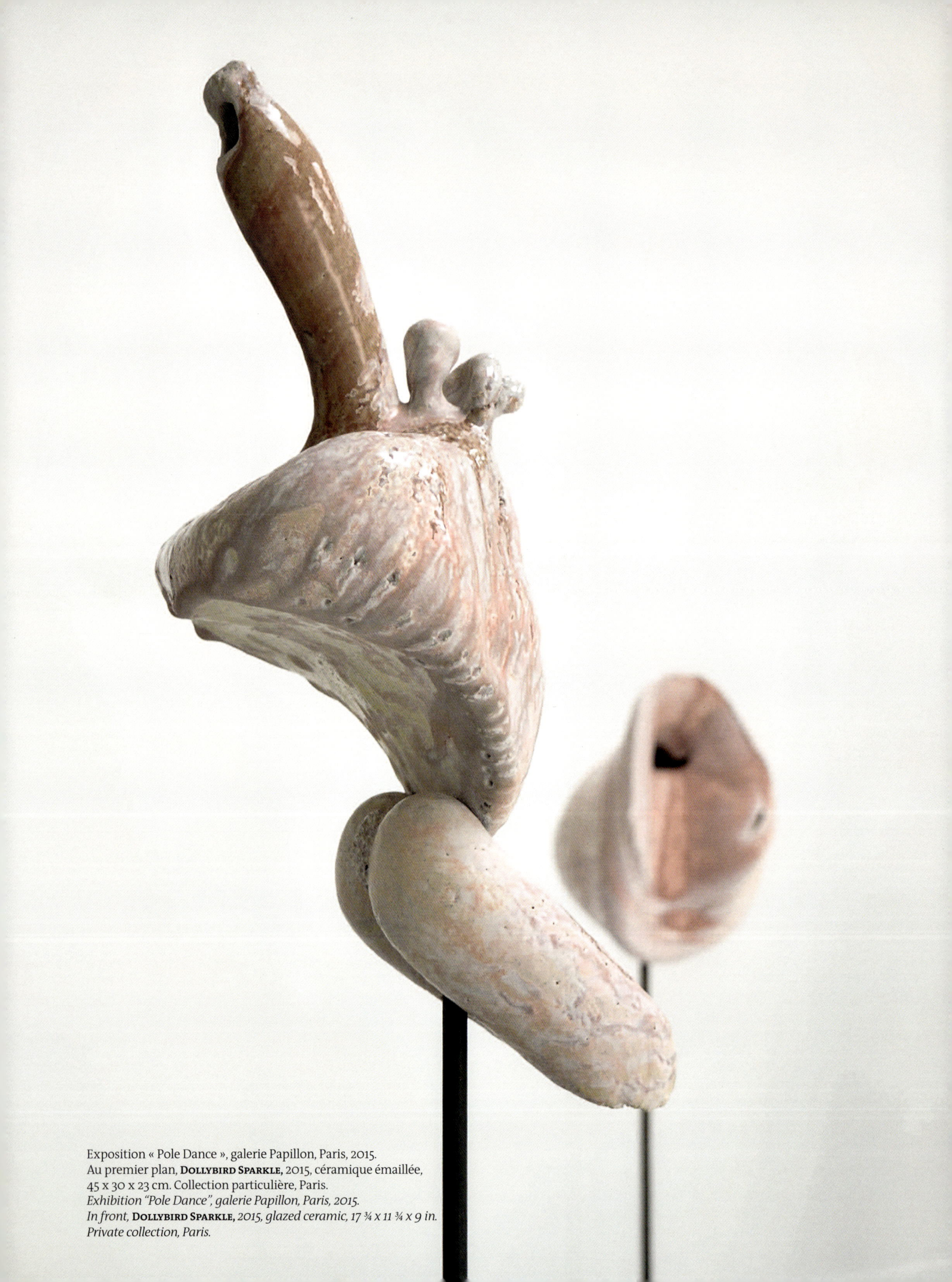

Exposition « Pole Dance », galerie Papillon, Paris, 2015.
Au premier plan, **Dollybird Sparkle,** 2015, céramique émaillée, 45 x 30 x 23 cm. Collection particulière, Paris.
Exhibition "Pole Dance", galerie Papillon, Paris, 2015.
In front, **Dollybird Sparkle,** *2015, glazed ceramic, 17 ¾ x 11 ¾ x 9 in.*
Private collection, Paris.

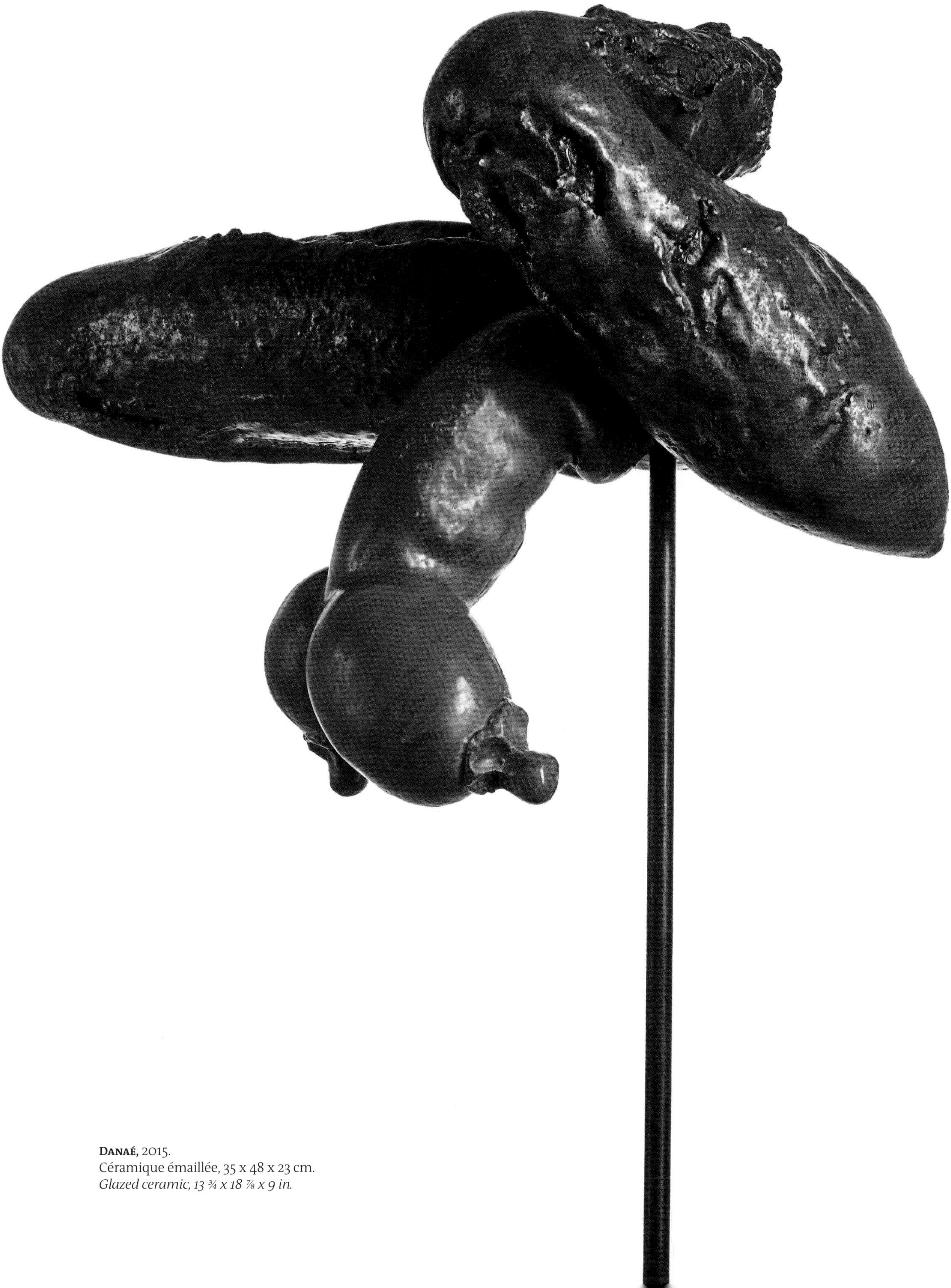

Danaé, 2015.
Céramique émaillée, 35 x 48 x 23 cm.
Glazed ceramic, 13 ¾ x 18 ⅞ x 9 in.

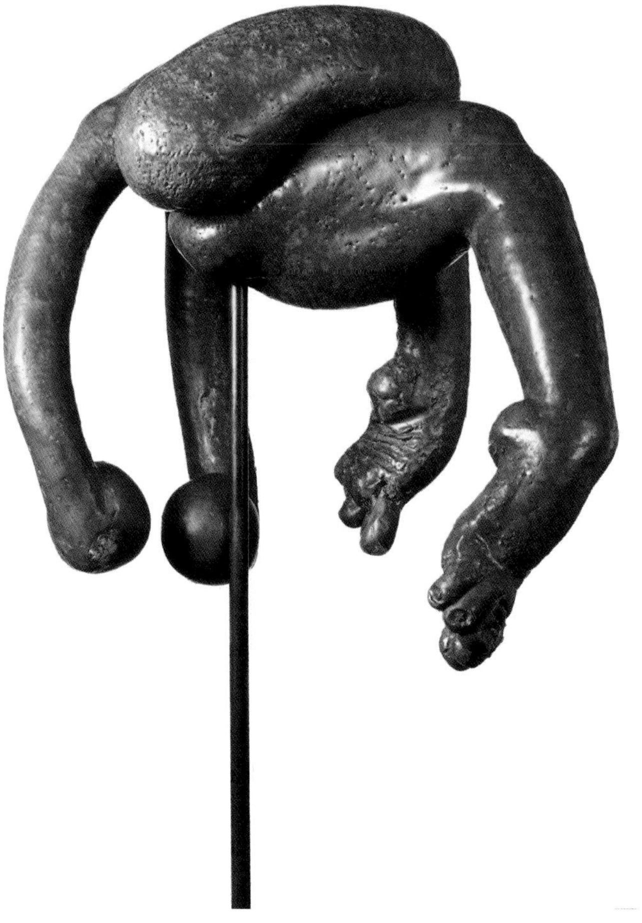

Isadora, 2015.
Céramique émaillée, 33 x 25 x 42 cm.
Glazed ceramic, 13 x 9 ⅞ x 16 ½ in.

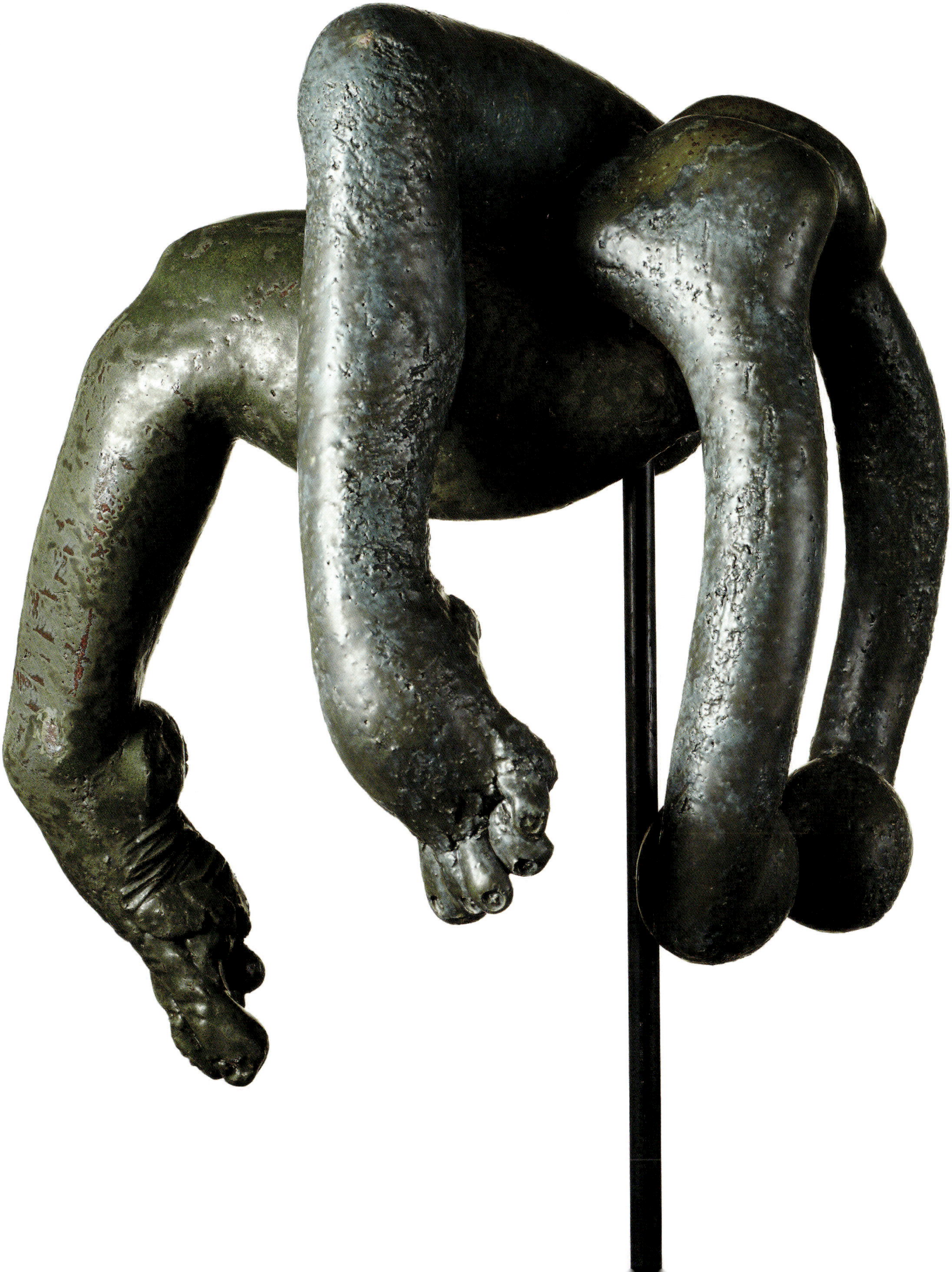

Justine, 2015.
Céramique émaillée, 32 x 27 x 35 cm. Collection particulière, Paris.
Glazed ceramic, 12 ⅝ x 10 ⅝ x 13 ¾ in. Private collection, Paris.

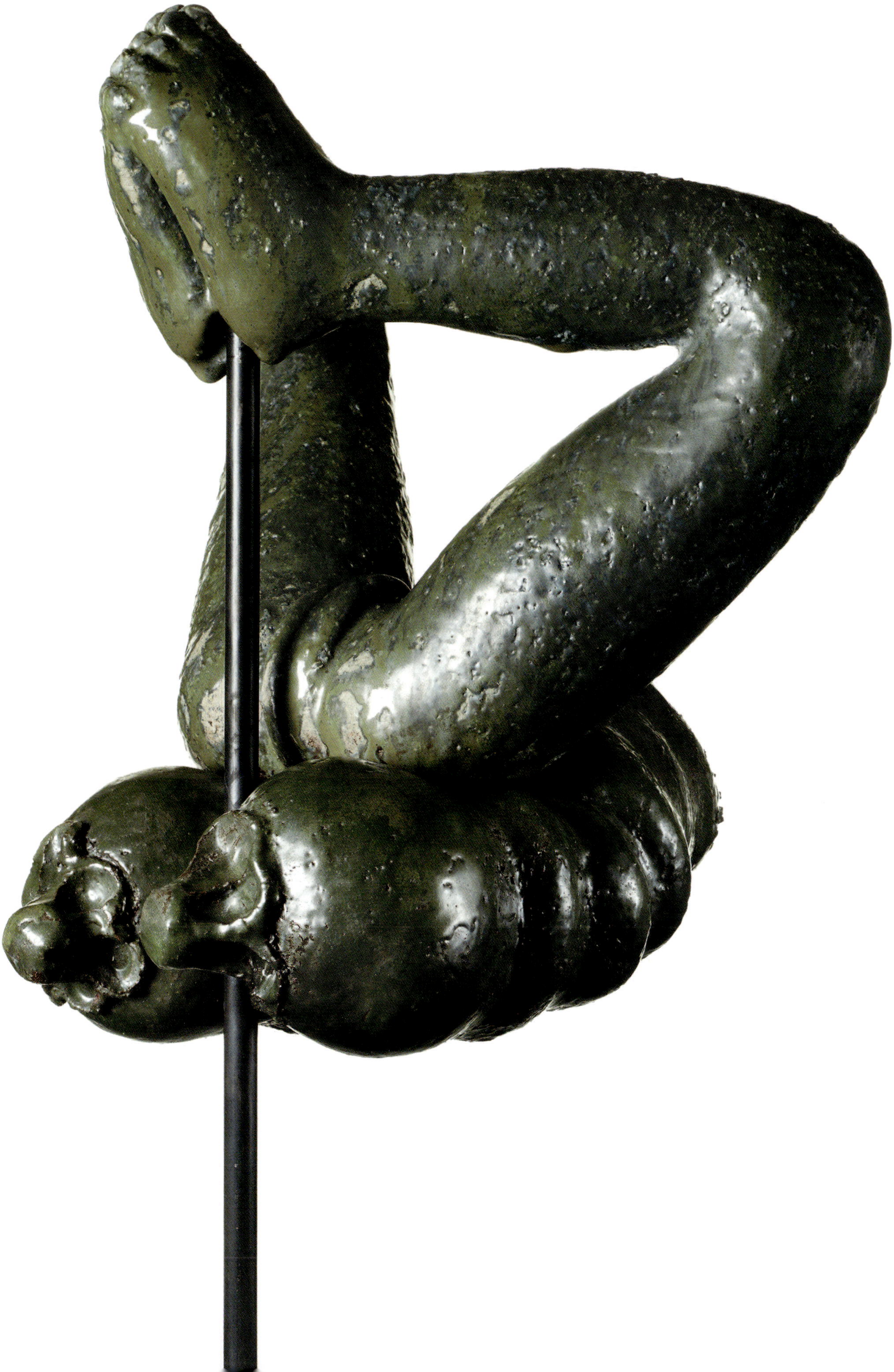

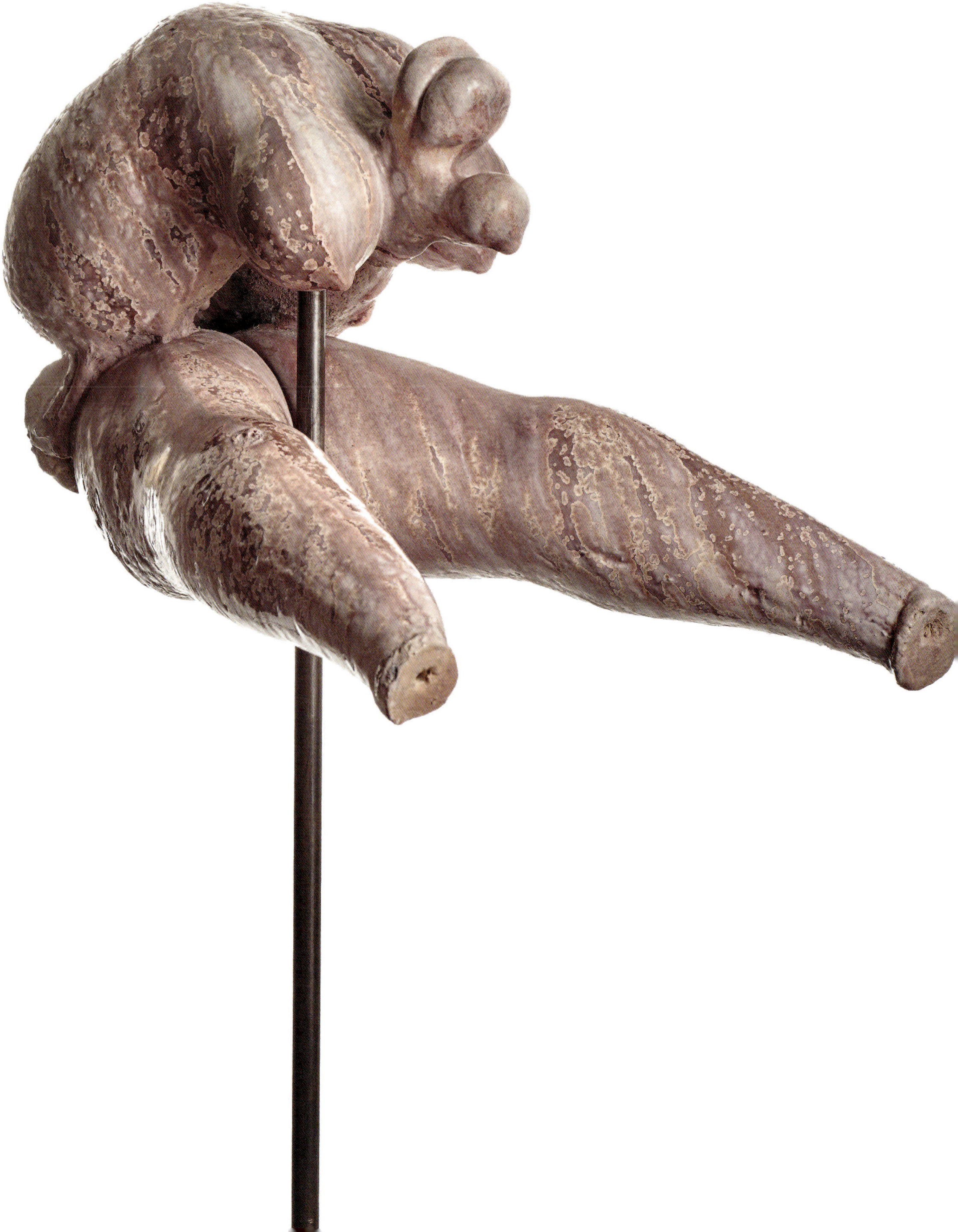

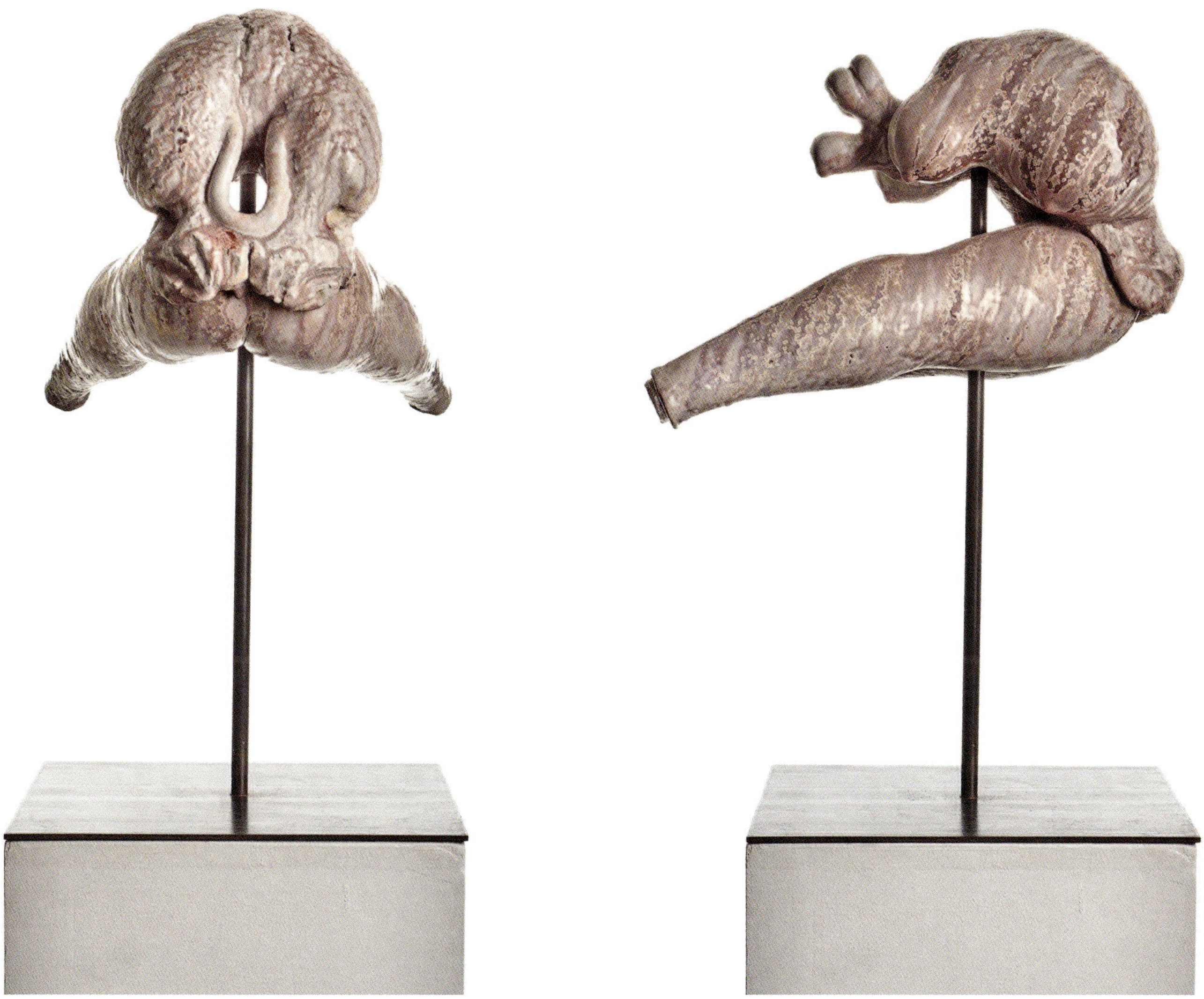

Marie Rose poum fesses, 2015.
Céramique émaillée, 26 x 40 x 35 cm. Collection particulière, Paris.
Glazed ceramic, 10 ¼ x 15 ¾ x 13 ¾ in. Private collection, Paris.

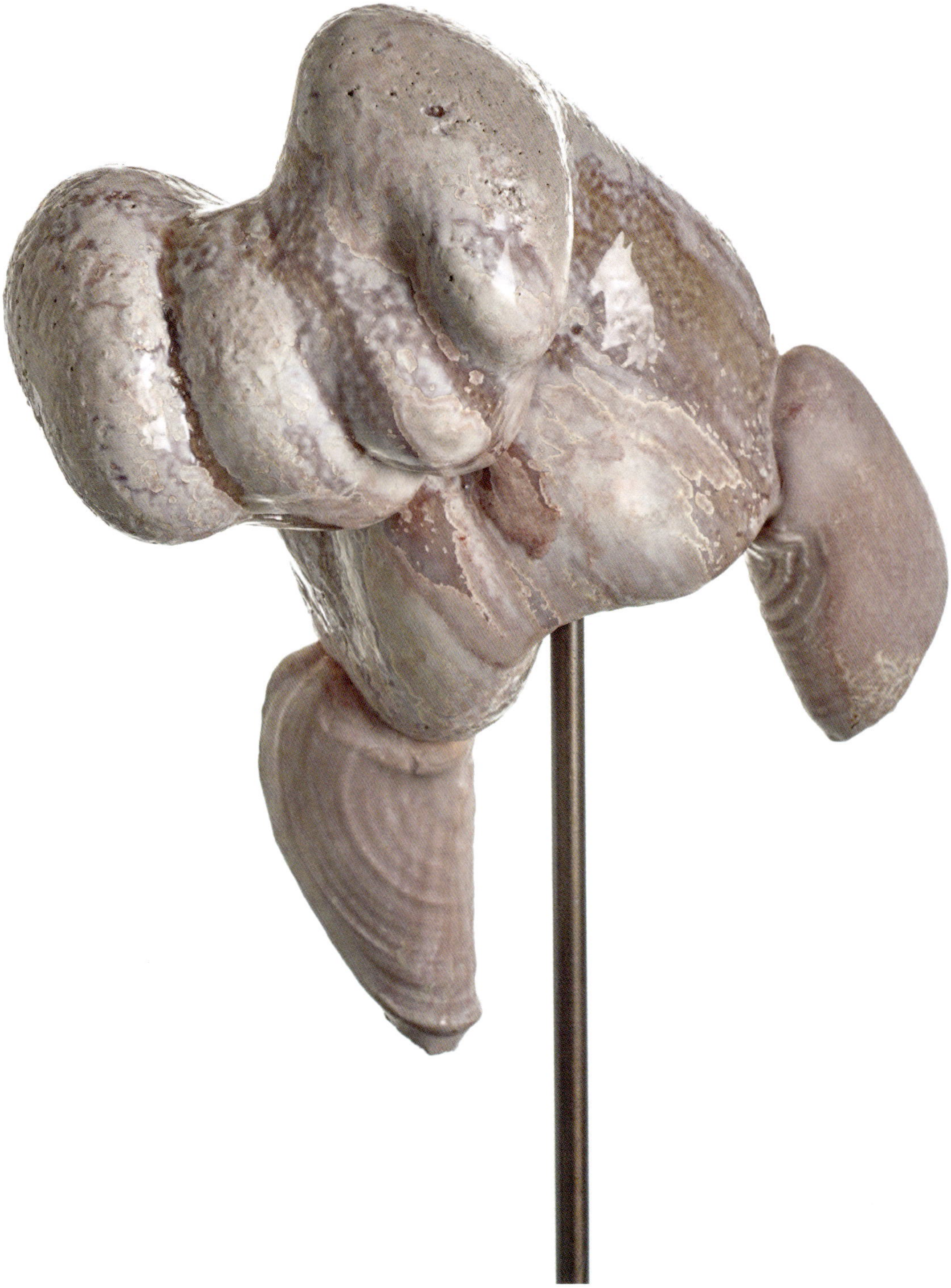

Molly Bloom, 2015.
Céramique émaillée, 35 x 35 x 25 cm.
Glazed ceramic, 13 ¾ x 13 ¾ x 9 ⅞ in.

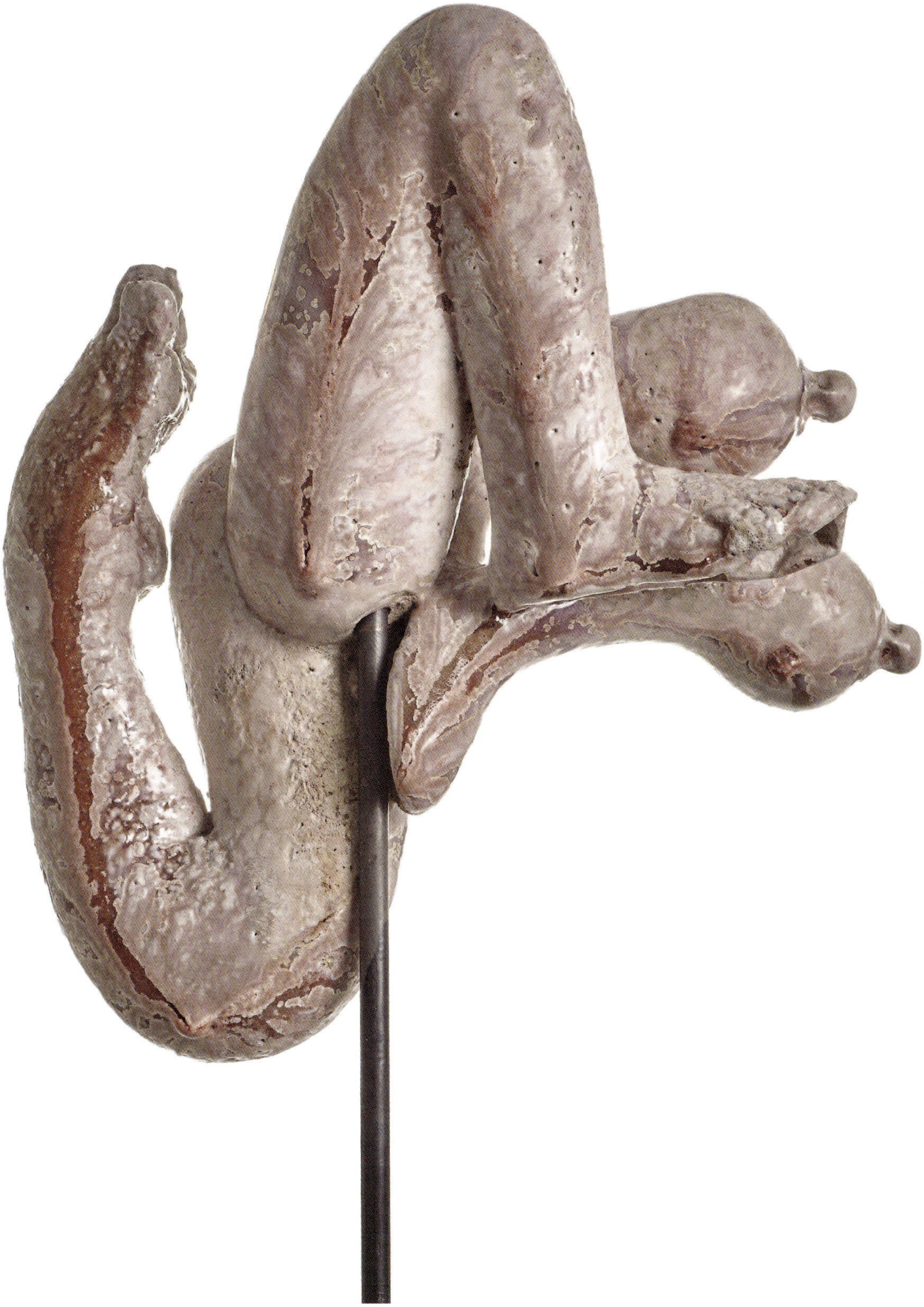

Trukula Baubo, 2015.
Céramique émaillée, 37 x 30 x 20 cm.
Glazed ceramic, 14 ⅝ x 11 ¾ x 7 ⅞ in.

Trukula Baubo, 2015.
Céramique émaillée, 37 x 30 x 20 cm.
Glazed ceramic, 14 ⅝ x 11 ¾ x 7 ⅞ in.

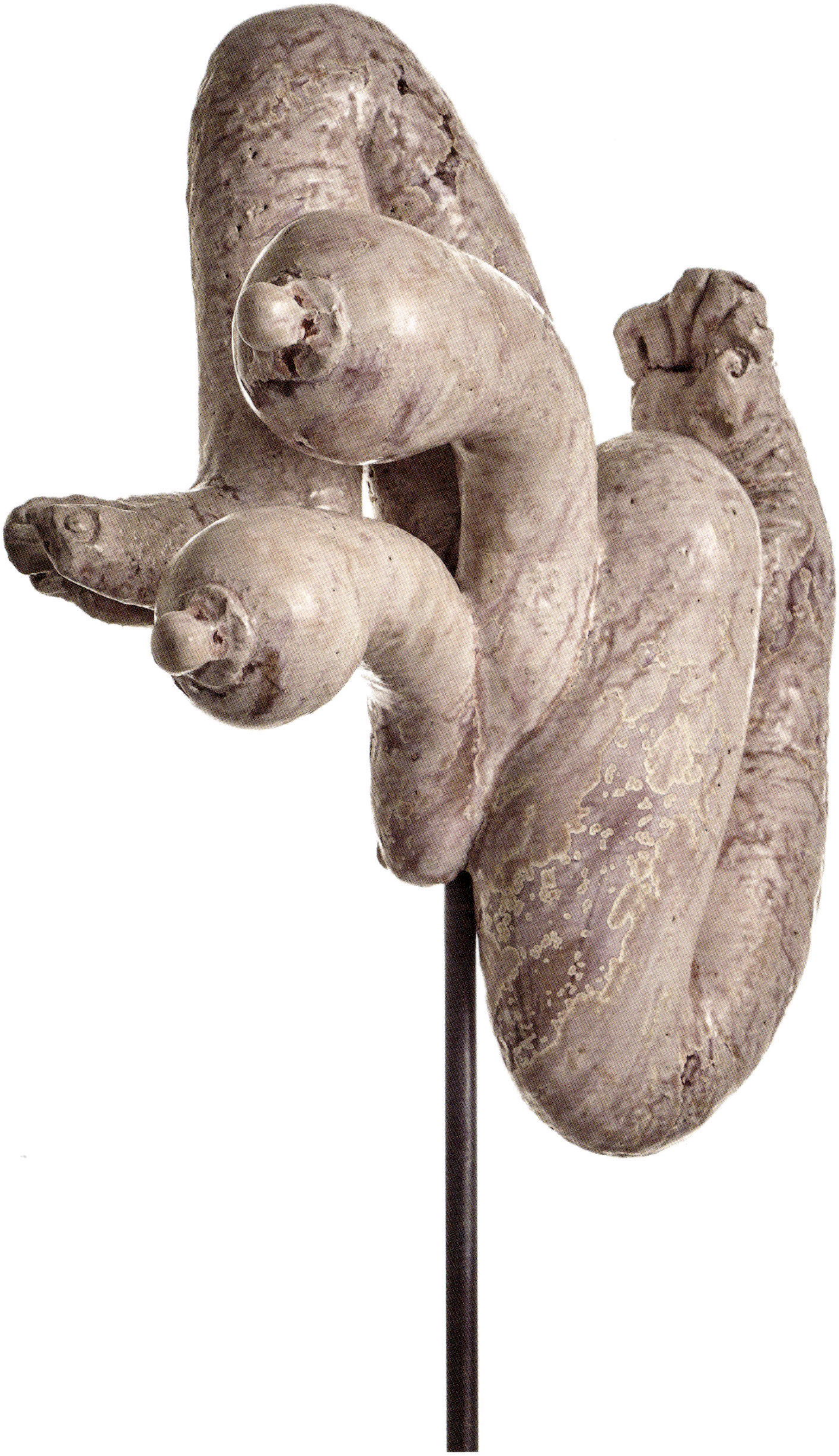

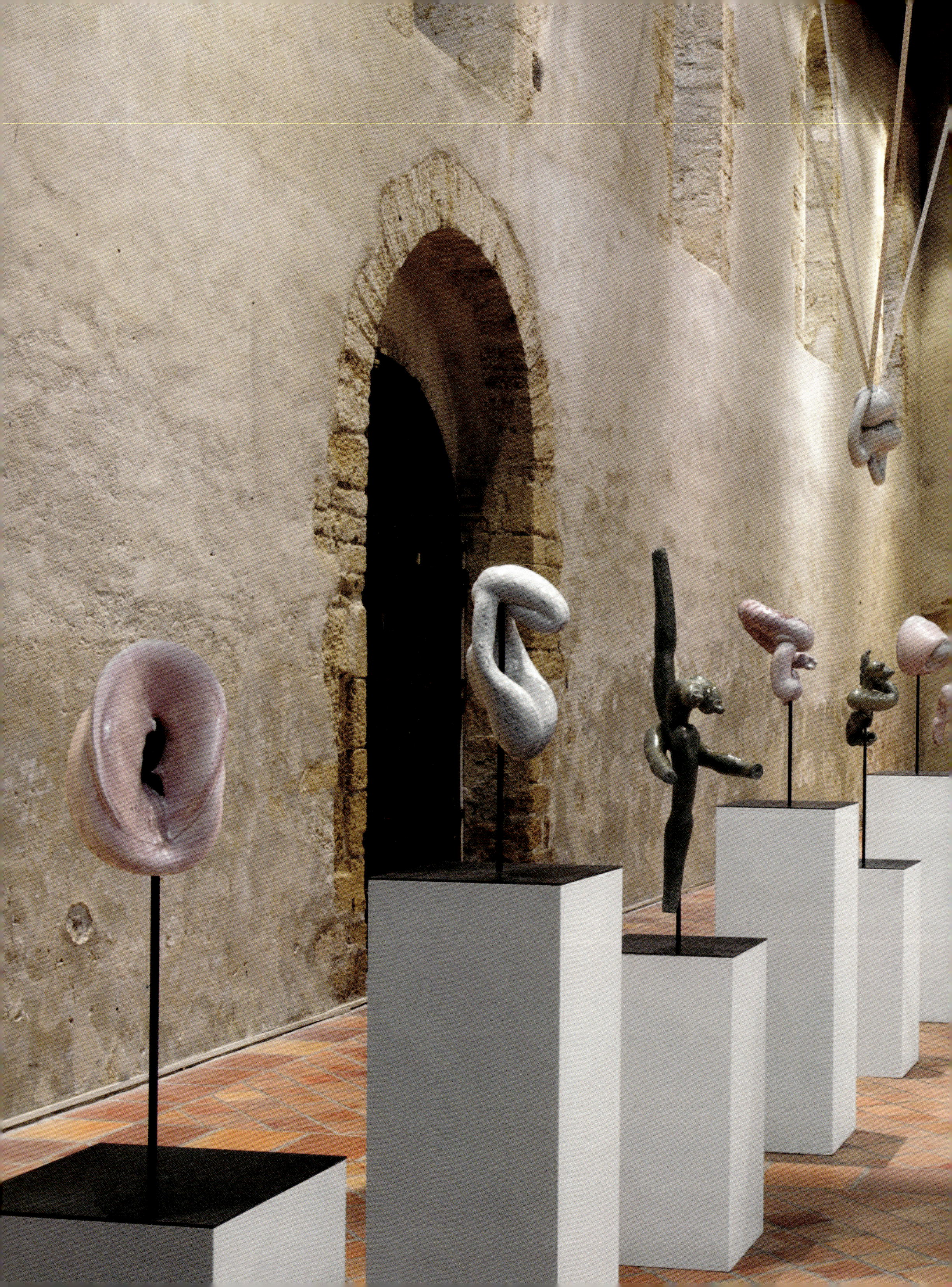

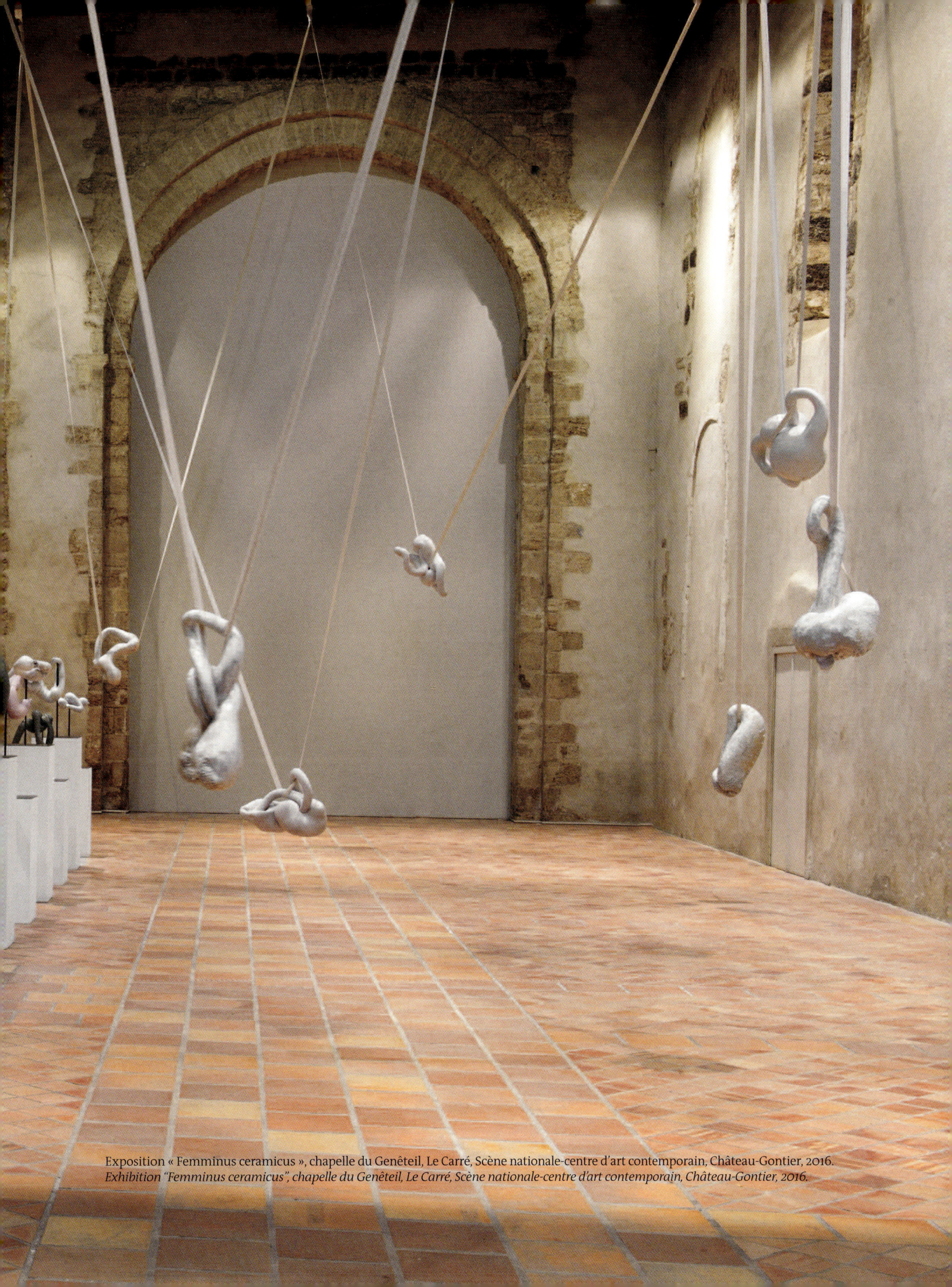

Exposition « Femminus ceramicus », chapelle du Genêteil, Le Carré, Scène nationale-centre d'art contemporain, Château-Gontier, 2016.
Exhibition "Femminus ceramicus", chapelle du Genêteil, Le Carré, Scène nationale-centre d'art contemporain, Château-Gontier, 2016.

Didou pompon, 2015.
Céramique émaillée, 33 x 27 x 27 cm.
Glazed ceramic, 13 x 10 ⅝ x 10 ⅝ in.

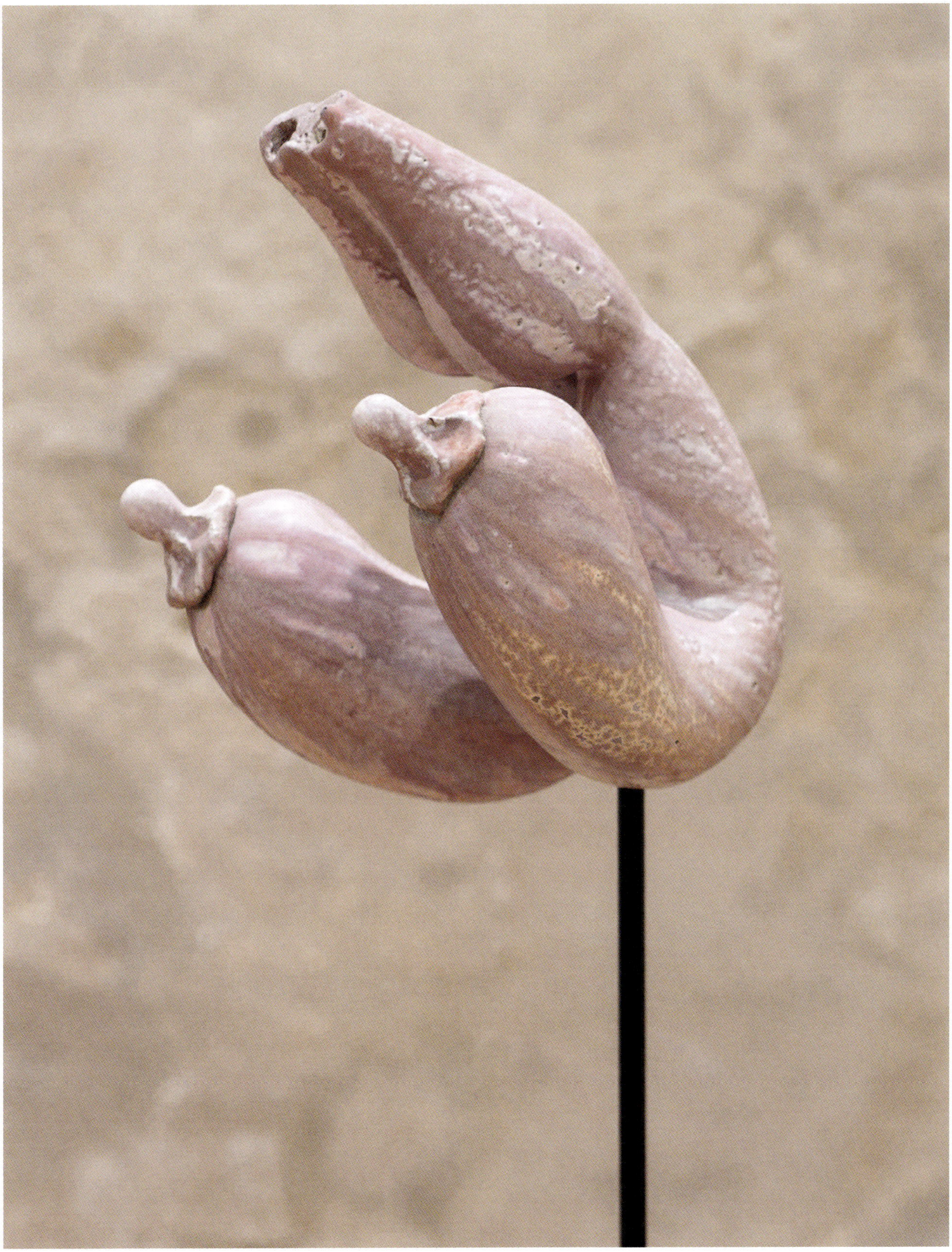

Victoire, 2014.
Céramique émaillée, 26 x 30 x 23 cm.
Glazed ceramic, 10 ¼ x 11 ¾ x 9 in.

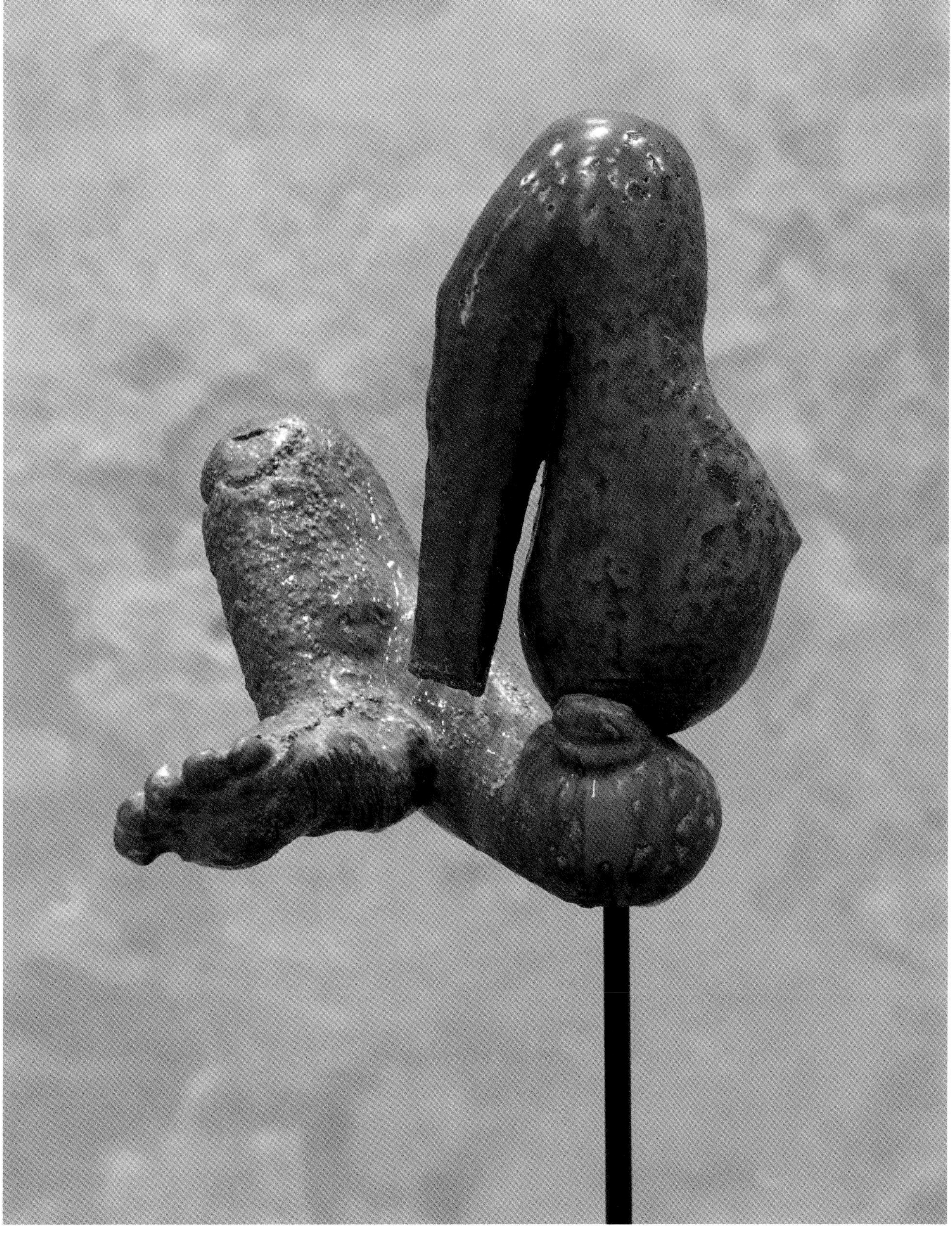

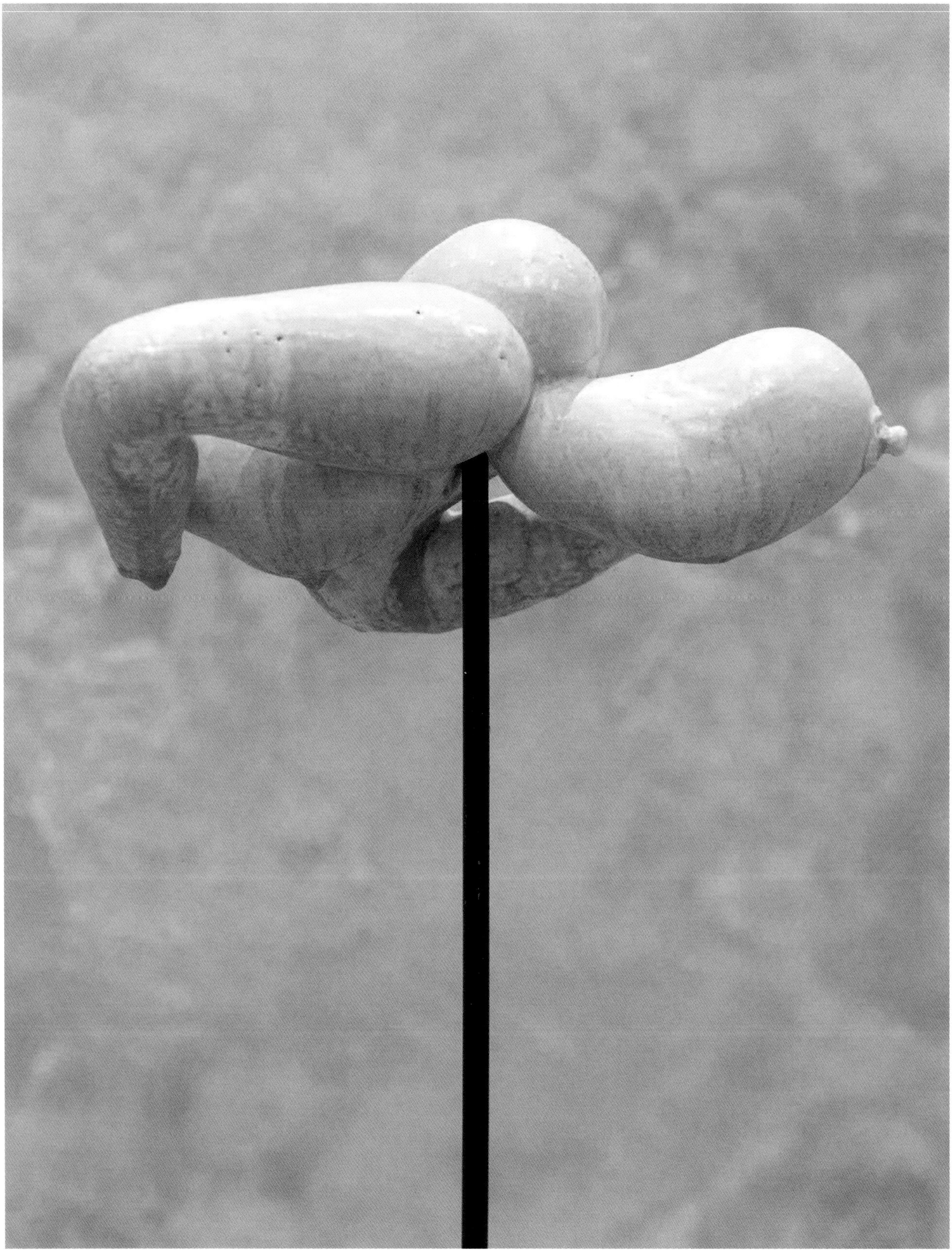

Lily Spider Eyes, 2015.
Céramique émaillée, 100 x 45 x 15 cm.
Glazed ceramic, 39 ⅜ x 17 ¾ x 5 ⅞ in.

Ildegaard, 2015.
Céramique émaillée, 100 x 45 x 15 cm.
Glazed ceramic, 39 ⅜ x 17 ¾ x 5 ⅞ in.

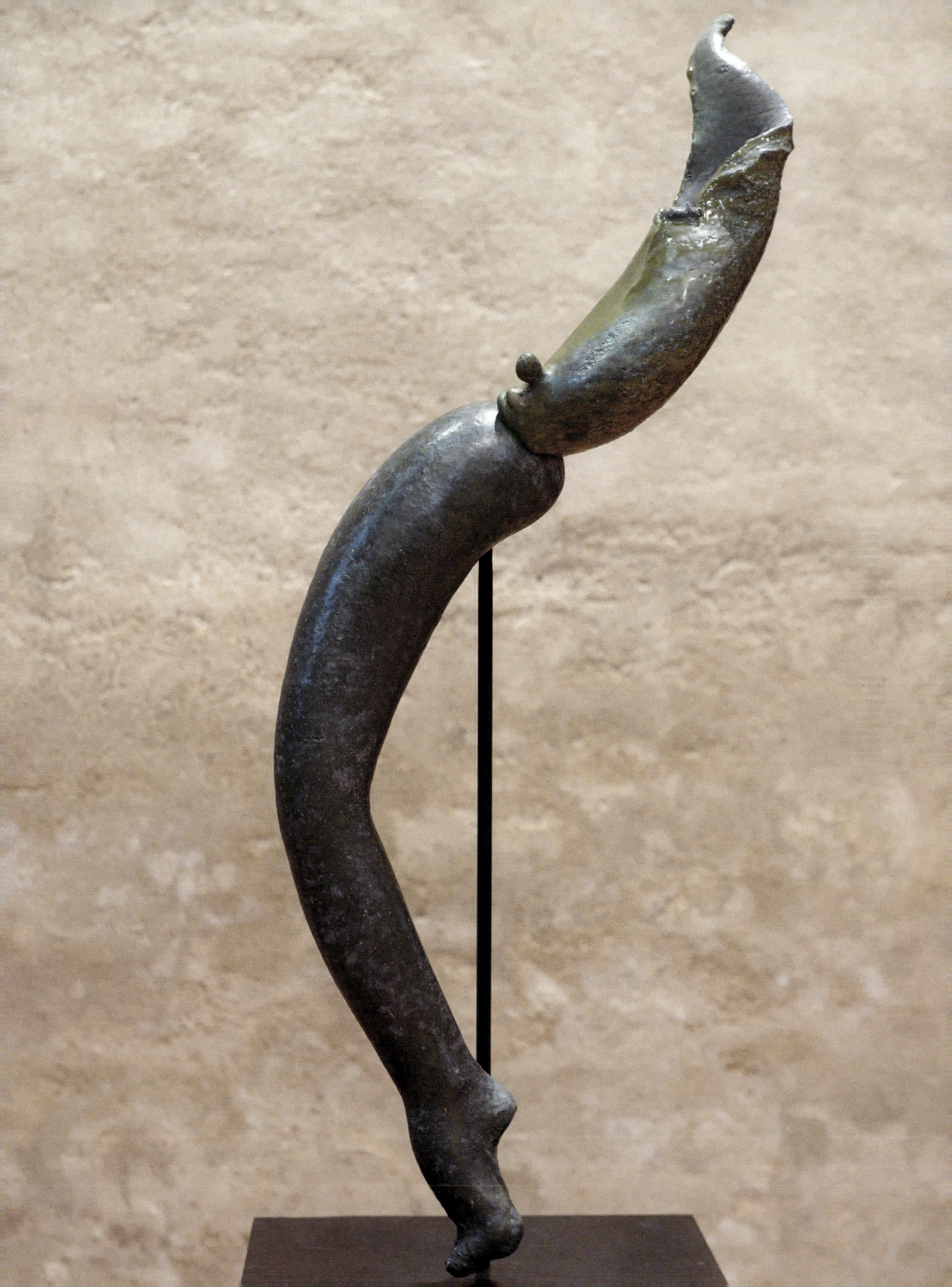

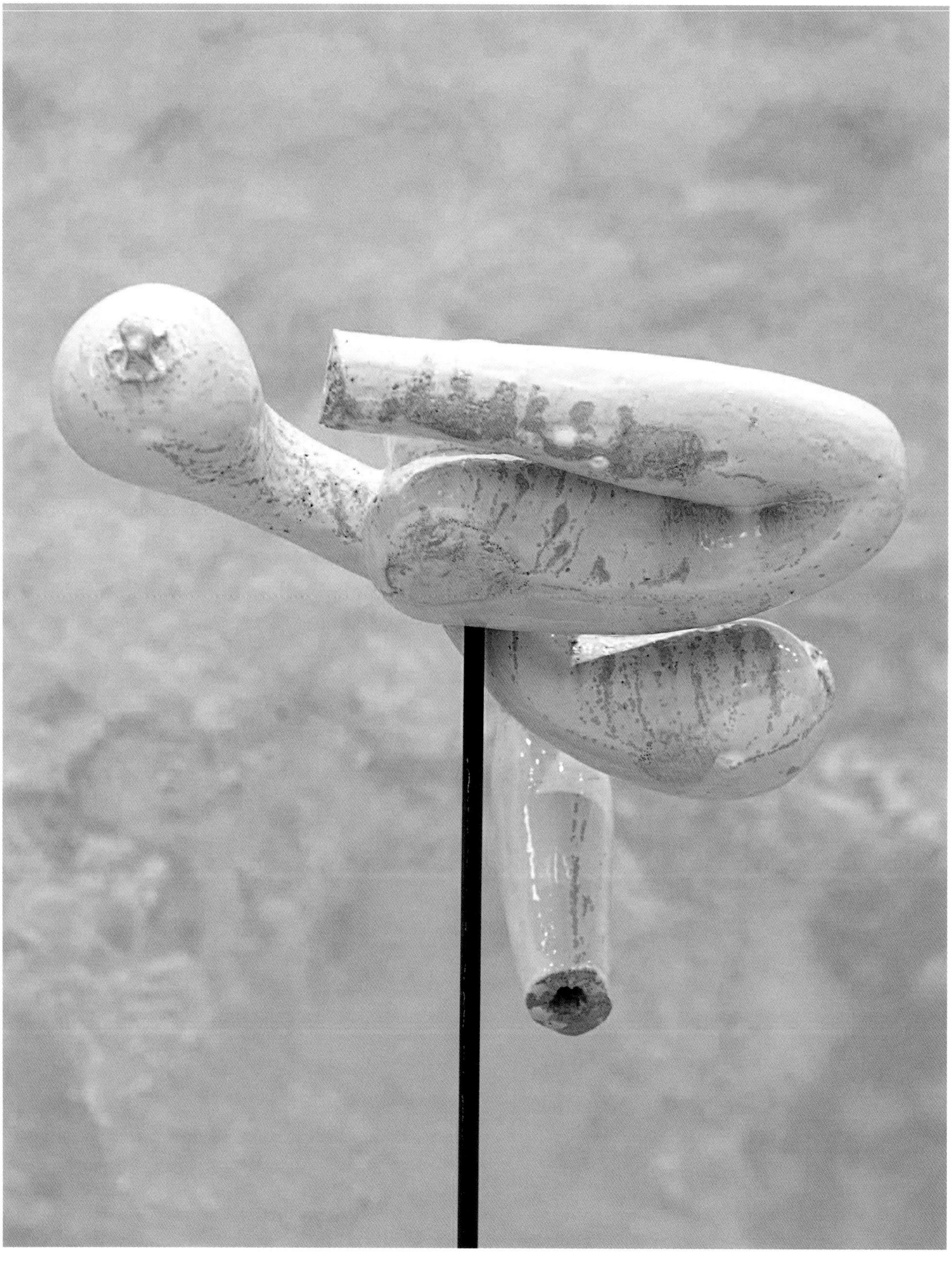

Brienne Obamo, 2015.
Céramique émaillée, 47 x 43 x 42 cm.
Glazed ceramic, 18 ½ x 16 ⅞ x 16 ½ in.

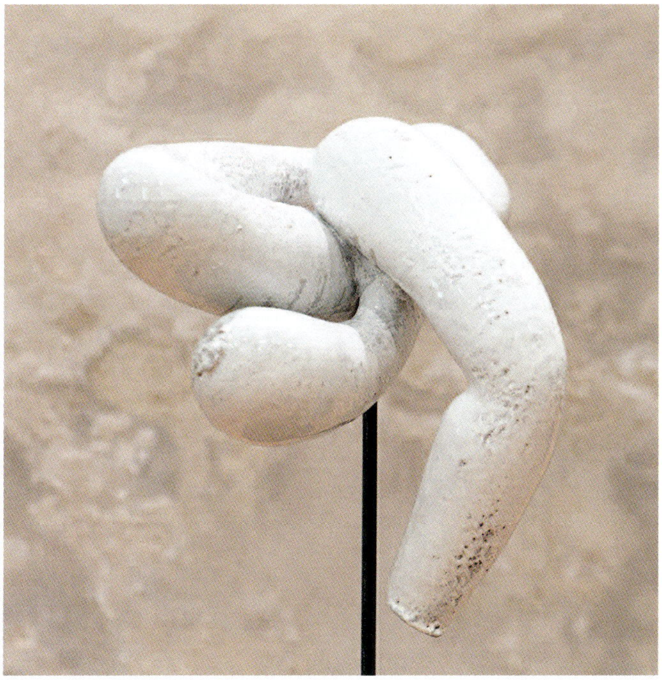

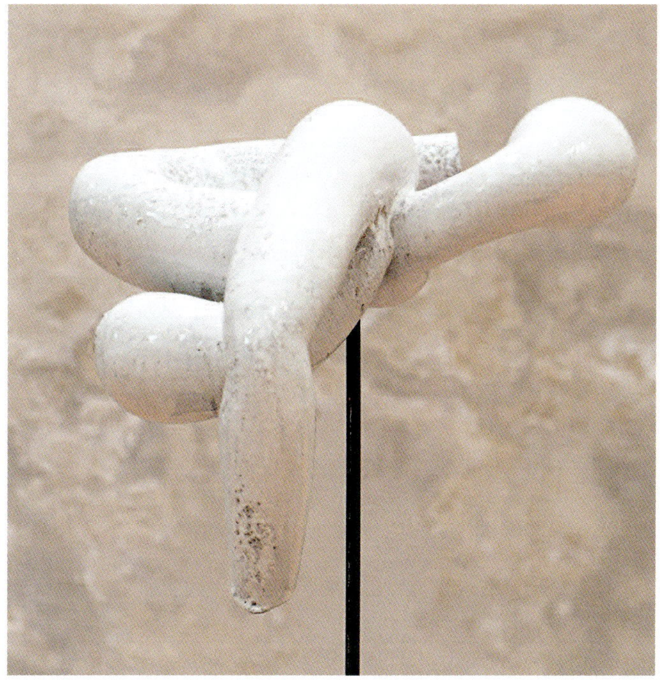

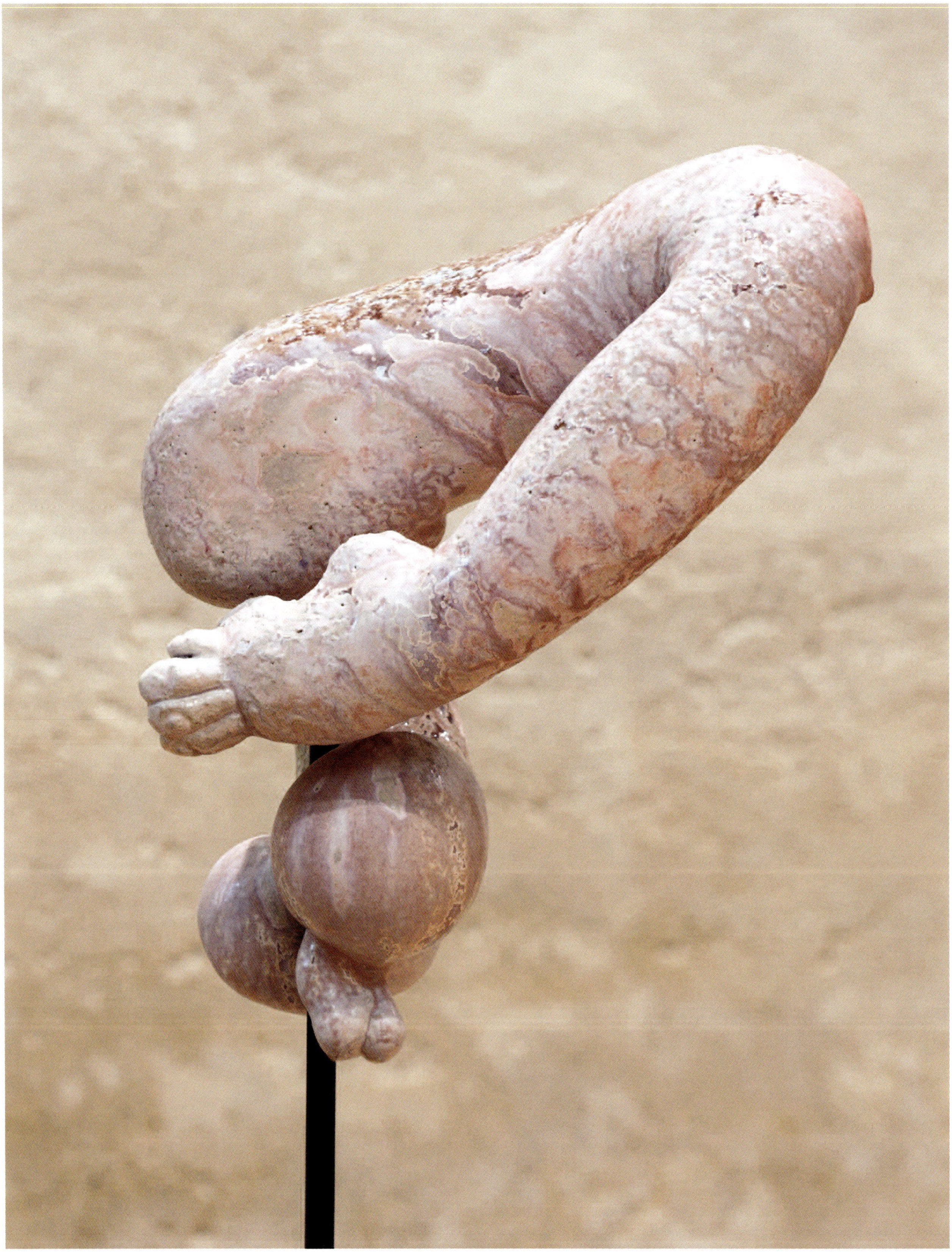

Pink Panther, 2015.
Céramique émaillée, 43 x 33 x 20 cm.
Glazed ceramic, 16 ⅞ x 13 x 7 ⅞ in.

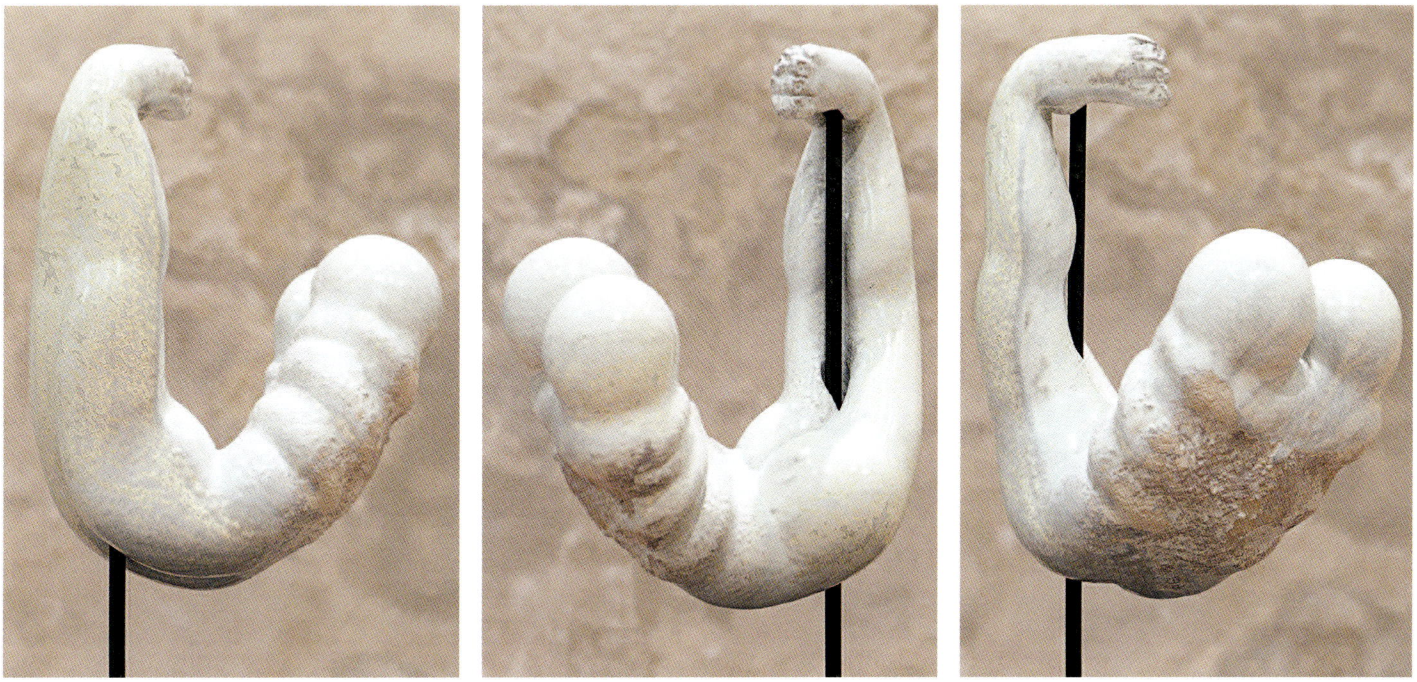

Esther V. Liams, 2015.
Céramique émaillée, 39 x 30 x 20 cm.
Glazed ceramic, 15 ⅜ x 11 ¾ x 7 ⅞ in.

Léda Twice, 2014.
Céramique émaillée, 77 x 50 x 32 cm. Collection particulière, Paris.
Glazed ceramic, 30 ¼ x 19 ¾ x 12 ⅝ in. Private collection, Paris.

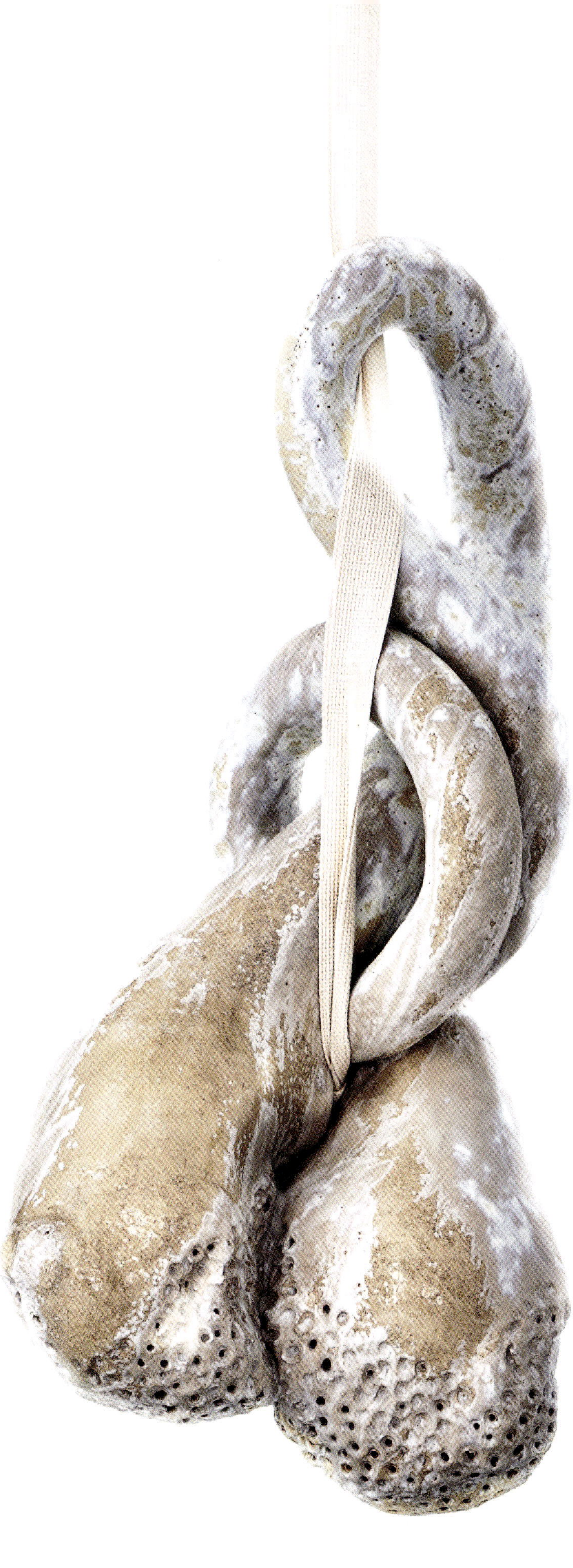

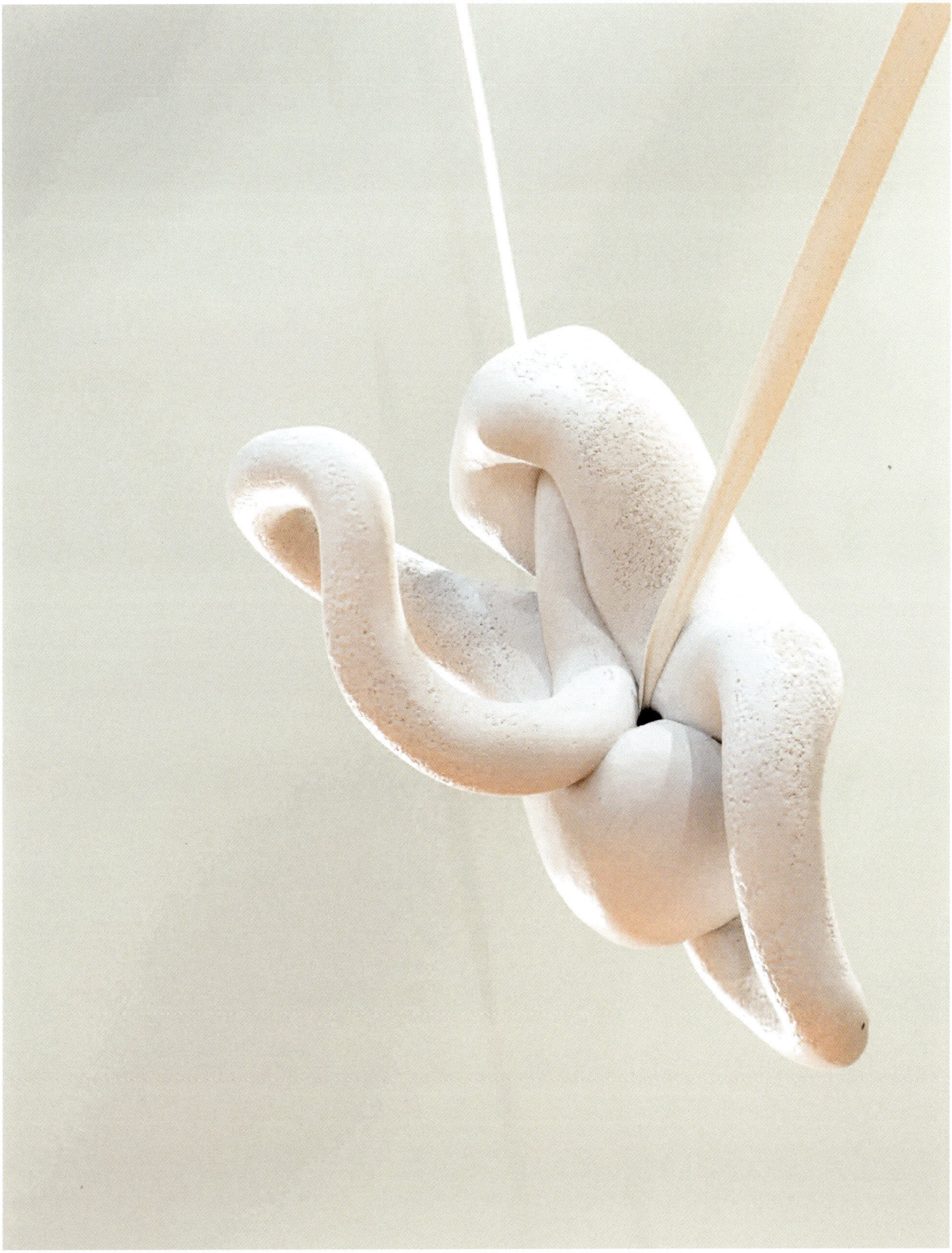

Léda Louisiane, 2014.
Céramique émaillée, 60 x 45 x 28 cm.
Glazed ceramic, 23 ⅝ x 17 ¾ x 11 in.

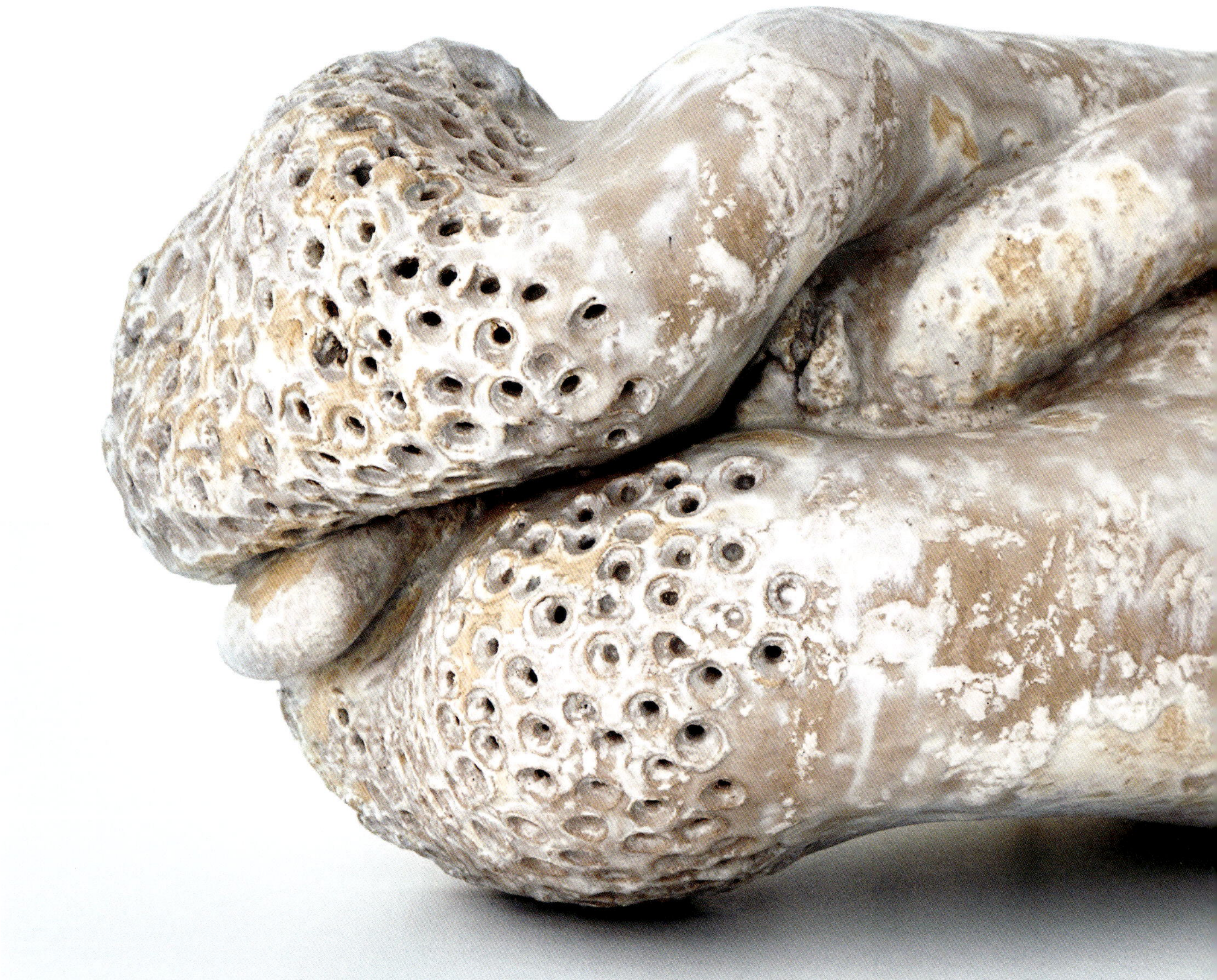

Léda Dakota, 2014.
Céramique émaillée, 26 x 70 x 50 cm.
Glazed ceramic, 10 ¼ x 27 ½ x 19 ¾ in.

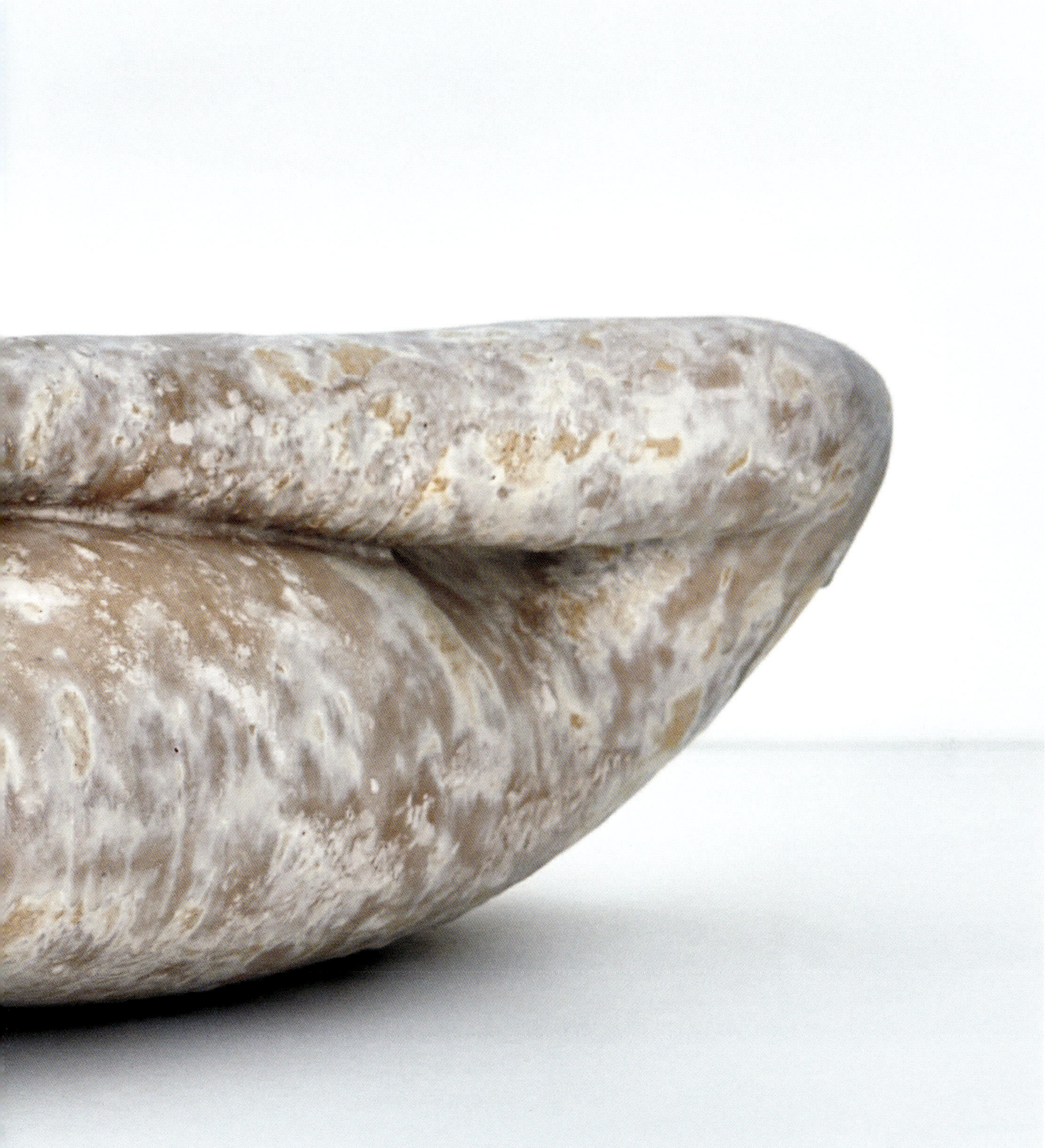

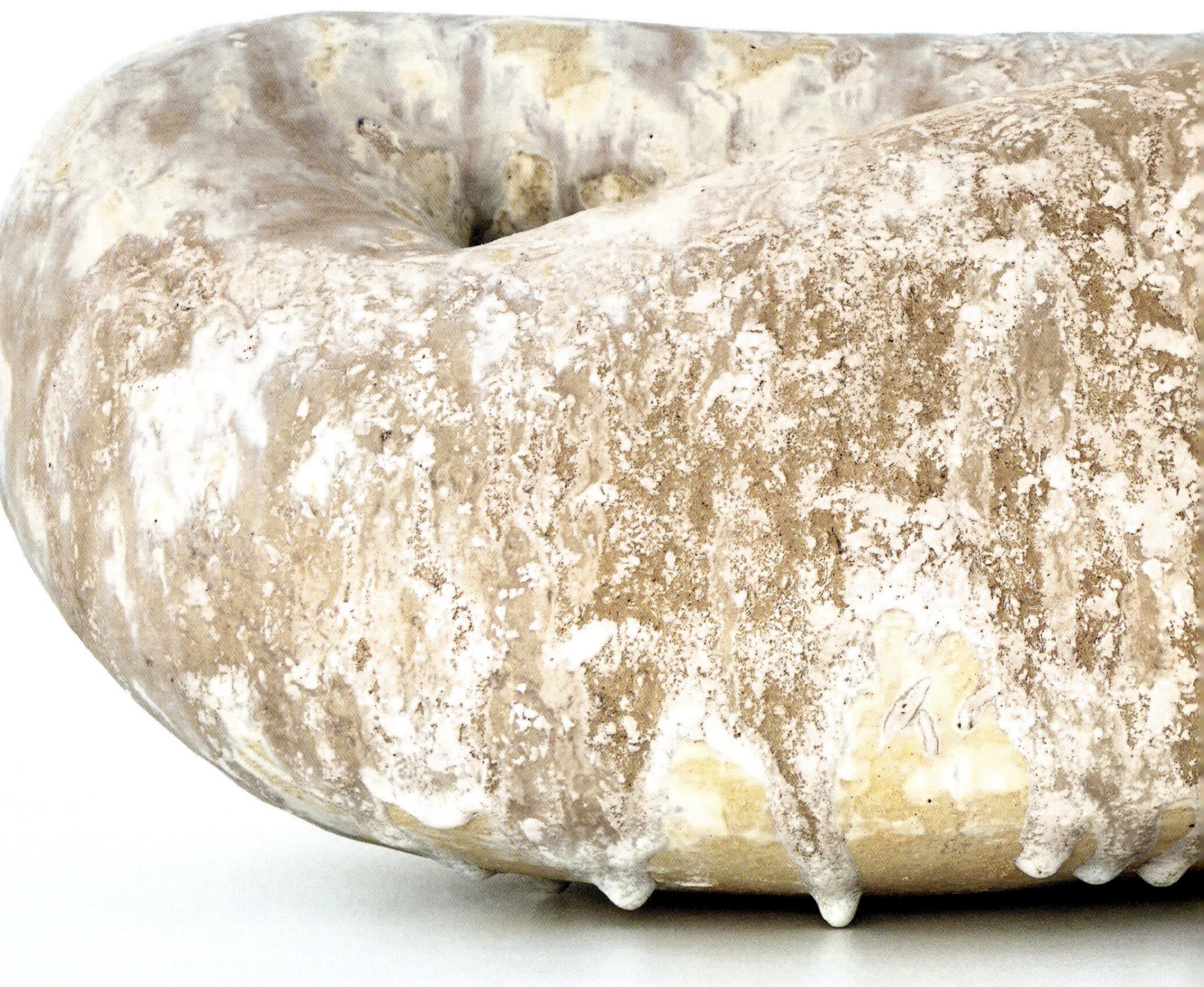

Léda Dakota, 2014.
Céramique émaillée, 26 x 70 x 50 cm.
Glazed ceramic, 10 ¼ x 27 ½ x 19 ¾ in.

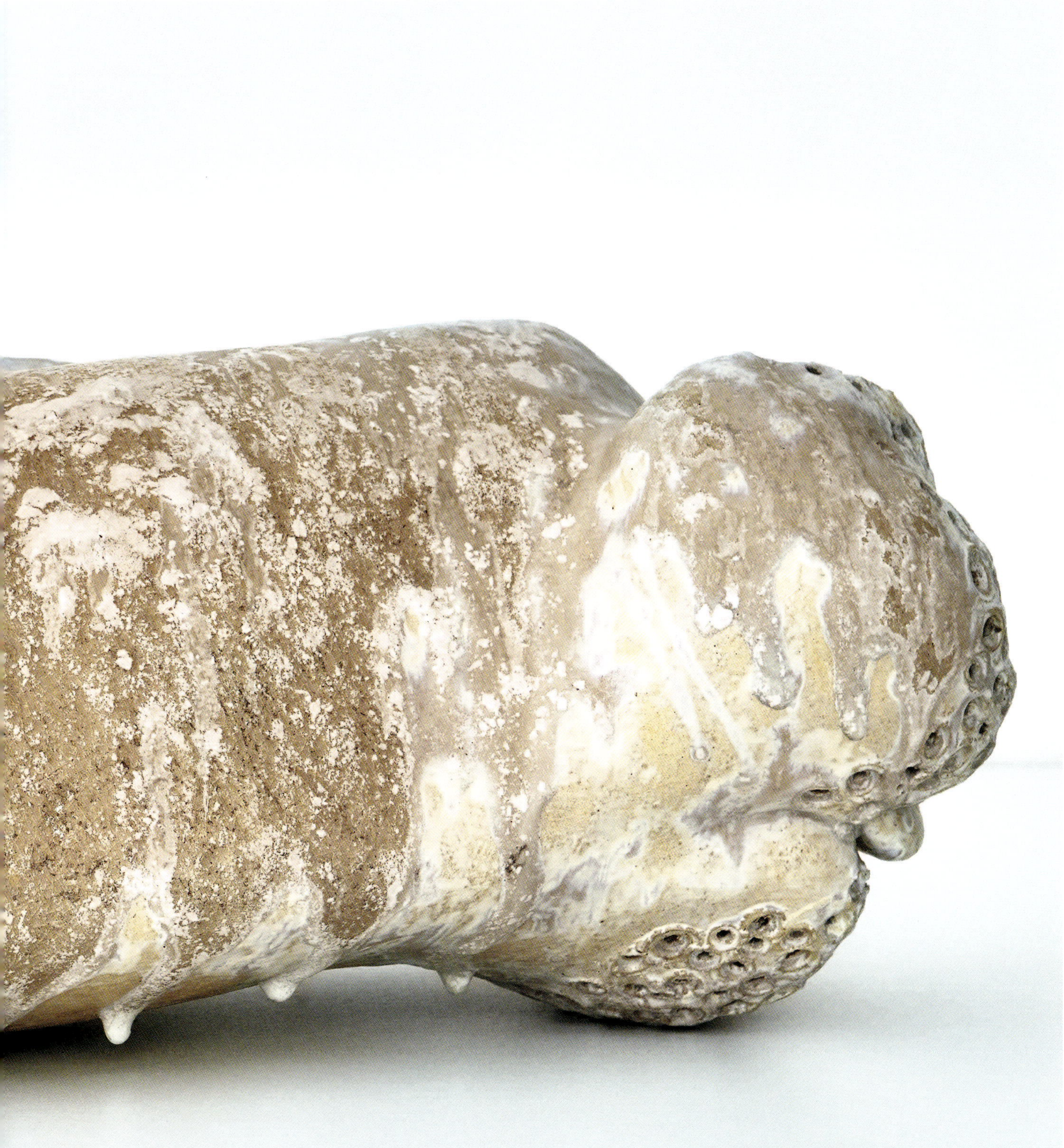

Léda Montana, 2014.
Céramique émaillée, 68 x 36 x 35 cm.
Glazed ceramic, 26 ¾ x 14 ⅛ x 13 ¾ in.

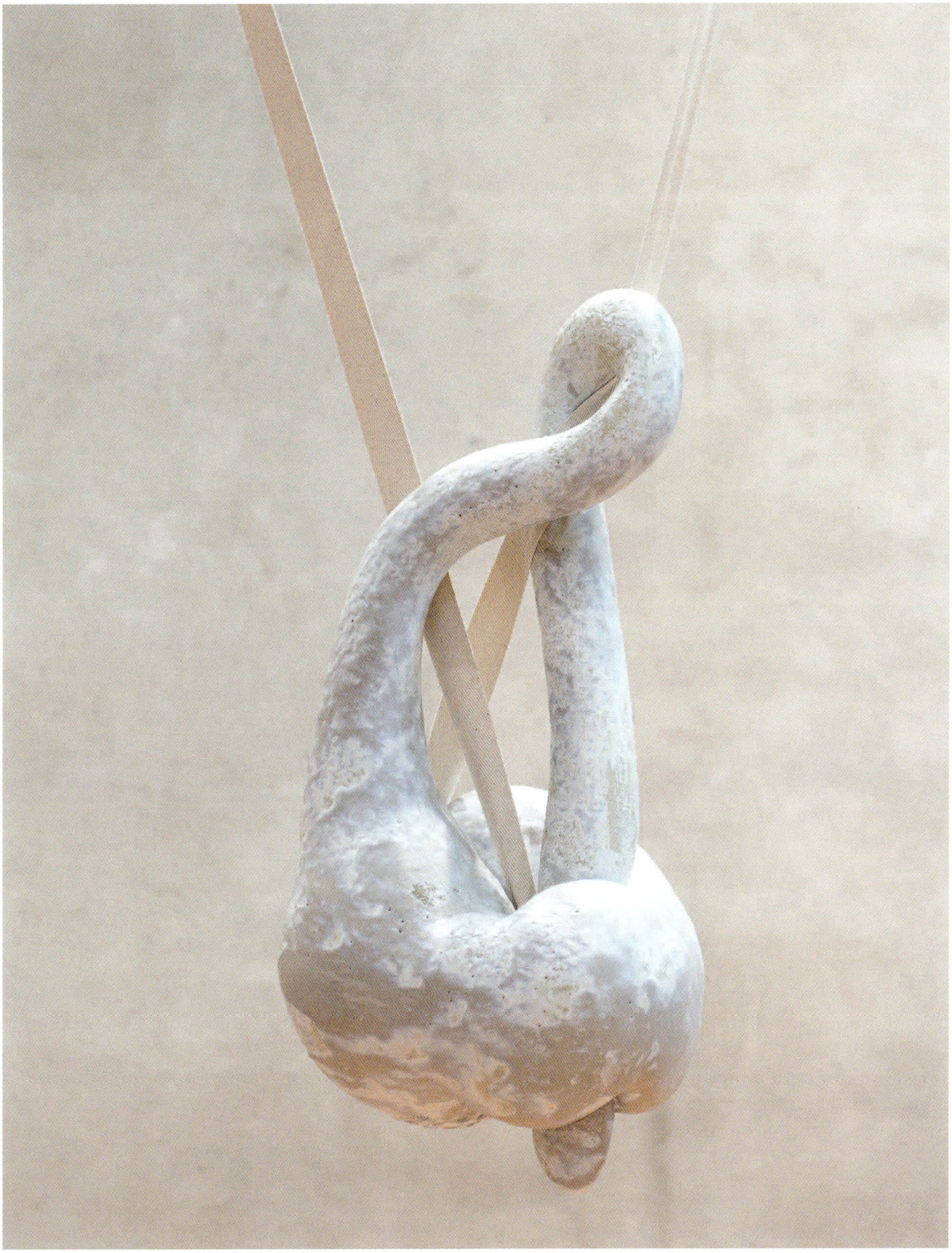

Léda Wyomaï, 2015.
Céramique émaillée, 70 x 52 x 40 cm.
Glazed ceramic, 27 ½ x 20 ½ x 15 ¾ in.

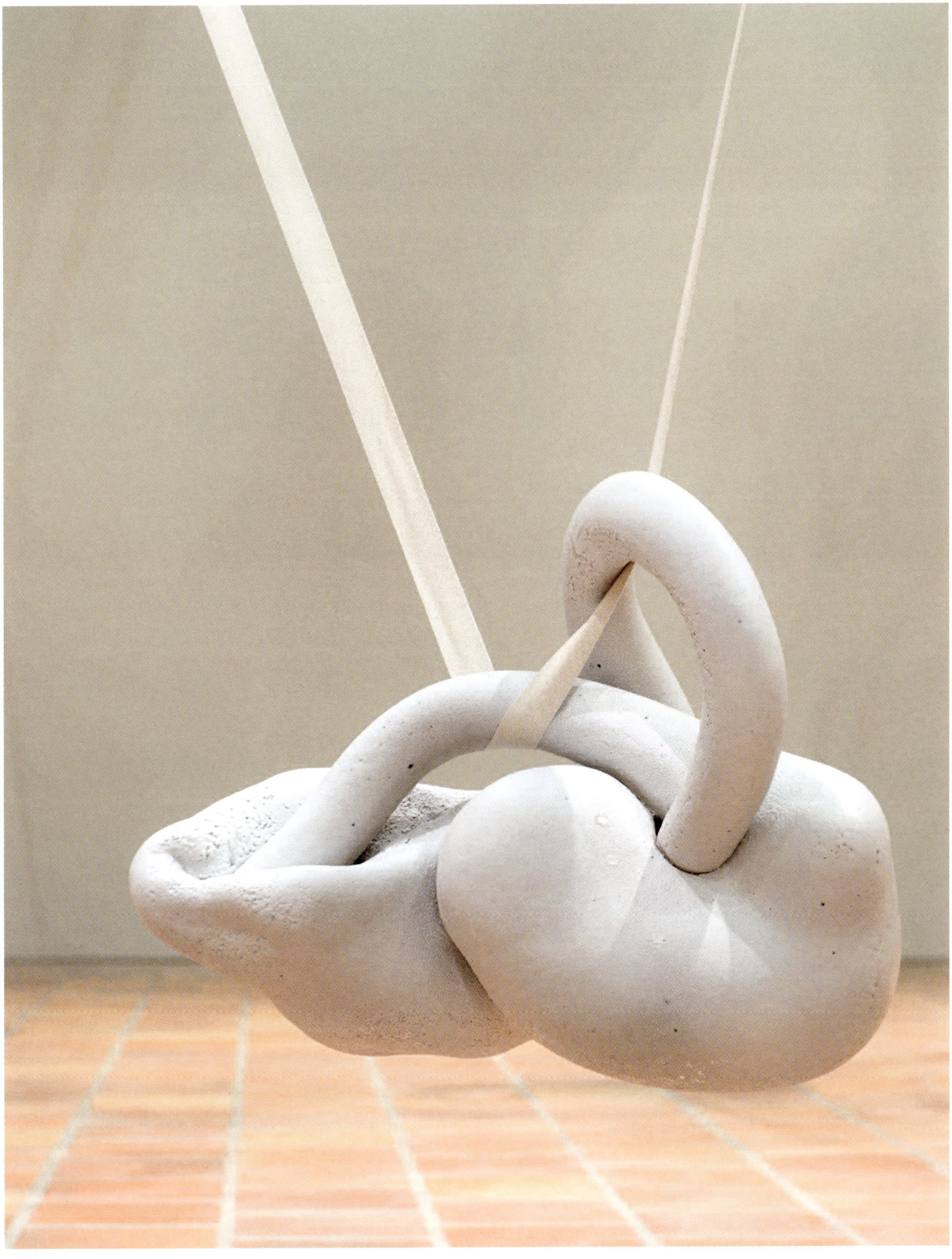

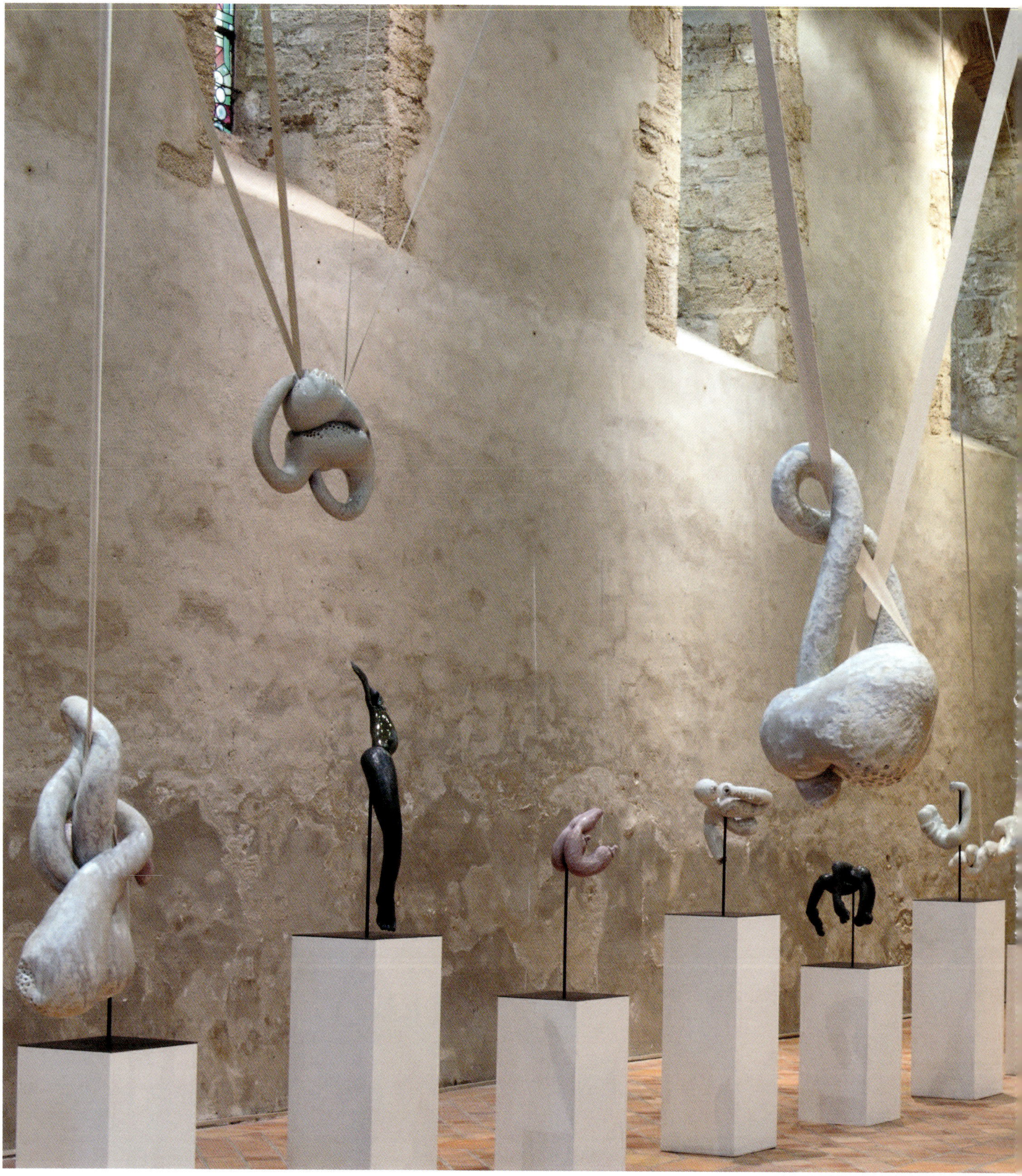

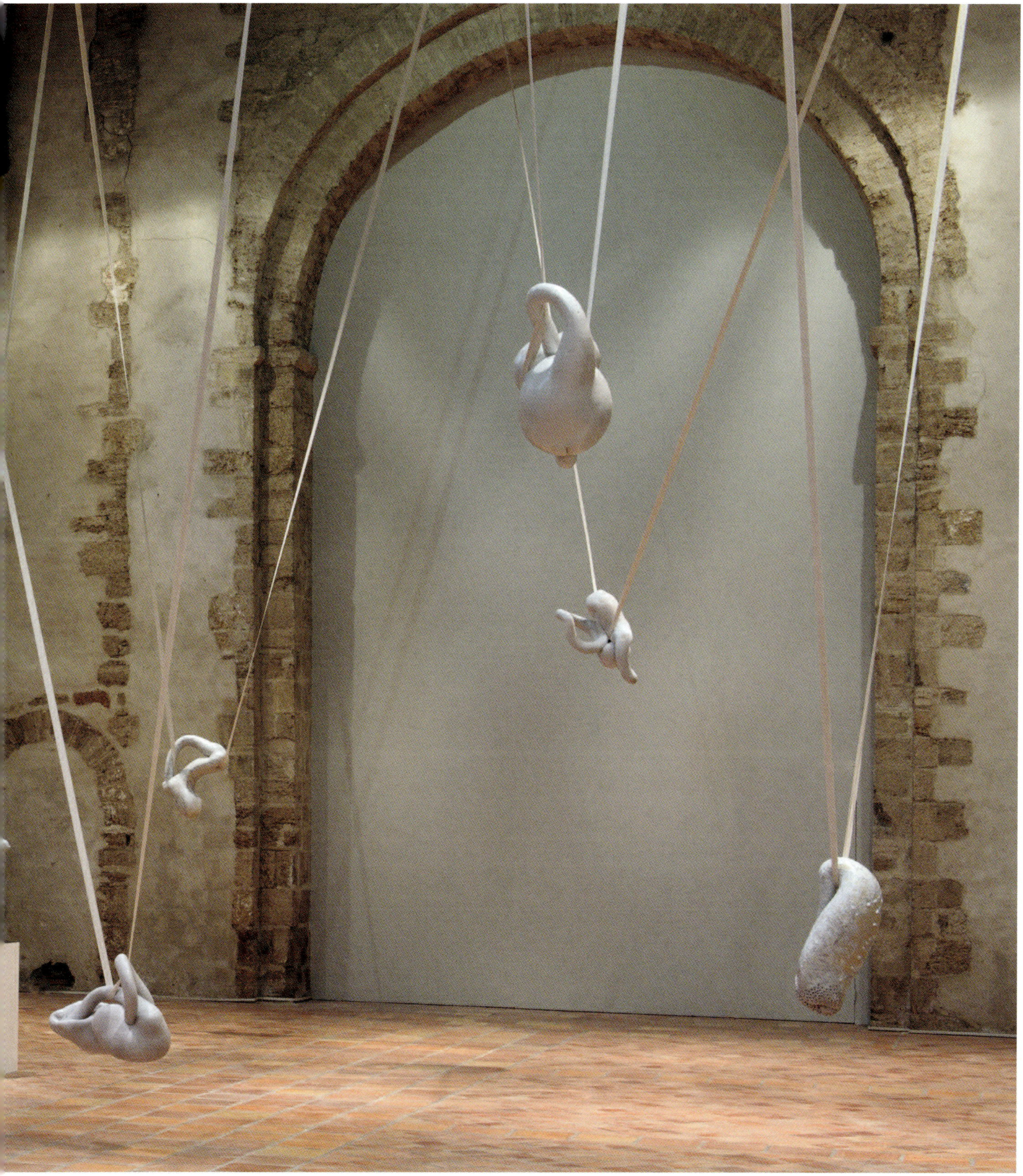

Exposition « Femminus ceramicus », chapelle du Genêteil,
Le Carré, Scène nationale-centre d'art contemporain, Château-Gontier, 2016.
*Exhibition "Femminus ceramicus", chapelle du Genêteil,
Le Carré, Scène nationale-centre d'art contemporain, Château-Gontier, 2016.*

Biographie / Biography

Elsa Sahal
Est née en 1975 à Bagnolet. Vit et travaille à Paris.

Expositions personnelles / Solo exhibitions
2016 « Femminus ceramicus », Le Carré, Scène nationale-centre d'art contemporain, Château-Gontier.
2015 « Pole Dance », galerie Claudine Papillon, Paris.
2014 « Georges Jeanclos et Elsa Sahal », Festival international d'art de Toulouse, Hôtel-Dieu.
2012 « Elsa Sahal », galerie Claudine Papillon, Paris.
FIAC hors les murs, 2012, bassin vivier nord, jardin des Tuileries, Paris.
2011 « Elsa Sahal », galerie de l'Hôtel de Ville, Chinon.
« La Grotte généalogique », collège des Bernardins, Paris.
2009 « Elsa Sahal », galerie Claudine Papillon, Paris.
2008 « Sculptures », Fondation d'entreprise Ricard, Paris.
2007 « Elsa Sahal », galerie municipale du Rutebeuf, Clichy-la-Garenne.
2005 « L'Idieu », galerie du collège Marcel-Duchamp dans le cadre de la Biennale d'art contemporain et céramique, Châteauroux.
« Îles », galerie Claudine Papillon, Paris.
« Elsa Sahal », crypte de l'espace culturel François-Mitterrand, exposition organisée par l'école des beaux-arts de Beauvais.
2002 « Sculptures », galerie Papillon-Fiat, Paris.
« Dessins et sculptures », Musée national de la porcelaine Adrien-Dubouché, Limoges.

Expositions collectives / Group exhibitions
2016 « Ceramix, de Rodin à Schütte », La Maison Rouge, Fondation Antoine de Galbert, Paris, et Cité de la céramique, Sèvres.
2015 « Ceramix », Bonnefantenmuseum, Maastricht, Pays-Bas.
« Le Banquet – Révélations », Grand Palais, Paris.
« The Housebreaker [Le cambrioleur] », Riga Art Space, Riga, Lettonie.
« Still Life », galerie Claudine Papillon, Paris.
« Élévations », Palais idéal du facteur Cheval, Hauterives.
« Otium. De Mineralis, pierres de visions », Institut d'art contemporain, Villeurbanne.
« Genre idéal ? », FIAC, parcours privé, maison Guerlain, Paris.
2014 « Terrae incognitae », galerie AccroTerre, Paris.
« La loutre et la poutre, une fable sur le décoratif », Fondation Albert Gleizes, Sablons.
2013 « Body and Soul », Museum of Arts and Design, New York, États-Unis.
« The French Haunted House : The Young French Scene », Song Eun Art Space, Séoul, Corée du Sud.
2012 « Perturbations », parcours céramique et verre contemporain, musée Fabre, Montpellier.
Festival a-part, Les Baux-de-Provence.
2011 « Dreamtime 3, HabiteR », grotte du Mas-d'Azil/Les Abattoirs, Toulouse.
« Cabinet de curiosités », maison Champs-Élysées, Martin Margiela, Paris.
IIIe Biennale de sculpture, Yerres.
2010 Galerie Claudine Papillon, Paris.
« Circuits céramiques », musée des Arts décoratifs, Paris.
2009 « La conquête de la modernité – Sèvres 1920-2008 », Palazzo Caffarelli, Rome, Musée international des céramiques, Faenza, Italie.
« Avoir 20 ans à voir », galerie Claudine Papillon.
2008 « Des certitudes, sans doute(s), une collection particulière d'art contemporain », musée de Picardie, Amiens.
« Pink, Cyborg and Imperfect Structure », International Women Artists Biennale Incheon, Corée du Sud.
2007 « Maniera, techniques et persuasion », Maison de la culture de Nevers et de la Nièvre.
« Premio Internazionale Giovane Scultura Fondazione Francesco Messina Prima Edizione », Materima Casabeltrame, Italie.
« Mutatis, Mutandis, collection Antoine de Galbert », La Maison Rouge, Fondation Antoine de Galbert, Paris.
« Place des arts, la Manufacture nationale de Sèvres », Grimaldi forum, Monaco.
2006 « Céramique fiction », musée des Beaux-Arts, Rouen.
« Human Size, taille humaine », Orangerie et jardin du Luxembourg, Paris.
« Carton rouge », atelier Tampon-Ramier, Paris.
2005 « Trans-Ceramic-Art », Biennale de céramique, Ichon, Corée du Sud.
« Rouge gorge », la maison Folie de Wazemmes, Lille.
« À tables », domaine départemental de Chamarande.
« Le corps, l'atelier, le paysage », Nouvelle Biennale de Châteauroux, Châteauroux.
2004 « Les mêmes et même quelques autres », galerie Claudine Papillon, Paris.
2003 « Fragile, les 20 ans des FRAC », musée des Beaux-Arts, Reims.
« Lignes singulières », centre d'art Le Triage, Nanterre.
2002 « Juste pour voir », Musée national de la porcelaine Adrien-Dubouché, Limoges.
2001 « Dessin en cours… », École nationale supérieure des beaux-arts, Paris.
2000 « Œuvres de tous poils », galerie Claudine Papillon, Paris.
1999 « Alter ego », collaboration entre artistes thaïs et européens, organisée par la Délégation européenne en Asie du Sud-Est, l'AFAA et l'ambassade de France, Bangkok, Thaïlande.

Prix / Awards
2013 Nominée pour le prix Meurice pour l'art contemporain 2013.
Prix Georges-Coulon pour la sculpture, décerné par l'Institut de France sur proposition de l'Académie des beaux-arts.
2008 Prix MAIF pour la sculpture.
2007 Prix de la sculpture contemporaine, Fondation Francesco Messina, Casabeltrame, Italie.

Résidences et bourses / Residencies and grants
2013 Archie Bray Foundation for Ceramic Arts, Montana, États-Unis.
2009 Alfred University, New York State College of Ceramics, New York, États-Unis.
2007-2008 Manufacture nationale de Sèvres, France.
2005 Collège Marcel-Duchamp, école d'art de Châteauroux, France.
2002 Manufacture La Reine à Saint-Yrieix-la-Perche, France.
2001 Seoul National University, Seoul, Corée du Sud.
Usine de céramique Alain Vagh à Salernes, France.

Commande publique artistique / Public commissions
2015 *Delta* : commande d'un 1 % artistique pour l'ambassade franco-allemande de Dacca au Bangladesh.

Enseignement / Teaching
Depuis 2015 Professeur à l'École nationale supérieure d'architecture de Versailles.
2005-2012 Professeur à l'École supérieure des arts décoratifs de Strasbourg.
2008 et 2010 Conférences et jury de diplôme (Diploma of Advanced Studies) à la Haute École d'art et de design de Genève.
2008 Jury de diplôme national supérieur d'expression plastique à l'École supérieure d'art et de design Marseille-Méditerranée.
2009 Professeur-artiste invitée à l'Alfred University, New York State College of Ceramics, New York, États-Unis.
2010 Conférence à l'Unesco dans le cadre du colloque « Des territoires en mouvements » organisé par l'Académie internationale de céramique.
2014 Workshop à l'École nationale d'arts de Limoges. Jury de diplôme national d'arts plastiques à l'École européenne supérieure d'art de Bretagne à Rennes.

Formation / Training
1994-2000 École nationale supérieure des beaux-arts de Paris.
2009-2010 Mastère Création et Technologie contemporaine, ENSCI, Paris.

Bibliographie / Bibliography

Catalogues d'expositions personnelles ou monographies / Catalogues of solo exhibitions and monographs
DA COSTA Valérie, CHARBAU Gaël (entretien), ROSENBERG David, *Elsa Sahal*, Les Éditions Particules/Fondation d'entreprise Ricard, Paris, 2008.
AUGER Solenne, *Elsa Sahal*, Ville de Clichy, Clichy-la-Garenne, 2007.

Catalogues d'expositions collectives / Group exhibition catalogues (selection)
MORINEAU Camille (dir.), *Ceramix, la céramique dans l'art, de Rodin à Schütte*, Éditions Snoeck, Gand, 2015.
DECHARME Bruno, GALBERT Antoine (dir.), *Élévations*, Lienart Éditions, Montreuil, 2015.
MALDONADO Guitemie, « Elsa Sahal : la terre à tous les temps », *Festival international d'art Toulouse*, Courtes et Longues, Paris, 2014.
ROTENBERG Karen et Michael, « The French Connection », *Body & Soul : New International Ceramics*, Museum of Art and Design, New York, 2013.
PIQUE Pascal (dir.), *DreamTime : art contemporain et transhistoire*, Les Presses du Réel, Dijon, 2013.
THIROUX Jannick, GALIÈGUE Josette, BOITEL Clotilde, *Passion céramique*, Communauté d'agglomération du Beauvaisis, Beauvais, 2012.
FARIGOULE Jérôme, LE FOLLIC-HADIDA Stéphanie (dir.), *Perturbations : parcours céramique et verre contemporain*, Ateliers d'art de France, Paris, 2012.
BODET Frédéric, DA COSTA Valérie, *Circuit céramique aux Arts Décoratifs : la scène française contemporaine*, Les Arts Décoratifs, Paris, 2010.
COUDERC Sylvie, SELLIER Marie-Claire, WAJCMAN Gérard, *Des certitudes, sans doute(s)*, musée de Picardie et École supérieure d'art et de design, Amiens, 2008.
BODET Frédéric, *Le Corps, l'atelier, le paysage*, Joca Seria, Nantes/Musées de Châteauroux, Châteauroux, 2005.
MARIE Cécile, *Lignes singulières*, Le Triage, Nanterre, 2003.

Presse (sélection) / Press (selection)
GAVARD-PERRET Jean-Paul, « Elsa Sahal : les deux sexes du monde », *Salon littéraire*, juin 2015.
ANDRÉANI Carole, « Elsa Sahal dans son atelier », *La Revue de la céramique et du verre*, n° 204, septembre 2015.
MAULMIN Valérie de, « Les morceaux choisis d'Elsa Sahal », *Connaissance des arts*, 1er juin 2015.
BOUDIER Laurent, « Elsa Sahal – Pole dance », *Télérama – Sortir Paris*, mai 2015.
BERLAND Alain, « Fiat Lux. Le Festival international d'art de Toulouse », *Mouvement.net*, 28 mai 2014.
PIGEAT Anaël, « Elsa Sahal, sculpteur », *Art press 2*, n° 31, 15 novembre 2013.
PIGEAT Anaël, « Expositions/Reviews. Elsa Sahal », *Art press*, n° 396, janvier 2013.
HOBERMAN Mara, « Reviews : Elsa Sahal », *Artforum*, février 2013.
HOBERMAN Mara, « Best exhibitions of 2012 », *Artforum*, 12 décembre 2012.
ESCANDELL Angelique, « Perturbations au musée Fabre », *La Revue de la céramique et du verre*, n° 185, juillet 2012.
ERNOULD-GANDOUET Marielle, FADAT Manuel, « Elsa Sahal, de Sèvres à la galerie Claudine Papillon », *La Revue de la céramique et du verre*, n° 165, mars 2009.
DAGEN Philippe, « Elsa Sahal », *Le Monde*, 17 janvier 2009.
MALHERBE Anne, « Elsa Sahal », *Art press*, juin 2008.
DAGEN Philippe, « Elsa Sahal, Fondation Ricard », *Le Monde*, 5 avril 2008.
PIETTRE Céline, « Elsa Sahal sculptures », *Paris-art.com*, mars 2008.
TRÉBERN Sophie, « La céramique dans tous ses états pour la XIIIe Biennale », *La Nouvelle République*, 19 septembre 2005.
DAGEN Philippe, « Le monde antédiluvien d'Elsa Sahal », *Le Monde*, 30 avril 2005.
DAGEN Philippe, « Galeries », *Le Monde*, 15 mai 2004.
CHARBAU Gaël, « Ici la terre/Elsa Sahal », *Particules*, n° 4, avril 2004.
PIRONNEAU Amélie, « Lignes singulières », *Art press*, n° 293, septembre 2003.
DAGEN Philippe, « Au Triage, artistes et public fort bien aiguillés », *Le Monde*, 28 juin 2003.
DAGEN Philippe, « Les sculptures défaites d'Elsa Sahal », *Le Monde*, 8-9 décembre 2002.
CENA Olivier, « Le trait dit la vérité », *Télérama*, n° 2667, 21 février 2001.
PINTE Jean-Louis, « Traits de femmes », *Figaroscope*, 7 février 2001.
DAGEN Philippe, « La liberté de tout oser retrouvée grâce au dessin », *Le Monde*, 23 janvier 2001.

Remerciements/Acknowledgments

Nous remercions pour leur contribution et leur soutien tous ceux sans qui ce projet n'aurait pu voir le jour :

Bertrand Godot, directeur du Carré, Scène nationale-centre d'art contemporain du pays de Château-Gontier,
l'équipe de la chapelle du Genêteil,

Colette Barbier, directrice de la Fondation d'entreprise Ricard,

Camille Morineau et Mara Hoberman,

Marc Touitou et Isabelle Manci,

Denis Amon,

Martine Beck-Coppola, Marc Domage et Nicolas Brasseur,

Catherine Chevillot, directrice du musée Rodin,

Mathilde Ferrer,

Valérie Da Costa,

Claudine et Marion Papillon,
l'équipe de la galerie Papillon.

Le livre est dédié à Philippe, Dora et Esther.

Crédits

Les photographies sont de Denis Amon à l'exception de :
DR p. 88, 136d, 137, 138, 139
Nicolas Brasseur p. 8g, 108, 113
Musée d'Art moderne et contemporain de Saint-Étienne Métropole, photo Yves Bresson p. 8d
Song Eun Art Space p. 29
Martine Beck-Coppola p. 32, 33
Collège des Bernardins p. 34-37
DR/CNAP, photo galerie Claudine Papillon p. 43
Galerie Papillon p. 68, 69, 152
Elsa Sahal p. 4, 86, 87, 89, 125, 126
Les Abattoirs-Frac Midi-Pyrénées, photo André Morin p. 102
Coralie Moulin p. 103
Musée Rodin, photo Christian Baraja p. 134
RMN-Grand Palais (musée Gustave Moreau),
photo Gérard Blot p. 133
The Easton Foundation, photo Christopher Burke, p. 135d
RMN-Grand Palais (musée du Louvre),
photo Hervé Lewandowski p. 136g
Marc Domage p. 146
Peter Cox p. 150
Le Carré, Scène nationale-centre d'art contemporain, photo Marc Domage p. 165-175, 178-181, 186-188

Achevé d'imprimer en avril deux mille seize
sur les presses de Chirat, Saint-Just-la-Pendue (France)
Photogravure : Les artisans du Regard, Paris